Ihr Navi durch andere Kulturen

Rita Rizk-Antonious

Ihr Navi durch andere Kulturen

Wege aus dem Labyrinth interkultureller Fallstricke

Rita Rizk-Antonious
Düsseldorf, Deutschland

ISBN 978-3-658-27197-8   ISBN 978-3-658-27198-5 (eBook)
https://doi.org/10.1007/978-3-658-27198-5

Die Deutsche Nationalbibliothek verzeichnet diese Publikation in der Deutschen Nationalbibliografie; detaillierte bibliografische Daten sind im Internet über http://dnb.d-nb.de abrufbar.

Springer Gabler
© Springer Fachmedien Wiesbaden GmbH, ein Teil von Springer Nature 2020
Das Werk einschließlich aller seiner Teile ist urheberrechtlich geschützt. Jede Verwertung, die nicht ausdrücklich vom Urheberrechtsgesetz zugelassen ist, bedarf der vorherigen Zustimmung des Verlags. Das gilt insbesondere für Vervielfältigungen, Bearbeitungen, Übersetzungen, Mikroverfilmungen und die Einspeicherung und Verarbeitung in elektronischen Systemen.
Die Wiedergabe von allgemein beschreibenden Bezeichnungen, Marken, Unternehmensnamen etc. in diesem Werk bedeutet nicht, dass diese frei durch jedermann benutzt werden dürfen. Die Berechtigung zur Benutzung unterliegt, auch ohne gesonderten Hinweis hierzu, den Regeln des Markenrechts. Die Rechte des jeweiligen Zeicheninhabers sind zu beachten.
Der Verlag, die Autoren und die Herausgeber gehen davon aus, dass die Angaben und Informationen in diesem Werk zum Zeitpunkt der Veröffentlichung vollständig und korrekt sind. Weder der Verlag, noch die Autoren oder die Herausgeber übernehmen, ausdrücklich oder implizit, Gewähr für den Inhalt des Werkes, etwaige Fehler oder Äußerungen. Der Verlag bleibt im Hinblick auf geografische Zuordnungen und Gebietsbezeichnungen in veröffentlichten Karten und Institutionsadressen neutral.

Illustrationen: Matto alias Andreas Tschudin (www.cartoonschule.com)

Springer Gabler ist ein Imprint der eingetragenen Gesellschaft Springer Fachmedien Wiesbaden GmbH und ist ein Teil von Springer Nature.
Die Anschrift der Gesellschaft ist: Abraham-Lincoln-Str. 46, 65189 Wiesbaden, Germany

à ma mère – merci

Geleitwort

Mit dem Schulenglisch ging es los. Wie erwidert der wissende Besucher Britanniens die fröhliche Begrüßungsfloskel „How do you do?" Natürlich mit „How do you do!" Nur Germanen würde es einfallen, seinen Gastgeber mit einem weitschweifigen gesundheitlichen Statusbericht zu belästigen. Das jedenfalls wurde uns in der Sexta eingebläut. Gewissermaßen als Einmaleins einer angestrebten interkulturellen Verhaltensweise.

Heute, da die Globalisierung alle Lebensbereiche in ihren Bann geschlagen hat, im Wirtschaftsleben Alltagskontakte mit China, Kalifornien oder Kasachstan an der Tagesordnung, Reisen nach Gambia, Myanmar oder Machu Picchu im Pauschalpaket zu haben sind oder zugewanderte Menschen zu Nachbarn am Arbeitsplatz werden, da kommt es täglich zu Begegnungen mit Männern und Frauen aus anderen Kulturkreisen. Wir haben es in der Hand, daraus keinen „Clash of Civilizations" (Huntington) entstehen zu lassen, sondern mit diesen Begegnungen positive Wirkung zu erzielen – im Sinne einer Horizonterweiterung, fruchtbringender Zusammenarbeit, verbesserten wirtschaftlichen und zwischenmenschlichen Ergebnissen.

Was vonnöten und heute stärker denn je gefragt ist, ist interkulturelle Kompetenz. Es freut mich, dass mit Rita Rizk-Antonious eine auf diesem Feld besonders erfahrene Mitarbeiterin der Lufthansa einen praktischen Navigator durch die bedeutendsten Kulturen der Welt verfasst hat. Sie hat hierbei den Vorzug, als Kind ägyptischer Eltern in die deutsche Kultur hineingeboren worden zu sein, als Flugbegleiterin die unterschiedlichsten Länder und Menschen im täglichen Umgang erlebt und beobachtet zu haben und nach einem betriebswirtschaftlichen Studium als Trainerin Mitarbeiter der Lufthansa sowie Fach- und Führungskräfte anderer Unternehmen zu Achtsamkeit im Umgang mit Menschen anderer Kulturen befähigen zu können. Rita Rizk-Antonious öffnet Augen, schärft die Sinne, um das Wesen und Verhalten von Menschen unterschiedlicher Kulturkreise wahrnehmen, deuten und verstehen zu können.

Begeben Sie sich mit ihr auf die Reise, die sicherlich unterhaltsam ist, vor allem aber praktischen Gewinn verspricht. Interkulturell kompetent zu sein, verschafft einen Vorsprung: im Beruf und als gebildeter Gesprächspartner. Denn Erkenntnisgewinn heißt immer auch Persönlichkeitsgewinn.

Jürgen Weber
Ehrenvorsitzender des Aufsichtsrats
Deutsche Lufthansa AG

Einige Gedanken vorab

Wir leben in interkulturellen Zeiten – beruflich wie privat. Durch den unkomplizierten und regelmäßigen Austausch über Ländergrenzen und Kontinente hinweg haben die Menschen unterschiedlicher Kulturen mittlerweile viel voneinander gelernt. Dieser Prozess ist jedoch noch lange nicht abgeschlossen. So gilt es, sich immer wieder neu auf die Menschen eines Landes einzustellen – sei es als Kunde, Mitarbeiter oder Kollege – und die spezifischen Standards der interkulturellen Kommunikation zu überprüfen und minutiös zu justieren. Im Mittelpunkt meiner Ausführungen stehen daher der kommunikative Austausch und die Interaktion der Kulturen.

Auslandsaufenthalte und damit verbundene Erfahrungen sowie gute Sprachkenntnisse verleiten zu der trügerischen Annahme, dass Begegnungen mit Menschen anderer Mentalitäten ganz automatisch gelingen müssen. Die Realität sieht jedoch anders aus. Ein jeder ist Kind seiner Kultur. Erfahrungsgemäß neigen wir im Kontakt mit anderen dazu, anerzogene Normen und Werte unbewusst zugrunde zu legen. Mir fällt in diesem Zusammenhang insbesondere auf, wie die häufig wohlmeinende deutsche Direktheit in der Kommunikation mit anderen Kulturen immer wieder für Verstimmungen sorgt. Selbst wenn Sie über reichhaltige interkulturelle Erfahrungen verfügen, lohnt es sich, Ihr Kommunikationsverhalten kontinuierlich zu überprüfen und zu schauen, inwieweit Ihre Herangehensweise sinnvoll ist. Letztendlich gibt dies den Ausschlag für ein erfolgreiches Miteinander.

Um mit anderen Ansichten umzugehen und diese zu respektieren, ist es zunächst notwendig, sie in ihrer Komplexität zu erfassen. Das sollte jeder auf seine eigene Art umsetzen. Niemand verlangt, dass Sie asiatisch, arabisch oder nordamerikanisch werden. Sind Sie jedoch über die kulturellen Besonderheiten Ihres Gegenübers im Bilde, können Sie auch sein verbales und nonverbales

Kommunikationsverhalten besser entschlüsseln. Durch die Beachtung der Dos and Don'ts lassen sich gekonnt Verhaltensweisen verbessern und Fehler vermeiden. Erst dann öffnet sich das Tor zu einem eleganten und stilsicheren Auftreten auf der internationalen Bühne.

Dieses Buch versteht sich als Kompass, mit dessen Hilfe Sie sicher durch die jeweils andere Kultur navigieren und mit dem Sie Ihren erfolgversprechenden Weg finden.

An jeder Stelle meines Buches ist mir wichtig und bewusst, dass verallgemeinernde Aussagen für keine Kultur pauschal gelten. Vielmehr geht es um Tendenzen und Erfahrungswerte, die ich über die Jahre aus meinen ungezählten Interaktionen mitgenommen habe und mit denen ich Ihnen Ihren Weg über die interkulturelle Brücke erleichtern möchte.

Das Buch startet mit einem Blick auf unsere Mentalität im deutschsprachigen Raum. Danach liegt der Fokus auf konkreten Hilfestellungen für die Interaktion mit drei ausgewählten Kulturkreisen. Zunächst widme ich mich dem südostasiatischen und ostasiatischen Raum, speziell Japan, China und Korea. Es folgt der arabische Raum als Ganzes. Abschließend bereisen wir gemeinsam Nordamerika mit den USA und Kanada.

Dieser Ratgeber ist modular konzipiert, sodass Sie sich die Kapitel, Unterkapitel oder Abschnitte je nach Bedarf auch einzeln vornehmen können.

Mir selbst ist das Thema von Kindesbeinen an vertraut. Als Tochter ägyptischer Eltern, die in Deutschland aufwuchs, fühle ich mich in mehreren Kulturen zu Hause: vor allem in der deutschen, aber auch in der ägyptischen und der französischen. Zudem erlebe ich als langjährige leidenschaftliche Lufthansa-Mitarbeiterin Menschen unterschiedlichster Kulturen an Bord unserer Flugzeuge aus unmittelbarer Nähe. Meine parallele Tätigkeit als begeisterte Kommunikationstrainerin vervollständigt meinen Erfahrungsschatz, auch in interkulturell gemischten Teams. Dieser berufliche Hintergrund und meine familiäre Prägung waren der entscheidende Impuls zum Entstehen dieses Buches und sind mit viel Herzblut in das Werk eingeflossen. Es ist mir ein großes Anliegen, meine vielfältigen praktischen Erfahrungen auf diesem Gebiet mit Ihnen zu teilen, Sie mit auf meine Reise durch die Kulturen zu nehmen und Ihnen auf diese Weise die Orientierung auf fremdem Terrain zu erleichtern.

Immer wieder erlebe ich in meinem Umfeld, wie Menschen über die Fallstricke kultureller Unterschiede stolpern und dadurch die positive Grundstimmung und somit ein erfolgreiches Miteinander gefährden. Durch meine

Einige Gedanken vorab

Berufs- und Lebenserfahrung hat sich für mich ein Motto herauskristallisiert: „Vieles wird von Kunden vergessen, die empfundenen Emotionen jedoch bleiben." Dieser Ratgeber enthält zahlreiche anschauliche und lebensnahe Fallbeispiele mit verblüffenden Geschichten aus dem interkulturellen Alltag, die Sie vor großen und auch kleinen Stolpersteinen warnen und bewahren sollen. Ich möchte Sie so für feine, aber doch entscheidende Unterschiede sensibilisieren und zeige Ihnen zudem Lösungen auf, wenn Sie doch einmal ins Wanken geraten, vielleicht auch unbewusst. Im Kundenkontakt und in Seminaren stelle ich regelmäßig fest, dass diese Hilfen ebenso innerhalb unserer Landesgrenzen einen hohen Nutzen haben – gerade bei herausfordernden Begegnungen mit schwierigen Zeitgenossen.

Dass Sie dieses Buch nun in Händen halten, verdanke ich neben der mein Leben durchdringenden Faszination für die Fliegerei und meinem genannten Hintergrund selbstverständlich auch der Unterstützung durch verschiedene Menschen. Ich bedanke mich vor allem bei meiner Lektorin Ann-Kristin Wiegmann vom Springer Gabler Verlag für die professionelle und wertschätzende Unterstützung bei der Entstehung dieses Buches sowie für die sehr persönliche und angenehme Zusammenarbeit. Mein Dank gilt ganz besonders dem begnadeten Karikaturisten Matto, Andreas Tschudin, dem es gelungen ist, einzigartige Illustrationen zu den einzelnen Kulturkreisen zu erschaffen. Im Rahmen meiner heiß geliebten Tätigkeit an Bord bereichert mich zudem der Umgang mit Menschen aus den verschiedensten Kulturen, die ich nicht namentlich erwähnen kann, aber jeden auf seine Weise meine. Außerdem danke ich ebenso meinen Seminarteilnehmern, die mir immer wieder durch ihre Fragen, Erfahrungen und Geschichten anregenden Input geben. Mein abschließender Dank richtet sich an die Menschen meines Vertrauens im privaten Bereich. Die journalistischen Anregungen, die konstruktiven Hinweise und der vertrauensvolle Austausch mit meiner langjährigen Freundin Katja Hütte waren mir eine wertvolle Hilfe. Von Herzen danke ich meinem Mann, der mir während der Manuskriptentstehung zu jeder möglichen Zeit ein offenes Ohr, grenzenlose Gesprächsbereitschaft und seinen einzigartigen Beistand geschenkt hat – all das von unschätzbarem Wert. Meine tiefe Dankbarkeit gilt meinen wundervollen Eltern für die weltoffene Weichenstellung als Basis für alles Weitere.

Ihnen, liebe Leserinnen und Leser, wünsche ich eine inspirierende Lektüre mit vielen umsetzbaren Anregungen für entsprechende Situationen und Fragestellungen. Die Leserinnen unter Ihnen bitte ich um Verständnis dafür, dass in diesem Buch wegen der besseren Lesbarkeit die männliche Sprachform benutzt wird. Ich hoffe, Sie haben alle viel Freude mit zahlreichen Aha-Erlebnissen der interkulturellen Art.

Düsseldorf Rita Rizk-Antonious
im Herbst 2019

Inhaltsverzeichnis

1 **Interkulturelle Kompetenz – eine Schlüsselqualifikation für beruflichen Erfolg**................................. 1
   1.1 Basic Skills für interkulturelle Prägungen.................... 2
   1.2 Die Kultur im deutschsprachigen Raum, ein Blick von außen – Bodenständig, Organisiert, Sachlich, Strukturiert (BOSS).................................. 8
   Literatur... 15

2 **Asiatischer Kulturraum – Politeness, Loyalty, Unity, Smile (PLUS)**... 17
   2.1 Vom Facettenreichtum zum harmonischen Ganzen............. 18
   2.2 Konkrete Deutungen und Tipps für Japan.................... 41
   2.3 Konkrete Deutungen und Tipps für China................... 53
   2.4 Konkrete Deutungen und Tipps für Südkorea – Kurztrip........ 73
   2.5 So lösen Sie schwierige Situationen in Asien gesichtswahrend... 81
   Literatur... 88

3 **Arabische Kulturstandards – Insha'Allah, Boukra, Malesh (IBM)**.. 89
   3.1 Pyramiden und Wolkenkratzer – Wüste und Meer............. 90
   3.2 Ahmed, das arabische Pendant zu Otto...................... 92
   3.3 Arabische Gastfreundschaft: die hohe Kunst des Gebens und Nehmens.................................. 109
   3.4 Glaubensrichtungen – Orientierungen für kommunikative Situationen.. 117
   3.5 Schwierige Situationen richtig einschätzen und meistern........ 126
   Literatur... 140

4 Nordamerikanische Kultur – Keep It Short and Simple (KISS) 141
4.1 Wo Visionen Wirklichkeit werden 142
4.2 Lebensgefühl und Lebensart der Amerikaner 144
4.3 Busy, busy: stets schwer beschäftigt 155
4.4 Business ist Showbusiness 164
4.5 Wirksame Strategien für schwierige Situationen 173
Literatur 185

Ihr Weg über die interkulturelle Brücke 187

Über die Autorin

Rita Rizk-Antonious ist Diplom-Kauffrau und langjährige Mitarbeiterin bei der Deutschen Lufthansa. Sie ist in der Kabine an Bord – vor allem als „Qualified First Class"-Flugbegleiterin – sowie als Kommunikationstrainerin, Coach und Fachbuchautorin tätig. In Deutschland geboren, aufgewachsen und mehrsprachig erzogen, ist sie vor allem in der deutschen, durch die Herkunft ihrer Eltern jedoch auch in der ägyptischen und der französischen Kultur zu Hause.

Berufsbegleitend absolvierte sie ein Universitätsstudium der Wirtschaftswissenschaften mit den Schwerpunkten Marketing und Betriebliches Bildungswesen an der Fernuniversität Hagen.

Ihre interkulturell geprägte Erziehung gepaart mit der langjährigen Flugerfahrung und der damit verbundene intensive, vielfältige internationale Kundenkontakt sowie die Expertise als Seminarleiterin und Coach sind für Rita Rizk-Antonious eine nie versiegende Quelle der Freude, Motivation und Inspiration. Dies bildet die Basis für ein sicheres, müheloses Agieren auf der internationalen Bühne und für ihre interkulturellen Strategien.

In den Mittelpunkt ihrer Veranstaltungen für Fach- und Führungskräfte stellt die Autorin den zwischenmenschlichen Umgang auf internationaler, aber auch auf nationaler Ebene – vor allem in Dienstleistungsbranchen und bei auftretenden Schwierigkeiten oder sensiblen Szenarien. Zu ihren Kernthemen gehören: serviceorientiertes und stilsicheres Auftreten im interkulturellen Umfeld, diplomatisches und geschicktes Argumentieren in schwierigen Situationen, die Wirkung von Worten und elegante Ausdrucksmöglichkeiten. Ihre Trainingsmethoden orientieren sich durchgängig am Prinzip „Aus der Praxis für die Praxis".

Rita Rizk-Antonious bietet ihre Beratungstätigkeiten in den Sprachen Deutsch, Englisch, Französisch, Arabisch und Italienisch an.
E-Mail: Rita.Rizk@t-online.de
www.serviceexzellenz.de

Interkulturelle Kompetenz – eine Schlüsselqualifikation für beruflichen Erfolg

Zusammenfassung

Das Berufsleben vieler Menschen ist heute international geprägt. Häufig zieht sich das bis in den privaten Bereich. Die Überschneidungssituationen zwischen den unterschiedlichen Kulturen sind vielfältiger denn je. Das mag selbstverständlich und simpel klingen, doch der Umgang damit und die praktische Umsetzung sind alles andere als das. Interkulturelle Kompetenz erfordert einen ganzheitlichen Lernprozess, der neben der rein kognitiven Wissenserweiterung auch eine Veränderung des Erlebens, der Emotionen und des Verhaltens im interkulturellen Umfeld beinhaltet. Das Wort „interkulturell" steht für die Beziehung zu anderen Kulturen und impliziert in diesem Fall eine Verbindung der deutschsprachigen zu der jeweils anderen Mentalität. Daher konfrontieren wir uns in diesem Kapitel zunächst mit dem Blick anderer Kulturen auf den deutschsprachigen Raum, für den das Akronym BOSS – **B**odenständig, **O**rganisiert, **S**achlich, **S**trukturiert – stehen möge.

Um mit Menschen anderer Kulturen situativ angemessen und erfolgreich interagieren zu können, bedarf es verschiedenster Fähigkeiten auf unterschiedlichen Ebenen. Es ist ein vielschichtiges Zusammenspiel diverser Komponenten, die sich kaum auf den Punkt bringen lassen. Das liegt auch daran, dass die Bedeutungsvielfalt der Begriffe zu diesem Themenspektrum riesig ist und es sich dabei nicht um abgegrenzte und homogene Einheiten, sondern eben um ein komplexes Netzwerk handelt. Es reicht von elementaren Besonderheiten in der sprachlichen und nicht-sprachlichen Kommunikation, über gesellschaftliche Werte, Lebensstil und Zeitauffassung bis hin zu kulturell bedingtem Denken, Fühlen und Handeln.

Daher existieren unterschiedliche Strukturierungen, Bezeichnungen und Herangehensweisen, um praktikable Hilfestellungen für interkulturelle Kontakte zu geben.

„Ihr Navi für andere Kulturen" möchte Sie bei Ihren interkulturellen Kontakten lotsen, Sie auf mögliche Stolpersteine beim Zusammentreffen mit anderen Kulturen hinweisen und Sie sicher und erfolgreich an Ihr persönliches Ziel bringen. Der Fokus dieses Ratgebers liegt auf dem zwischenmenschlichen Miteinander und den Faktoren, die für gelungene kommunikative Situationen förderlich sind.

1.1 Basic Skills für interkulturelle Prägungen

„Interkulturelle Prägungen" und ähnliche Formulierungen oder Schlagworte sind in aller Munde. Will man sich Grundfertigkeiten zu diesem Themenspektrum aneignen oder bestehende Kenntnisse vertiefen, so finden sich unzählige Antworten. Trotzdem bleibt der Inhalt diffus und unüberschaubar. Dominierend sind die Faszination für andere Länder und gleichzeitig auch ein gewisses Unbehagen hinsichtlich ihrer Andersartigkeit. Letzteres kann Schwierigkeiten bereiten, wenn einem die kulturellen Unterschiede zum eigenen Herkunftsland bewusst werden und man nicht das Rüstzeug mitbringt, um gekonnt damit umzugehen.

Kulturschock – Anpassungsschwierigkeiten bei der Berührung mit anderen Kulturen
Wenn es bei der Berührung mit anderen Kulturen zu erheblichen Anpassungsschwierigkeiten kommt, wird dies als Kulturschock bezeichnet. Dabei handelt es sich nicht um einen statischen Zustand, sondern um einen Prozess der Anpassung. Die ganz normale erste Reaktion unserer Psyche auf das Unbekannte sind Gefühle der Verunsicherung, der Fremdheit und der Hilflosigkeit. Wir fühlen uns unwohl in der Situation. Unsere vertrauten und selbstverständlich vorausgesetzten Werte und Verhaltensmuster greifen nicht richtig oder gar nicht, denn wir stehen einem völlig anderen Wertesystem gegenüber. Panik ergreift uns. Nun müssen wir uns erst einmal neu orientieren, die fremden Sitten und Gebräuche in der gegebenen Situation erfassen und verarbeiten. Erst dann können wir Verständnis für die anderen Denk- und Verhaltensweisen entwickeln, kommen insgesamt besser klar und fühlen uns schließlich wieder wohl.

Es ist wichtig, sich bewusst zu machen, dass ein Kulturschock kein persönliches Problem ist, sondern Teil eines natürlichen Lernprozesses beim Kontakt mit anderen Kulturen. Intensität, Dauer und Anzeichen können – je nach

Vorinformation und Vorerfahrung – variieren. Dieser Lernprozess hat kein festes Ende. Er ist vielmehr fließend und entwickelt sich mit jeder neuen interkulturellen Situation ein Stück weiter.

Wie ein Kulturschock aussehen kann, zeigt das folgende Beispiel aus der Praxis.

Overloaded

Der Geschäftsmann Kai Seeberger fliegt von Frankfurt in die japanische Haupt- und Millionenstadt Tokio. Es ist sein erster Besuch in Ostasien. Nach etwa zwölf Flugstunden erwartet ihn am nächsten Morgen eine völlig andere Welt, die in Form einer totalen Reizüberflutung auf ihn einströmt.

Sich in Japan zurechtzufinden, ist eine besondere Herausforderung. Die Schriftzeichen sind ihm fremd und die japanische Sprache ist für Menschen aus anderen Ländern schwierig und komplex. Umgekehrt kann Herr Seeberger sich mit seinen westlichen Sprachkenntnissen kaum verständigen. Alle seine Sinnesorgane sind auf das Extremste gefordert. Er sieht Massen von Menschen japanischen Aussehens, viele von ihnen mit ständigem Blick auf ihr Mobiltelefon, dazu gesellt sich ein ganz eigener Soundtrack aus unverständlichem Stimmengewirr, elektronischer Musik und diversen anderen neuen Geräuschen, untermalt wird das Ganze durch schrille bunte Neonbeleuchtungen und Werbetafeln und schließlich abgerundet durch eine Vielzahl ungewohnter Essensgerüche und andersartiger Essensgewohnheiten.

Trotz dieser scheinbar ruhelosen Dynamik unterliegt all das einer bestens geregelten Ordnung. Die Stadt funktioniert wie ein Uhrwerk. Neben diesem hochmodernen, fast futuristischen Extrem existiert gleichzeitig die sehr traditionelle Seite Japans. So erscheint – übertrieben formuliert – jede Ecke der Stadt in einem anderen Gewand.

Herr Seeberger ist müde von seiner langen Reise und erschöpft durch diese Kaskade verschiedenartigster Sinneseindrücke. Er begibt sich in sein Hotel und fühlt sich jetzt schon überfordert und verunsichert. Dabei hat er noch nicht einmal eingecheckt. Sein Aufenthalt hat noch gar nicht richtig begonnen, erst recht nicht die beruflichen Treffen und eventuellen Abenteuer seiner Reise. Wir belassen es zunächst bei dieser allerersten Konfrontation, die bereits dafür gesorgt hat, dass unserem Nicht-Japaner sehr vieles – im wahrsten Sinne des Wortes – „japanisch" vorkommt.

Ein Kulturschock tritt häufig nicht direkt im Erstkontakt mit einem fremden Land auf, sondern meist erst nach einer kurzen anfänglichen Phase der Begeisterung. Die klassischen Phasen eines Kulturschocks gehen auf den US-amerikanischen Anthropologen Kalervo Oberg (1960) zurück.

Für Ihr Erfolgsticket auf dem internationalen Parkett sind vor allem zwei Zugänge geeignet, die markante Unterschiede anderer Kulturen bestmöglich erklären und Orientierungshilfen für das praktische Miteinander geben: das Kommunikationsverhalten sowohl verbal als auch nonverbal sowie der Lebensstil.

Das verbale und nonverbale Kommunikationsverhalten
Basis für ein erfolgreiches Miteinander ist eine gute Kommunikation. Diese wiederum gelingt nur, wenn wir die sprachlichen und nicht-sprachlichen Botschaften unseres Gesprächspartners so wahrnehmen, wie sie von ihm gemeint sind. Genauso müssen wir für eine gelungene Kommunikation unsere Botschaften in einer Weise senden, dass sie von anderen Menschen so verstanden werden, wie wir es beabsichtigen.

Bei interkulturellen Kontakten werden häufig sprachliche und nicht-sprachliche Botschaften übermittelt, die vom Empfänger nicht so wahrgenommen werden, wie der Sender sie gemeint hat.

Wie leicht Missverständnisse entstehen können, lässt sich anhand der in unserer Kultur elementaren und eindeutigen Worte „ja" und „nein" veranschaulichen. In der deutschen Sprache mag die Bedeutung dieser Worte relativ klar sein. Im Umgang mit Menschen anderer Kulturen besteht diese Eindeutigkeit in vielen Fällen nicht. Beispielsweise schüttelt der Inder mit dem Kopf seitwärts und meint „Ja". Wir nehmen es spontan als „Nein" wahr. Der Asiate sagt „Yes" und meint entweder „Vielleicht", „Ja, ich folge Ihnen", „Ja, ich sehe es so wie Sie" oder „Ja, aber ich bin anderer Meinung". Der Araber sagt „Insha' Allah" und meint „Ja, so Gott will" oder etwa „Mal schauen", „Wir werden sehen", „Vielleicht".

Das folgende Praxisbeispiel veranschaulicht, wie Unterschiede im Kommunikationsverhalten zu Verständigungsschwierigkeiten führen können.

> **Das vermeintliche Getränkeangebot**
> Ein japanischer Passagier raucht im Speisewagen eines Zuges verbotenerweise eine Zigarette. Der deutsche Zugbegleiter bittet ihn auf Englisch, die Zigarette auszudrücken. Aus Sicherheitsgründen reicht er ihm ein Glas mit etwas Wasser und erklärt ihm, er möge das Behältnis bitte als „sicheren Aschenbecher" verwenden. Der japanische Passagier hingegen

entschlüsselt dieses Signal als ein „Getränkeangebot", nimmt das Glas mit einer Verbeugung entgegen, trinkt das Wasser aus und sagt lächelnd: „Thank you, thank you."

Jeder Kontakt stellt einen Augenblick der Wahrheit dar: Nicht, *was gemeint* oder beabsichtigt ist, zählt; entscheidend ist immer, *was ankommt.* Denn das, was mein Gesprächspartner in dem Augenblick wahrnimmt, ist für ihn „die Wahrheit". So wird in dem oben genannten Beispiel nicht der vom Zugbegleiter gemeinte „sichere Aschenbecher", sondern das „Getränkeangebot" zur Wahrheit des japanischen Passagiers.

Der Lebensstil
Ein weiterer Zugang zur Erklärung interkultureller Prägungen sind die unterschiedlichen Lebensstile verschiedener Kulturen. Es gibt Kulturkreise, die einen völlig anderen Lebensstil pflegen, als wir es gewohnt sind. Der jeweilige Lebensstil wird durch die Einstellungen, Werte und Normen der Menschen geprägt. Daraus entstehen Prinzipien, die das gesamte Verhalten der Menschen in vielen Lebensbereichen beeinflussen, so etwa bei dem folgenden Geschäftsessen.

Ägyptische Gepflogenheiten
Der Vertriebsingenieur Markus Bauer ist in Kairo zu einem Essen bei seinem ägyptischen Geschäftspartner Amir Fahmy eingeladen. Der Abend soll in privatem Kreis im Haus von Herrn Fahmy stattfinden. Beide Herren sprechen fließend Englisch.

Der ägyptische Gastgeber will den deutschen Geschäftspartner um 20 Uhr in seinem Hotel abholen. Herr Bauer steht überpünktlich um 19.50 Uhr in der Lobby bereit, doch Herr Fahmy erscheint erst mit einer Verspätung von fast 30 min. Die selbstverständlich klingende Begründung für die Verspätung: der dichte Verkehr.

Am Ziel angekommen, findet zunächst eine ausgesprochen herzliche und langatmige Begrüßung statt. Jeder Angehörige verschiedener Generationen der großen Familie Fahmy wird Herrn Bauer vorgestellt und umgekehrt. Herrn Bauer kommt das recht übertrieben vor. Als Welcome-Drink wird Mangosaft gereicht. Herr Bauer lehnt dankend ab und verspürt eine betretene Reaktion bei seinen Gastgebern.

> Immer wieder blickt er verstohlen auf die Uhr und erst nach 22 Uhr wird das Abendessen serviert. Die Vielfalt und Menge der dargebotenen Speisen erscheint dem Gast nicht nur riesig, sondern erschlagend. Herr Bauer isst seinen ersten Teller leer und wird immer wieder aufgefordert, sich doch bitte nachzunehmen. Er weiß sich nicht zu helfen und empfindet die Situation als unangenehm.
> Die Stunden schreiten voran und bis zum Ende des langen Abends wurde den geschäftlichen Themen nur wenig Zeit eingeräumt. Zurück im Hotel fällt Herr Bauer mit schwerem Magen ins Bett und fragt sich, ob dieser Geschäftsabend überhaupt etwas gebracht hat.

Viele sind sich ähnlich, und doch sind alle verschieden
Bei allen Ausführungen dieses Buches gilt, dass man die Menschen eines Kulturkreises niemals über einen Kamm scheren kann. Normen und Werte wirken wie ein zusätzlicher – rein kulturell geprägter – Filter. Viele Aspekte treffen auf viele Angehörige eines Kulturkreises zu, und doch bleibt jeder Mensch in seiner Persönlichkeit einzigartig. Lassen Sie sich daher bitte nicht dazu verleiten, in vorgefertigte stereotype Meinungen oder gar in wertende Vorurteile zu verfallen. Solange Stereotype allerdings nicht zu pauschalen Vorurteilen werden, helfen sie uns, die Komplexität interkultureller Implikationen zu sortieren und ihre Konsequenzen bestmöglich zum Vorteil und Nutzen aller Beteiligten zu gestalten.

Das folgende Gedicht soll die Einzigartigkeit eines jeden Menschen – egal aus welcher Kultur – würdigen:

„Kein Mensch auf der Welt hat Augen so wie Deine. Manche sind braun und groß und rund dazu, doch Deine sind einzig, es sind eben Deine. Dich gibt's nur einmal, Du bist eben Du.

Nicht eine Stimme klingt so wie Deine, ob sie nun lacht, redet oder singt, denn Deine Stimme hast nur Du alleine, sonst gibt's keine, die so klingt. Du bist etwas Besonderes, denn Dich gibt's nur einmal.

Keiner ist genauso wie Du eben bist, hast eigene Gefühle und hast Dein Geheimnis und Dein eigenes Glück, das tief in Dir ist.

Und keiner kann lächeln, so wie Du jetzt lächelst. Kein Mensch der Welt macht's ganz genau wie Du. Dein Lächeln hast Du ganz für Dich alleine.

Du bist ganz was Besonderes – Dich gibt's nur einmal."
(Quelle nicht bekannt)

1.1 Basic Skills für interkulturelle Prägungen

Die kulturelle Schnittmenge

Wir können davon ausgehen, dass nicht nur wir uns mit dem Thema interkulturelle Kompetenz beschäftigen, sondern dass sich auch die Menschen aus anderen Ländern ihrerseits auf die Reise zu uns und die entsprechenden geschäftlichen Kontakte vorbereiten. Kulturen und Menschen sind in unserer immer globaler werdenden Welt nicht starr. Die Welt wächst immer mehr zusammen. Digitalisierung und Internet tragen zur zunehmenden Vernetzung der Nationen in vielen Bereichen bei. Wir nähern uns anderen Kulturen an und andere Kulturen nähern sich uns an.

Vielleicht essen wir häufig in einem thailändischen Lokal und beim Chinesen, schätzen Cheeseburger, Sushi und Falafel. Menschen aus anderen Ländern genießen oftmals Bratwurst mit Sauerkraut und Kartoffeln mit einem deutschen Bier dazu. Vielleicht gehen Sie bei der Begrüßung auf Ihren japanischen Geschäftspartner zu und verbeugen sich in „korrekter japanischer Weise", während er Ihnen im selben Moment in „korrekter deutscher Weise" die Hand reicht. Wie asiatisch, arabisch oder amerikanisch sind wir geworden, und wie viel deutsche Kultur steckt in den anderen?

Machen Sie sich daher stets Folgendes bewusst: Wie traditionell ist mein Gegenüber in seiner Kultur verwurzelt, und inwieweit ist eine Anpassung erforderlich und sinnvoll? Verhalten Sie sich dann entsprechend der Situation, wie sie sich Ihnen in dem Moment präsentiert.

▶ **Praxistipps**
- Machen Sie sich bewusst, wie groß die kulturelle Schnittmenge mit Ihrem Gegenüber ist.
- Je größer die Gemeinsamkeiten, desto sicherer fühlen wir uns im interkulturellen Umgang. Nutzen Sie Berührungspunkte zu Ihrem Gegenüber aus der jeweils anderen Kultur.

Die Abb. 1.1 verdeutlicht, dass es unterschiedliche Grade der Vorkenntnisse geben kann im gegenseitigen Verständnis zwischen Deutschland und der jeweils

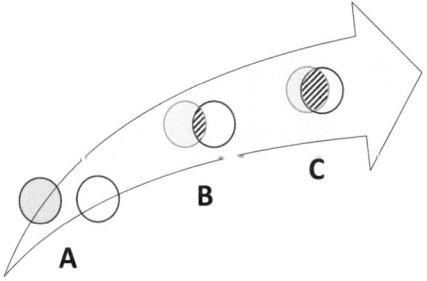

Abb. 1.1 Zunehmende Schnittmenge als „wechselseitiger Lernprozess" zwischen den Kulturen

anderen Kultur. Veranschaulicht wird der wechselseitige Lernprozess im Zeitablauf. Szenario A steht für eine Situation, bei der die beteiligten Personen keine oder kaum Vorkenntnisse über den anderen Kulturkreis haben. Es gibt keinerlei interkulturelle Schnittmenge. Bei den Szenarien B und C hat bereits eine Annäherung zwischen den Kulturen stattgefunden, die in der Größe der interkulturellen Schnittmengen deutlich wird. Es spricht viel dafür, dass sich dieser Lernprozess in Zukunft progressiv verstärken wird. Die Tendenz einer solchen Entwicklung wird durch den Pfeilverlauf symbolisiert.

1.2 Die Kultur im deutschsprachigen Raum, ein Blick von außen – Bodenständig, Organisiert, Sachlich, Strukturiert (BOSS)

Die Welt hat viele Kulturen. Unsere ist eine davon. Bevor wir uns mit fremden Kulturen beschäftigen, ist es sinnvoll, sich zuerst zu fragen, wie die Menschen aus anderen Ländern uns, unsere Produkte und unsere Dienstleistungen wahrnehmen.

Welche vorgefertigten Meinungsbilder haben sie – und wie ticken wir wirklich? Durch Erkenntnisse über uns selbst gelingt es uns erst, andere Kulturen im Abgleich zu uns besser einzuschätzen. Jeder von uns ist in seiner eigenen Kultur zu Hause. Dazu gehört, dass wir die entsprechenden Normen, Werte, Verhaltens- und Kommunikationsregeln verinnerlicht haben und sie uns zur Gewohnheit geworden sind. Dies geschieht mit einer derartigen Selbstverständlichkeit, dass wir uns dessen nicht bewusst sind. Wir verhalten uns automatisch so, wie wir es schon immer getan haben und finden das – zu Recht – korrekt, denn jeder hat sein eigenes Verständnis von „Normalität".

Sobald wir auf Menschen anderer Länder treffen, wissen wir häufig schon, dass das Sprichwort „Andere Länder, andere Sitten" an Bedeutung gewinnt und wir toleranter werden müssen. Wenn die Verhaltensweisen unseres Gegenübers allerdings stark von unseren abweichen und wir sie als fremd erleben, dann empfinden wir die Situation als schwierig. Schnell stempeln wir das Verhalten negativ ab – als „unangemessenes Benehmen" oder „schlechten Stil". Dabei blenden wir aus, dass die Andersartigkeit unseres Gesprächspartners nicht allein mit ihm zusammenhängt, sondern vor allem auch mit dem durch unsere Kultur geprägten Blick. Durch diese Diskrepanz ist das beidseitig angestrebte Miteinander bedroht.

Übertragen Sie deshalb Ihre eigenen Maßstäbe niemals unüberlegt auf andere Kulturen: „Anders" ist weder falsch noch merkwürdig oder gar minderwertig, sondern einfach nur anders und somit – zunächst – ungewohnt.

▶ **Praxistipp** Bedenken Sie: Auf dem internationalen Parkett sind wir alle jeden Tag Ausländer.

Jeder Mensch ist von kulturellen Normen und Werten geprägt. Diese bleiben für ihn jedoch unsichtbar, so lange er in seiner eigenen Kultur unterwegs ist. Erst das Erleben anderer Kulturen hebt die Unterschiede hervor. Das gilt auch für den Blick anderer Länder auf uns. Der Kommunikationswissenschaftler Paul Watzlawick hat es folgendermaßen auf den Punkt gebracht: „Wer reist, erfährt […], dass die Heimat eine Wirklichkeit ist, aber bei Gott nicht die Wirklichkeit; dass die Fremde in ihrer Weise genauso wirklich ist und von Menschen bewohnt, die ihrerseits glauben, ihre Wirklichkeit sei die Wirklichkeit."

Ein interkulturell kompetenter Mensch hat also immer zweierlei zu bedenken. Es sind die zwei Seiten der Medaille „wir in der Interaktion mit den anderen":

1. Die eigene Kultur: Was im Umgang mit uns Deutschen relevant ist. Wie wir ticken. Das ist Inhalt dieses Unterkapitels.
2. Die anderen Kulturen: Dos and Don'ts im Umgang mit Menschen aus anderen Kulturkreisen. Wie die anderen ticken. Damit beschäftigt sich dieses Buch ab Kap. 2.

Wer also im deutschsprachigen Raum zu Hause ist und erfolgreich mit Menschen aus anderen Ländern interagieren will, benötigt zunächst Informationen über die Besonderheiten seiner eigenen Kultur und wie die daraus resultierenden Verhaltensweisen auf Menschen anderer Kulturen wirken. Dann erst wird er seine Erkenntnisse über fremdländische Besonderheiten und seine Erfahrungen mit diesen besser verstehen und damit umgehen.

Deutsche Unverblümtheit
Der chinesische Unternehmer Liu Chang aus Shanghai landet in Frankfurt am Main. Es ist sein erster Aufenthalt in Deutschland. Sein Gastgeber und Geschäftspartner Michael Schneider holt ihn am Flughafen ab. Die Agenda für den Aufenthalt von Herrn Liu ist streng gestaffelt. Er wird für nur drei Tage in Deutschland sein und zwei davon sind dicht mit Terminen gefüllt. Das weiß Herr Schneider, der alles gründlich durchgeplant hat. Nach der Begrüßung und dem ersten Austausch zeigt sich Herrn Changs Bewunderung für Deutschland und deutsche Spitzenprodukte. In seinen Augen stehen besonders Mercedes und Schloss Neuschwanstein für Deutschland. Er äußert den Wunsch, sich beides während seines Aufenthaltes anzusehen. Herr Schneider weiß genau, dass dies unmöglich sein wird. Er möchte daher – in guter Absicht – von vornherein, dass Herr Chang sich keine falschen Hoffnungen diesbezüglich macht. Deshalb stellt er in seiner direkten Art unmissverständlich klar, dass es völlig unrealistisch sei, da der Zeitplan es schlichtweg nicht ermögliche. Er würde ihm stattdessen anhand schöner Bilder einen Eindruck von Deutschland vermitteln. Herr Chang fühlt sich nicht wertschätzend behandelt und ist maßlos enttäuscht, auch wenn er dies nicht direkt nach außen trägt. Herrn Schneider erscheint seine eigene Argumentation hingegen völlig logisch und naheliegend. Er hat es gut gemeint und wollte die Erwartungen seines chinesischen Partners nicht enttäuschen.

Dank des „Fremdenbonus" wird uns im Kontakt mit anderen Kulturen – ob im Ausland oder in unserer Heimat – der eine oder andere Fauxpas verziehen. Hapert es jedoch zu sehr im Umgang miteinander und schwingen zu viele negative Emotionen mit, kann das geschäftsschädigende Folgen haben.

Typisch deutsch
Wir identifizieren uns normalerweise voll und ganz mit unserer Kultur. Hinzu kommen zahlreiche automatisierte Denk- und Handlungsmuster, die zum Teil unbewusst ablaufen. Wir befinden uns also in unserem ganz eigenen Tunnel. Um aus ihm heraustreten zu können und eine bewusste Sensibilisierung mit uns selbst anzustoßen, benötigen wir Kriterien für unsere deutsche kulturelle Prägung.[1]

Vielen fällt hier zuerst *„German Engineering"* ein. Doch ist das unsere einzige Kompetenz? Deutschland und seine Bewohner haben sich im Laufe der Zeit verändert und internationalisiert. Das Land ist außerdem Heimat vieler Menschen mit fremdländischen Wurzeln geworden. Einige der „Typisch deutsch"-Kriterien haben sich daher relativiert und sind für viele inzwischen alte Klischees, auf die es teilweise neue Antworten gibt. Dennoch hält sich das deutsche Image hartnäckig, und manchmal gehören gewisse Merkmale auch tatsächlich zum deutschen Verhalten dazu.

Es lohnt sich für Sie, anhand der folgenden Punkte zu durchdenken, wie Ihr gewohntes und „ganz normales Verhalten" auf Menschen anderer Kulturen wirken könnte. Dies schließt sowohl angenehme als auch unangenehme Effekte ein.

Zeit und Zeitgefühl: Die Beziehung zur Zeit wird in der Fachliteratur als ein wichtiges Kriterium für kulturelle Unterschiede angesehen. Differenziert wird hier nach monochroner und polychroner Zeitorientierung. Diese Unterscheidung stellte der US-amerikanische Anthropologe Edward T. Hall (1983) vor. Monochrone Kulturen, zu denen Deutschland gehört, betrachten Zeit als ein begrenztes und greifbares Gut. So kann man Zeit aufsparen, gewinnen, verlieren oder verschwenden. Als Folge davon werden Aufgaben nacheinander erledigt, wobei meist ein Terminkalender oder ein Zeitplan den Rahmen vorgibt. Entsprechend müssen Pläne und Fristen konsequent eingehalten werden, alles andere würde zu Schwierigkeiten führen.

Mögliche positive Effekte: Dies ermöglicht einen reibungslosen Ablauf, sichert die effiziente Abwicklung, befördert die Glaubwürdigkeit und sorgt für unsere altbekannte Zuverlässigkeit.

---

[1]Wenn von „deutsch" die Rede ist, beziehen sich die Ausführungen im Großen und Ganzen auf den gesamten deutschsprachigen Raum Deutschland, Österreich und die Schweiz.

Mögliche negative Effekte: Spontaneität und positive Überraschungen könnten im Keim erstickt werden.

Direkter Kommunikationsstil, untergeordnete Bedeutung von Stimme und Körpersprache: Deutsche kommunizieren in einem direkten und expliziten Stil, frei nach dem Motto „Ich sage, was ich meine, und ich meine, was ich sage". Wir nutzen Sprache als ein Medium, um eine Botschaft klar und unmissverständlich zu übermitteln. Worte erleichtern uns den Austausch von Gedanken mit anderen Personen. „Sachlich diskutiert", „auf den Punkt gebracht" oder „geradlinig formuliert" sind probate Ansätze. Auch bei Unzufriedenheit äußern wir uns völlig unverblümt nach diesem Prinzip. Für uns treten dabei Stimme, Tonfall und die nonverbalen Signale aller Beteiligten eher in den Hintergrund.

Mögliche positive Effekte: Mit überzeugenden und schlüssigen Argumenten, sprachlicher Eloquenz und selbstbewusster Schlagfertigkeit unterstreichen wir unsere Souveränität.

Mögliche negative Effekte: Eine klare Ausdrucksweise kann als einschüchternd oder sogar verletzend erlebt werden. Sachliche Diskussionen könnten wie ein Streit wirken. Wir machen uns unsere körpersprachlichen Signale und die unseres Gesprächspartners nicht bewusst und vergessen außerdem, dass häufig der Ton die Musik macht.

Sachorientierung: Die Sache steht jederzeit im Mittelpunkt der Aufmerksamkeit. Drumherum gruppiert sich alles, was der Sache dient: die sachlich perfekte Zusammenarbeit und der daraus entstehende Aufbau von Vertrauen, die Bewertung der sachlichen Leistung, die Zufriedenheit mit der Sache, die sachliche und zielorientierte Kommunikation bei guten und auch schlechten Aspekten.

Mögliche positive Effekte: Wir überzeugen durch unsere hohe Fachkompetenz und verteidigen unsere internationale Spitzenposition in Technologieprodukten.

Mögliche negative Effekte: Die Beziehung zu anderen spielt in diesem Zusammenhang eine vergleichsweise untergeordnete Rolle und kann leiden. Die Gefühlslage der Interaktionspartner nimmt wenig Raum ein. In den Augen des anderen können die Ausführungen des deutschen Geschäftspartners als streng-sachbezogen und das Miteinander als kühl erlebt werden.

Struktur und Regeln: Deutsche sind bestens organisiert. Sie lieben ihre Verträge und sämtliche schriftliche Vereinbarungen, die die Abläufe und das Miteinander reglementieren. Dadurch wird vieles vorab präventiv arrangiert, Risiken und Fehler sinken auf ein Minimum und es wird das optimale Resultat angestrebt. Abweichungen werden dezidiert vermieden. Kommt es doch zu Regelverstößen, wird das moniert.

Mögliche positive Effekte: Auf den deutschen Geschäftspartner ist in jeder Hinsicht Verlass.

Mögliche negative Effekte: Die Flexibilität wird möglicherweise beeinträchtigt werden. Zu starke Regeltreue kann schnell starr, verbissen, kleinkariert oder rechthaberisch wirken. Vereinbarungen auf Treu und Glauben – das sogenannte *Gentleman's Agreement* – werden eher nicht in Erwägung gezogen, was vom Gegenüber als mangelndes Vertrauen dekodiert werden kann.

Trennung von Berufs- und Privatleben: In Deutschland kommt es – je nach Unternehmensbranche – häufig vor, dass zwischen dem beruflichen und dem privaten Leben eine klare Linie gezogen wird. In der beruflichen Rolle stehen überwiegend formelle Verhaltensweisen im Vordergrund. Die informelle Seite ist eher an die Privatperson gebunden.

Mögliche positive Effekte: Das gibt ein hoch professionelles Verständnis vom Beruf ab. Negative Emotionen können leichter „wegrationalisiert" werden. Man übt sich in korrekter Zurückhaltung nach der Devise „Dienst nach Vorschrift".

Mögliche negative Effekte: Kein herzliches Miteinander, sondern ein kühles Nebeneinander. Die Beziehung leidet. Probleme können nicht vertrauensvoll gelöst werden.

Eigeninitiative und Individualismus: Wir setzen auf die individuelle Persönlichkeit und auf ihre Entwicklung. Autonomie, Selbstverwirklichung und das eigenverantwortliche Handeln des Einzelnen stehen in der deutschen Gesellschaft hoch im Kurs. Wir können individuell über uns selbst bestimmen. Kaum ein Tabu hindert uns daran, unser Leben selbst in die Hand zu nehmen.

Mögliche positive Effekte: Jeder Mensch mit seinen unterschiedlichsten Facetten hat seine private und berufliche Daseinsberechtigung. Unter dem Leitsatz „Sei, wie du bist" treten wir selbstbewusst auf und nehmen die Dinge unabhängig in die Hand.

Mögliche negative Effekte: Die ständige Suche nach sich selbst und nach der eigenen Identität bringt Schwierigkeiten mit sich: Neigung zur Selbstdarstellung, Ich-Bezogenheit, Abwendung von anderen oder Vereinsamung können die Folge sein. Das Wir-Gefühl und die Teamfähigkeit sind gefährdet.

Tatsachen oder Vorurteile?
Die oben beschriebenen Kriterien für deutsche kulturelle Prägungen sind weitgehend sachlich beschreibend und neutral formuliert. Interessant ist es aber zu erfahren, wie Menschen aus anderen Ländern diese typisch deutschen Kulturstandards tatsächlich erleben und bewerten.

Es folgen daher einige Einschätzungen von Menschen anderer Kulturkreise über charakteristische Verhaltensweisen von Deutschen. Unabhängig davon, ob Sie sich in diesen Einschätzungen wiederfinden oder nicht: Zahlreiche Gespräche mit internationalen Kunden verschiedener Branchen belegen, dass diese und ähnliche Meinungsbilder über Deutsche und deutsche Produkte in der Wahrnehmung von Menschen aus dem Ausland mitschwingen, und zwar häufig in erstaunlicher Übereinstimmung. Lassen wir uns also von Menschen aus anderen Kulturen den Spiegel vorhalten.

Positive Eindrücke sind beispielsweise:

- Deutsche sind pünktlich, solide, zuverlässig, sauber und neigen zur Perfektion.
- Menschen aus Deutschland sind zielstrebig, fleißig, engagiert, organisiert, präzise, korrekt, qualitätsbewusst, ordentlich, integer und loyal.
- Deutsche nehmen ihre Arbeit sehr ernst und wickeln ihre Geschäfte schnell, gründlich und effizient ab.
- Qualitätsbewusstsein, Qualitätsarbeit und qualitativ hochwertige Spitzenprodukte stehen für deutsche Tugenden.

Diese positiven Zuschreibungen gefallen natürlich dem deutschen Gesprächspartner. Hier besteht die Kunst darin, sie aufzunehmen, gezielt einzusetzen und positive Urteile zu verstärken. Die Kenntnis darüber, wie wir in der Wahrnehmung anderer stehen, kann und soll die kulturelle Identität stärken. Sie zeigt uns, wo wir ansetzen müssen, um bei anderen Kulturen besser anzukommen.

Doch es gibt natürlich auch negative Bewertungen, beispielsweise:

- Deutsche leben verbissen nach Regeln und Gesetzen. Es mangelt ihnen an Flexibilität und Anpassungsfähigkeit.
- Die technologische Qualität ist perfekt, aber das reicht nicht, denn die Servicequalität ist nicht zufriedenstellend.
- Deutsche Höflichkeit greift zu kurz, es mangelt an Herzlichkeit.
- Deutsche sind häufig kühl und haben wenig Temperament; sie sind zu ernst, viel zu direkt und haben wenig Takt und Einfühlungsvermögen für delikate Themen.
- Deutsche sind zu detailverliebt, unflexibel, kühl, emotionslos, verschlossen, humorlos, unhöflich, besserwisserisch, überheblich und berechnend.
- Deutschen fehlt die Leichtigkeit im Leben.

Wer solche negativen Urteile kennt, ist sensibilisiert für „brisante" Verhaltensweisen, die möglicherweise beim Gegenüber eine andere Wirkung haben als beabsichtigt. Generell können kulturelle Besonderheiten als Stärke oder als Schwäche wahrgenommen werden – je nach Situation und Perspektive. Wenn uns klar wird, wie unser Verhalten beim Gegenüber ankommt, nehmen wir unsere kulturelle Prägung bewusster wahr und reflektieren sie mehr. Erst dann entwickeln wir einen Blick dafür, wie wir in der Interaktion mit anderen Kulturkreisen erfolgreicher sein können.

In diesem einleitenden Kapitel ging es schwerpunktmäßig darum, Problembewusstsein dafür zu entwickeln, die eigene deutsche Kultur näher zu betrachten. Das ist die eine Seite der Medaille „das Miteinander zwischen uns und den anderen". In den folgenden Kapiteln geht es um die andere Seite der Medaille, die Besonderheiten dreier ausgewählter Kulturkreise – des asiatischen, des arabischen und des nordamerikanischen.

▶ **Praxistipp** Erweitern Sie Ihr Wissen zu Land und Kultur. Verstehen Sie das Fremde, reflektieren Sie sich selbst und handeln Sie dann interkulturell angemessen.

Literatur

Hall, E. T. (1983). The Dance of Life: The Other Dimension of Time, New York: Anchor Book.
Watzlawick, P. (2008). Gebrauchsanweisung für Amerika. Der Klassiker. München: Piper Verlag.
Oberg, K. (1960). Cultural Shock – Adjustment to new Cultural Environments. Practical Anthropology, 7, 177–182.

Weiterführende Literatur

Bolten, J. (2012). Interkulturelle Kompetenz. Thüringen: Landeszentrale für politische Bildung.
Doser, S. (2012). 30 Minuten Interkulturelle Kompetenz. Offenbach: Gabal.
Heringer, H. J. (2012). Interkulturelle Kompetenz: Ein Arbeitsbuch mit interaktiver CD und Lösungsvorschlägen. Stuttgart: utb.
Hofstede, G. et al. (2017). Lokales Denken, globales Handeln. Interkulturelle Zusammenarbeit und globales Management. München: dtv Beck Wirtschaftsberater.
Kuan, Y. C. und Häring-Kuan, P. (2009). Die Langnasen. Was die Chinesen über uns Deutsche denken. Mit einem Geleitwort von Helmut Schmidt. Frankfurt am Main: FISCHER Verlag.
Rizk-Antonious, R. (2002). Qualitätswahrnehmung aus Kundensicht. Beim Kunden besser ankommen – Konzepte und Praxisbeispiele aus 5 Branchen. Wiesbaden: Gabler Verlag.
Schroll-Machl, S. (2010). Die Deutschen – Wir Deutsche. Fremdwahrnehmung und Selbstsicht im Berufsleben. Göttingen: Vandenhoeck & Ruprecht Verlage.
Thomas, A. (2013). Wie Fremdes vertraut werden kann. Mit internationalen Geschäftspartnern zusammenarbeiten. Wiesbaden: Springer Gabler Verlag.

Asiatischer Kulturraum – Politeness, Loyalty, Unity, Smile (PLUS) 2

Zusammenfassung

Die grundlegenden Werte, die Menschen asiatischer Herkunft ausmachen, lassen sich in vier Worten zusammenfassen: *Politeness* (Höflichkeit), *Loyalty* (Treue), *Unity* (Geschlossenheit) und *Smile* (Lächeln), leicht zu merken als Akronym PLUS. Halten Sie PLUS stets im Hinterkopf. Es wird Ihnen den Umgang mit Menschen aus Asien erleichtern. Die Einzelheiten erfahren Sie im Folgenden.

2.1 Vom Facettenreichtum zum harmonischen Ganzen

Wenn es um Asien geht, überschlagen sich die Superlative: Mit einem Drittel der gesamten Landmasse ist es der flächenmäßig größte Kontinent. Hier leben etwa 60 % der Weltbevölkerung (mehr als 4 Mrd.), was Asien zum einwohnerstärksten Erdteil macht. Die weltweit größte Metropolregion ist Tokio mit 36,7 Mio. Einwohnern und das älteste menschliche Bauwerk wurde ebenfalls in Japan entdeckt, eine Behausung von Homo erectus. Dieser Erdteil darf etliche Weltrekorde in den verschiedensten Bereichen für sich beanspruchen.

2.1 Vom Facettenreichtum zum harmonischen Ganzen

Asien – hinter diesen wenigen Buchstaben verbirgt sich eine unglaubliche Vielfalt an besonderen Eigenschaften und kulturellen Inhalten. Jedem kommt beim Thema Fernost sicher ein Füllhorn eigener Bilder und Eindrücke in den Sinn: das andere Ende der Welt, anders aussehende Menschen, fremdartige Ansichten und Verhaltensweisen sowie verschiedenste kulinarische Köstlichkeiten und Kuriositäten.

Das Hauptaugenmerk in diesem Buch ist auf Japan, China und Südkorea gerichtet, den wirtschaftlich besonders starken östlichen Teil Asiens. Die Empfehlungen lassen sich mit gewissen Abweichungen und Einschränkungen auch bei einer Reihe anderer ostasiatischer und südostasiatischer Länder erfolgreich anwenden, wie beispielsweise Hongkong, Singapur oder Thailand. Alle anderen Bereiche des vielfältigen Kontinents, wie Nord-, Zentral-, Süd- und Vorderasien, können in diesem Rahmen nicht weiter betrachtet werden. Wenn also auf den folgenden Seiten von Asien die Rede ist, sind primär die drei Länder Japan, China und Südkorea gemeint.

Achtung, Klischee-Alarm!
Häufig wird pauschal von „den Asiaten" gesprochen, doch die hiermit Gemeinten mögen es nicht, wenn sie in einer Sammelkategorie gesehen und behandelt werden. Sie wünschen sich in der Regel eine Differenzierung nach ihrem jeweiligen Herkunftsland. Trotz mentalitätsbedingter Gemeinsamkeiten ist daher Vorsicht beim Verallgemeinern geboten. Soweit gemeinsame Eigenschaften in diesem Kapitel aufgeführt sind, werden diese behutsam formuliert und sind mit der Bitte verbunden, sie mit entsprechender Vorsicht zu betrachten.

▶ **Praxistipp** Asien ist ein riesiger Kontinent mit zahlreichen Ländern und Menschen, die sich in vielfältiger Hinsicht voneinander unterscheiden. Stellt man hingegen den asiatischen Raum und Europa gegenüber, finden sich einige fernöstliche kulturelle Gemeinsamkeiten, die als Tendenzen gesehen werden können. Sie stehen häufig im Gegensatz zu den Gewohnheiten unserer deutschen Kultur und könnten uns Schwierigkeiten bereiten, wenn wir sie nicht berücksichtigen.

Spuren fernöstlicher Lebensart in unserem Alltag
Einerseits gilt es, mit asiatischen Menschen gut auszukommen, die immer in ihren Herkunftsländern gelebt und gearbeitet haben. Andererseits wollen wir auch mit Auslandsasiaten wertschätzend und kooperativ umgehen, die ihre Länder verlassen haben und beispielsweise in den USA, Kanada oder Europa einflussreichen

Wirtschaftsgemeinden angehören. Zahlreiche junge Menschen erlernen unsere Sprache und erfüllen sich den Wunsch, hier zu leben und zu arbeiten. Viele unserer asiatischen Mitbürger sind gern in Deutschland und haben sich erfolgreich in deutschen Unternehmen integriert. Gerade reisende Asiaten und die junge Generation zeigen eine große Weltoffenheit und Interesse für unsere und auch andere Kulturen. Einige moderne asiatische Menschen können unseren Sitten und Gebräuchen durchaus positive Seiten abgewinnen. Trotz aller Aufgeschlossenheit, gilt es allerdings, ein paar klassische Bereiche zu beachten, in denen unsere Kultur häufig nicht mit der asiatischen in Einklang ist und wo Stolpersteine den gewünschten Weg erschweren oder sogar blockieren können. Die Erfahrung zeigt, dass viele asiatische Menschen in ihrem tiefen Inneren ihrer Heimat und Kultur treu verbunden bleiben.

Doch wie fern ist uns der Ferne Osten im aktuellen Zeitalter wirklich? Die zunehmende und selbstverständlich gewordene Mobilität erleichtert die Reise dorthin. Das Internet ermöglicht jedem per Mausklick, alle Ländergrenzen zu überwinden. Ohnehin haben sich vielfältige Spuren aus der asiatischen Welt in unserer Heimat etabliert, sei es in den Bereichen Ernährung, Medizin und Sport oder auch wenn es um spirituelle, religiöse oder mythologische Einflüsse und Weltanschauungen geht.

> **Praxistipp** Viele Elemente des fernen Asiens begleiten auch hierzulande unseren Alltag und sind häufig aus unserem Leben nicht mehr wegzudenken. Daher ist Vorsicht geboten, denn in manchen Situationen ist das erleichternd, in anderen kann es täuschend sein.

Auf den zweiten Blick: Menschen (wieder-)erkennen
Wenn es um die Begegnung mit Menschen aus asiatischen Ländern geht, werden diese häufig – gerade in optischer Hinsicht – in einen Topf geworfen. Oft hört man Sätze wie: „Asiaten sehen alle gleich aus. Sie lassen sich kaum voneinander unterscheiden". Dabei wird übersehen, dass beispielsweise auch bei Deutschen, Österreichern, Schweizern oder Holländern und Belgiern das Aussehen keinen direkten Hinweis auf ihr Herkunftsland gibt.

Selbst innerhalb eines einzelnen asiatischen Landes können wir Schwierigkeiten erleben, Menschen wiederzuerkennen, denen wir vorher bereits begegnet sind. Das kann zu unangenehmen Situationen führen.

Einschlägige Untersuchungen belegen, dass die Anzahl der Unterscheidungsmerkmale bei Westlern und Asiaten in etwa gleich ist. Nur fällt einem an anderen Volksgruppen immer besonders auf, was man selbst nicht hat. Wir neigen nämlich dazu, Gesichter nach einem Standard, der uns vertraut ist, zu vereinfachen.

Dies steht auch im Einklang mit den Erfahrungen vieler Menschen, die Kontakte mit asiatischen Menschen pflegen. Beispielsweise denken wir verallgemeinernd: Mandelaugen, flache Nasen, dunkle Haar- und Augenfarbe, kleine Körpergröße, schlanke Erscheinung, schwer zu schätzendes Alter. Was wir in dem Moment übersehen, sind andere Unterscheidungskategorien, wie etwa die Gesichtsform, die Größe und Form der Augen, unterschiedliche Nuancen der Hautfarbe oder Besonderheiten im Auftreten. Auch Kleidung, Make-up und die Art, sich zu bewegen, können als Identifikationsmerkmale herangezogen werden.

Umgekehrt geht es Menschen aus dem asiatischen Raum genauso, wenn sie auf westlich aussehende Personen treffen. Dann schwingen in der Wahrnehmung – ebenso verallgemeinernd – Attribute mit wie: hellhäutig, Langnasen, Großnasen und Hochnasen. Andere Unterscheidungskategorien, beispielsweise die Haar- und Augenfarbe, werden leicht übersehen.

Welche optischen irreführenden Interpretationen bei Begegnungen zwischen Ost und West möglich sind, zeigt das folgende Beispiel.

> **Optische Fehleinschätzung**
> In einem guten Restaurant sitzt ein asiatischer Herr mit einer zierlichen Begleiterin bei gedimmter Beleuchtung. Die freundliche Bedienung tritt an den Tisch heran, spricht zuerst den Herrn an und nimmt seine Bestellung auf. In der Annahme, dass die zweite Person seine kleine Tochter sei, geht sie in die Hocke und fragt in kindlich vereinfachter und verniedlichender Sprache: „Und was ist mit dir? Möchtest du einen Apfelsaft trinken oder lieber eine Cola, wenn dein Papa das erlaubt?"
> Die Reaktion erfolgt prompt, allerdings unerwartet, denn das vermeintliche Kind ist eine erwachsene Dame, die sagt: „Ich trinke – wie mein Mann – ein Glas Chardonnay."

Die Erfahrung zeigt, dass wir eine gewisse Eingewöhnungszeit benötigen, um mit der uns zunächst fremden Optik vertrauter zu werden. Wir sind danach sicherer und können die Menschen besser voneinander unterscheiden und erkennen.

▶ **Praxistipp** Gehen Sie behutsam und nicht leichtfertig vor. Verkneifen Sie sich taktlos wirkende Fragen zum Aussehen oder zu ähnlich unangenehmen Themen. Nutzen Sie stattdessen Ihre emotionale Intelligenz, beobachten Sie Ihr Gegenüber und finden Sie beim Small Talk – auch bei sprachlichen Limitierungen – mit Fingerspitzengefühl heraus, was Sie wissen müssen und möchten. Achten Sie auch auf länderspezifische Verhaltensweisen, die Ihnen Anhaltspunkte für die Herkunft geben. Praxistipps und -beispiele hierfür und auch zu typischen japanischen, chinesischen und südkoreanischen Namen finden Sie in den jeweiligen Unterkapiteln.

Leitlinien der asiatischen Gesellschaft
Normen, Werte und Tugenden, an denen sich das Denken und Handeln ost- und südostasiatischer Menschen orientiert, sind maßgeblich durch das große moralische Vorbild Konfuzius geprägt. Dabei hat der Konfuzianismus in den einzelnen Ländern unterschiedliche Ausprägungsgrade. Im Zentrum der konfuzianischen Philosophie steht die humane Ordnung, die vor allem durch Respekt gegenüber anderen entsteht. Das höchste menschliche Ziel sah Konfuzius darin, „den Angelpunkt zu finden, der unser sittliches Wesen mit der allumfassenden Ordnung, der zentralen Harmonie vereint." Im Hinblick auf eine Richtschnur des Handelns sagte er: „Was man mir nicht antun soll, will ich auch nicht anderen Menschen zufügen." Diese leitenden Gedanken bilden das ethische Fundament des sozialen Miteinanders.

▶ **Praxistipp** Beachten Sie, dass der Konfuzianismus die moralische Leitidee des Denkens und Wirkens in der ostasiatischen Gesellschaft ist.

Die nachstehenden entscheidenden gesellschaftlichen Werte sind wesentliche Bestandteile im asiatischen Alltag und beeinflussen sämtliche zwischenmenschliche Kontakte. Sie hängen teilweise miteinander zusammen und bedingen sich gegenseitig.
Höflichkeit und Harmonie: Höflichkeit zieht sich als leitende Maxime durch das Miteinander und zeigt sich auch in Sprache und Körpersprache. Ständiges Harmoniestreben ist stark ausgeprägt und weit verbreitet. Es soll Gleichklang, Wohlbehagen, Frieden und stilles Einverständnis zwischen den Menschen bestehen.
Gesichtswahrung: Das Bewahren und Achten des Gesichts – des eigenen und das des anderen – ist ein Muss im Umgang mit asiatischen Menschen. Es geht hierbei um die Aufrechterhaltung des Ansehens und der Wertschätzung. Niemand darf auch nur in geringster Weise bloßgestellt werden, denn dann würde er sein Gesicht verlieren. Darin steckt die Forderung, im zwischenmenschlichen Kontakt stets Respekt zu zeigen, die Selbstkontrolle aufrecht zu erhalten und die Contenance zu wahren. Sie würden Ihrem Gesprächspartner das „Gesicht nehmen",

2.1 Vom Facettenreichtum zum harmonischen Ganzen

wenn Sie ihn durch negative verbale oder nonverbale Botschaften verletzen. Das gilt es unbedingt zu vermeiden. Wird dieses „höchste Gebot" nicht eingehalten, kann das zu irreparablen Schäden in der Beziehung führen.

Sie können Ihrem Gegenüber „Gesicht geben", indem Sie bei ihm ein Wohlgefühl durch ausgeprägt positives Verhalten erzeugen, auch wenn Sie es – aus Ihrer Perspektive – als übertrieben erleben. Für uns ist es nicht immer leicht, diesem vielschichtigen Gebot zu folgen, da Asiaten in der Regel andere Deutungsmuster haben als wir. Es gibt bei ihnen viele Empfindlichkeiten, die unseren Gepflogenheiten widersprechen. Wir müssen daher gut aufpassen, damit wir nicht aus Versehen oder aus Unkenntnis Deutungen bei einem Asiaten auslösen, die er als Gesichtsverlust empfindet.

Das nachfolgende Beispiel zeigt, wie subtil eine solche Situation sein kann und welch hohes Maß an Feinfühligkeit sie erfordert.

> **Das „Gesicht" ist besonders dünnhäutig**
> Michaela Zimmermann ist zu Gast bei ihrer chinesischen Arbeitskollegin Lan Wang. Der Tisch ist reichlich gedeckt, es fehlt an nichts und auf die Frage nach ihrem Getränkewunsch bittet Frau Zimmermann – ihrer eigenen Ansicht nach bescheiden – um ein Sprudelwasser. Frau Wang lächelt verlegen, sie hat nur stilles Mineralwasser in ihrem sonst so vielfältigen Angebot verfügbar. Frau Zimmermann will ihrer Kollegin auf keinen Fall Umstände bereiten und verzichtet zunächst komplett auf ein Getränk mit den Worten: „Kein Problem, ich trinke erst mal gar nichts".

Was sich uns nicht immer direkt erschließt, sind die wahren Gefühle unseres Gegenübers. Das verlegene Lächeln von Frau Wang spielt sich auf der sichtbaren Ebene ab. Unsichtbar hingegen ist, dass sich dahinter verborgene Gedanken und innere Dialoge verbergen, die einem Gesichtsverlust gleichkommen. Frau Wang wertet die Situation so, dass sie in ihrer Rolle als Gastgeberin versagt hat. Was Frau Zimmermann außerdem nicht weiß: Sie selbst hat ihr Gesicht ebenfalls verloren, weil sie das Defizit durch ihren völligen Verzicht auf ein Getränk letztendlich „ausdrücklich festgestellt" hat.

Auf den ersten Blick mag dies als extreme Verletzbarkeit oder vielleicht sogar als Einzelfall erscheinen. Häufig wird bei uns das asiatische Streben nach Gesichtswahrung kontrovers diskutiert und mit Bewertungen wie „Das ist doch lächerlich" oder „Das ist falsch und nicht zielführend" abgestempelt. Tatsache ist, dass viele Menschen in Asien diese Angst vor einem möglichen „Schamgefühl" ständig leben und sich permanent exzessiv unter Druck setzen, um ihren verschiedenen sozialen Rollen Rechnung zu tragen.

Mit diesem Wissen im Gepäck hätte Frau Zimmermann im oben genannten Beispiel das Sprudelwasser besser diplomatisch ignoriert und direkt das stille Mineralwasser mit entsprechender Anerkennung annehmen sollen. Ob sie es dann tatsächlich trinkt oder nur daran nippt, ist zweitrangig.

Die Wahrung des Gesichts ergänzt in der Umsetzung die stark ausgeprägte Höflichkeitsmaxime und das Harmonie-Ideal. Sie können davon ausgehen, dass Sie im Laufe der Zeit das „gesichtswahrende Verhalten" verinnerlichen werden und es dann im gewünschten Moment intuitiv abrufen können.

Die zwei Ebenen des Gesichts werden in Abb. 2.1 deutlich: das sichtbare Gesicht als „Fassade" und das wahre Gesicht hinter der Fassade. Der äußeren, sichtbaren Ebene wird alles untergeordnet.

Abb. 2.1 Die Fassade vor dem wahren Gesicht

Die folgende Metapher einer Chinesin macht es anschaulicher.

> **Das Innerste bleibt verborgen und die Außenseite sollte unantastbar sein**
> Bei einem gemütlichen Abendessen in Peking unterhielt ich mich lange mit meiner chinesischen Kollegin über die Kultur und die Menschen in ihrem Heimatland im Unterschied zu Deutschland. Dabei sagte sie mir:
> „Wir Chinesen sind wie eine schicke Thermoskanne, gerade wenn es um unangenehme Themen und persönliche Befindlichkeiten geht. Innen sind wir heiß und manchmal kocht es in uns, trotzdem geben wir uns jederzeit – nach außen – kalt. Niemand darf jemals in die Thermoskanne hineinsehen oder hineinfühlen. Wir zeigen ausschließlich das ästhetisch einwandfreie Behältnis und möchten, dass nur dieses Bild von uns wahrgenommen und respektiert wird."

▶ **Praxistipps**

- Ziel ist es, Gesicht zu haben, zu bekommen und zu geben.
- Es gilt zu vermeiden, Gesicht nicht zu haben, es zu verlieren oder zu nehmen.
- Lassen Sie sich auf diesen Gedankengang ein, ohne zu äußern, wie fremd er Ihnen womöglich ist.

Hierarchieprinzip: Eine zentrale Bedeutung innerhalb der Gesellschaftsordnung nimmt das Hierarchieprinzip ein, das konsequent respektiert wird und sich durch sämtliche Lebensbereiche zieht. Der Respekt vor dem Alter spielt hierbei eine zentrale Rolle, denn Alter wird gleichgesetzt mit Erfahrung und Entscheidungsbefugnis. Neben dem Alter sind die Seniorität im Beruf, die Stellung im Unternehmen oder der gesellschaftliche Status weitere Beispiele für unterschiedliche Hierarchieebenen. Berücksichtigen Sie daher das Statusbewusstsein und die jeweilige Hierarchiestufe, indem Sie die höhergestellte Person zu jeder Zeit mit Priorität behandeln. Das gilt etwa bei der Begrüßung und der Vorstellung, beim Betreten von Räumen oder Fahrstühlen, bei der Sitzordnung in Meetings oder beim Essen, während des Gesprächs und insbesondere bei der Einbeziehung von Diskussionsbeiträgen. Wer niedriger steht, verhält sich bescheiden und zurückhaltend. Im Gegenzug wird er vom Ranghöheren beschützt, gefördert und fürsorglich behandelt.

Gruppenorientierung: Im Unterschied zu vielen individualistisch geprägten westlichen Ländern, sehen sich asiatische Menschen meist als Teil einer stabilen und langlebigen kollektiven Gemeinschaft. Ihre Identität wird durch ein starkes Zugehörigkeitsgefühl geprägt. Dieses Wir-Gefühl führt dazu, dass klar unterschieden wird zwischen Personen, die zur eigenen Gruppe *(Ingroup)* gehören, und denen, die nicht dazugehören *(Outgroup)*. Entsprechend werden Aufgabenstellungen, Entscheidungsprozesse und Probleme in ihrer Gesamtheit betrachtet und ganzheitlich durchdacht. Bei Meinungsverschiedenheiten wird ein Kompromiss innerhalb der Gruppe gesucht.

▶ **Praxistipps**

- Lassen Sie sich auf das anspruchsvolle Konzept der Gesichtswahrung ein, unabhängig davon, was Sie davon halten. Nehmen Sie es als „gegeben" hin. Es ist der Schlüssel zu Ihrem Erfolg.
- Vermeiden Sie daher unbedingt Bloßstellungen, Zurechtweisungen sowie offen geäußerte Kritik, zeigen Sie weder Wut noch Ungeduld, insbesondere in Anwesenheit weiterer Personen.
- Sorgen Sie – gerade im Sinne der Sache, die Ihnen vorschwebt – dafür, dass die Beziehung vor dieser Sache steht. Was zählt, ist eine angenehme Atmosphäre durch positives Verhalten.
- Antizipieren Sie, wie das Miteinander aussehen könnte, wenn Sie dieses oder jenes sagen oder eben nicht sagen. Denken Sie die jeweilige Situation unter diesem speziellen Blickwinkel zu Ende.
- Hierarchiedenken ist in Asien stark ausgeprägt, was einen diplomatischen Umgang mit Macht und Status erfordert.
- Bedenken Sie, dass das kollektive Funktionieren in einer Gruppe und der entsprechende Gemeinschaftssinn im Gegensatz zu unserem individualistischen Wertesystem stehen.
- Verhalten Sie sich immer so vorsichtig und umsichtig, dass Sie notfalls noch umlenken können. Entwickeln Sie starke Antennen für noch so schwache Signale.
- Akzeptieren Sie diese Regeln des asiatischen Zusammenspiels, möglichst ohne dass man Ihnen die mühevolle Absicht anmerkt.

Wer diese Aspekte verinnerlicht hat, dem öffnen sich bereits die ersten Türen im zwischenmenschlichen Miteinander. Zum gekonnten Auftritt auf dem asiatischen Parkett braucht es allerdings noch mehr.

2.1 Vom Facettenreichtum zum harmonischen Ganzen

Emotionen – Leise Töne und ruhiges Auftreten siegen
Jeder möchte bei seinen Mitmenschen gut ankommen und gemocht werden, was den Aufbau einer positiven emotionalen Bindung untereinander unumgänglich macht. In unseren Breitengraden ist es sehr hilfreich, hierfür offen auf andere zuzugehen, gesprächig, mitreißend und humorvoll zu sein, andere begeistern zu können und seine Gefühle zu zeigen. In Asien hingegen steht das Thema Emotionen unter umgekehrten Vorzeichen. Auch wenn mancherorts lautere Verhaltensweisen an Beliebtheit gewinnen, wird doch einem besonnenen und zurückhaltenden Auftreten der meiste Respekt gezollt. Entsprechend besagt eine chinesische Weisheit: „Das Leise hat eine starke Stimme."

▶ **Praxistipp** Während es Extrovertierte durch ihre offene Art hierzulande meist leichter haben, punkten Introvertierte durch ihr zurückgenommenes Auftreten in Asien.

In Asien werden Emotionen nicht nach außen getragen, was aber keinesfalls heißt, dass sie nicht existieren. Ihr asiatischer Gesprächspartner wird seine Emotionen verbergen. Positive Gefühle wie Freude, Zuneigung oder Euphorie, aber besonders auch negative Emotionen wie Angst, Ärger oder Trauer wird er bewusst zurückhalten. Sie bleiben hinter einer „Fassade" der Ausgeglichenheit verborgen, die sich in einem Lächeln oder einem Pokerface sowie einer neutralen bis monotonen Sprechweise zeigt.

Somit ist auch die Intensität der Gefühlslage nicht zu erkennen, ob sich beispielsweise jemand sehr freut, furchtbar ärgert oder nur ein wenig. Wir sind es gewohnt, anhand von Mimik, Antworten oder Verhaltensweisen unseres Gesprächspartners zu erkennen und zu deuten, in welcher Gemütsverfassung er sich gerade befindet. Selbst wenn wir dabei an unsere Grenzen stoßen, behelfen wir uns, indem wir spontane Reaktionen oder sonstige unbewusste Reflexe unseres Gegenübers als Indikator für sein Empfinden heranziehen. Bei den meisten asiatischen Menschen hingegen bewegt sich alles, was nach außen in Erscheinung tritt, unauffällig auf einem einheitlich niedrigen Level der inneren Beteiligung. Dies erschwert es uns, den Grad der Stimmungslage einzuschätzen.

In der Lebenspraxis zeigt sich immer wieder, dass in Asien moralische Faktoren wie Würde, Schuld, Unwissenheit, Versagen, Demütigung oder Scham einen zentralen Stellenwert haben. Dies erklärt letztendlich auch das starke Streben nach Harmonie und Gesichtswahrung.

Verstehen und sich verständlich machen – am besten auf die sanfte Art

Die Liste asiatischer Sprachen ist lang. Asiatische Amtssprachen unterscheiden sich von Land zu Land und teilweise auch – wie zum Beispiel in China – innerhalb eines Landes. Meist ist die Landessprache schwer erlernbar. Die offizielle Geschäftssprache ist weitgehend Englisch, aber häufig wird es nicht gut beherrscht. Die Verständigung wird allein schon aufgrund der großen Unterschiede zwischen westlichen und asiatischen Sprachen erheblich erschwert oder sogar verhindert. Die Beteiligten nutzen eine erlernte Sprache, die ihnen vielleicht nicht einmal besonders vertraut ist. Bei den meisten Geschäftskontakten ist das Englisch. Dadurch entsteht oftmals eine Sprachbarriere, die eine flüssige Kommunikation erschwert oder sogar verhindert. Es kommt beispielsweise zu unterschiedlichen Einschätzungen, Irritationen im zwischenmenschlichen Bereich oder inhaltlichen Missverständnissen. Das wirkt sich ungünstig auf die gesteckten Ziele aus.

Je nach Branche und Situation können Dolmetscher und Mitarbeiter aus dem jeweiligen Land zu einer besseren Verständigung beitragen. Das wird beispielsweise im Bereich von Reise und Touristik erfolgreich praktiziert. Die Funktion der Dolmetscher übersteigt zumeist die reine Übersetzung, sie sind auch Mittelsmann oder Berater zwischen den Kulturen.

Es kommt immer gut an und lockert die Atmosphäre auf, wenn Sie ein paar elementare und nützliche Vokabeln und Redewendungen in der Muttersprache Ihres Gesprächspartners beherrschen, auch wenn Sie diese nicht korrekt aussprechen. Allein die Tatsache, dass Sie versuchen, die Landessprache anzuwenden, signalisiert Interesse für die Menschen, ihr Land und ihre Kultur. Dies wird in der Regel als Aufwertung erlebt.

▶ **Praxistipps**

- Wenn Sie in der englischen oder deutschen Sprache kommunizieren, dann sprechen Sie bewusst langsam, deutlich und bilden Sie kurze und einfache Sätze.
- Achten Sie weniger darauf, dass ein bestimmtes Wort oder ein Satz verstanden werden, sondern konzentrieren Sie sich stattdessen darauf, dass der Grundgedanke ankommt. Das gilt insbesondere auch, wenn Sie Ihren asiatischen Dolmetscher vorbereiten.
- Bei bedeutenden und großen Zahlen empfiehlt es sich, diese – je nach Situation – in einer Unterlage oder am Flipchart niederzuschreiben, um Missverständnissen entgegenzuwirken.
- Greifen Sie bei Bedarf auf Hilfe aus dem Internet zurück. Wählen Sie hierbei Offline-Übersetzer-Apps, die sich unterwegs – auch ohne aktive Internetverbindung – nutzen lassen.

2.1 Vom Facettenreichtum zum harmonischen Ganzen

- Erstellen Sie vorab eine Liste mit Ihren wichtigsten individuellen Anliegen, etwa zu Speisewünschen, Unverträglichkeiten oder Fragen zu Wegbeschreibungen. Lassen Sie sich diese von einem Einheimischen in den Schriftzeichen der jeweiligen Landessprache aufschreiben.
- Notieren Sie sich „phonetische Eselsbrücken", um ein paar entscheidende Worte aus diesen Übersetzungen im direkten Kontakt selbst anwenden und halbwegs verständlich aussprechen zu können.
- Halten Sie Bilder in Ihren mobilen Endgeräten bereit, um sich vor Ort besser mitteilen zu können.
- Haben Sie einen Block und einen Stift griffbereit, damit Sie notfalls Ihren spontanen Bedarf aufzeichnen können.
- Setzen Sie Ihren erlernten Wortschatz in der betreffenden asiatischen Sprache aktiv ein, und nutzen Sie auch Mimik und Gestik.

Im Unterschied zur deutschen Kultur zeichnen sich asiatische Länder durch einen indirekten Kommunikationsstil aus. Die ausgetauschten Informationen werden nicht klar und deutlich übermittelt und spiegeln nicht wider, was die Menschen tatsächlich denken. Stattdessen verläuft der Austausch sehr subtil. Andeutungen, Anspielungen, versteckte Aussagen und Verklausulierungen dominieren die Interaktion. Ja oder nein, gut oder schlecht, richtig oder falsch; solche klaren Unterscheidungen werden eher umgangen und allenfalls umschrieben. Statt klarer Kategorien wie Weiß und Schwarz treten unterschiedlichste Grauschattierungen in den Vordergrund, sodass viel Spielraum für Interpretationen besteht. Das kommt erschwerend zu der Sprachbarriere hinzu. Nach geschäftlichen Gesprächen mit Asiaten stellt sich häufig die Frage, was konkret gesagt wurde und wie es gemeint war.

In Asien wird eisern an diesem Stil festgehalten, zumal sich so die Harmonie erhalten und das Gesicht wahren lassen. Daher werden Hinweise benötigt, um diesen eher unterschwelligen, subtilen und indirekten Kommunikationsstil zu entschlüsseln.

▶ **Praxistipps**

- Sichern Sie sich immer wieder ab, ob Ihre Botschaft angekommen ist.
- Machen Sie dies nicht vor einer Gruppe, sondern möglichst unter vier Augen, in einer gesichtswahrenden Situation, sodass es keinesfalls zu einem Gesichtsverlust kommt.

- Lockere Pausengespräche, etwa am Rande einer Konferenz oder anderer Veranstaltungen, bieten sich an, um mögliche Fragen unauffällig und somit gesichtswahrend zu klären.
- Stellen Sie auf keinen Fall eine direkte Frage.

Harmonische Atmosphäre verbal

Im mündlichen und schriftlichen Austausch zählt nicht nur, *was* gesagt oder geschrieben wird, sondern auch *wie* es vermittelt wird. Letzteres nimmt bei der Kommunikation mit asiatischen Kontaktpersonen einen hohen Stellenwert ein. Beim Reden spielen daher paraverbale Faktoren, wie Stimme, Tonfall, Redetempo, Lautstärke oder Sprechpausen eine zentrale Rolle. Dies zeichnet letztendlich das Sprechverhalten des Einzelnen aus. Analog dazu wirken im schriftlichen Austausch beispielsweise Schreibstil, Satzbau, Textgestaltung und Zeichensetzung.

Lautes und emotionales Sprechen ist verpönt und wird als unverschämt und bedrohlich angesehen. Die Stimme sollte eher leise und sanft klingen. Sie verrät nicht, was sich in den Gedanken des Sprechers abspielt. Wichtiges wird nicht durch Lautstärke oder besondere Betonung unterstrichen, sondern durch Wiederholungen.

Zudem ist ein zurückhaltendes Sprechtempo angesagt, was letztendlich auch der besseren Verständigung zugutekommt. Für unser Empfinden ungewohnt lange Sprechpausen gehören zum asiatischen Gesprächs- und Verhandlungsstil und sind üblich. Ranghöhere Personen nutzen ihre Position gern und schweigen. Daher sind von Ihrer Seite Ruhe, Geduld und Verständnis angebracht. So demonstrieren Sie Souveränität und werden als guter und geduldiger Zuhörer erlebt. Nutzen Sie längere Gesprächspausen, um sich zwischendurch immer wieder neu auf den Inhalt des Gesagten zu konzentrieren. Unterbrechen Sie keinesfalls die Stille. Was Sie in einem solchen Moment sagen, würde sonst als leeres Gerede und als unseriös gewertet werden. Schweigen Sie einfach mit.

▶ **Praxistipps**

- Wir nutzen Sprache als Medium, um eine Botschaft klar und unmissverständlich zu übermitteln. Die meisten Asiaten hingegen sprechen nicht aus, was sie denken. Auch vermeintlich klare Aussagen können eine andere Bedeutung haben.
- Sie benötigen ein hoch entwickeltes Einfühlungsvermögen, um einerseits die Botschaften Ihres asiatischen Gegenübers zu entschlüsseln und andererseits Ihr Anliegen verständlich zu formulieren.

2.1 Vom Facettenreichtum zum harmonischen Ganzen

- Wirkungsvolles Sprechen und das Spiel der Stimme werden – anders als bei uns – ungern gehört. Stattdessen ist die Häufigkeit angesprochener Themen ein Indiz für Prioritäten.
- Sprechpausen bis hin zu längerem Schweigen gehören zum asiatischen Kommunikationsstil. Machen Sie es mit, auch wenn Sie sich dabei unwohl fühlen.
- Spürbare Ungeduld und emotionale Reaktionen wirken lächerlich und kindisch. Sie bestätigen das Vorurteil, wir würden schnell die Nerven verlieren.

Grundsätzlich werden Äußerungen eher vage gehalten, auch durch den Einsatz von Wörtern wie „wahrscheinlich", „möglicherweise" oder „ungefähr". Die echte Meinung geht meist nicht klar hervor. Entscheidend ist insbesondere, was *nicht* gesagt wird. Dies zu dekodieren, erfordert ein hohes Maß an Sensibilität, Intuition und Erfahrung.

Asiatische Menschen sagen gerne und häufig ja, aber die wahre Bedeutung eines Ja bleibt oft unklar. Es kann unter anderem bedeuten:

- Zustimmung.
- Ja, ich habe Sie verstanden.
- Ja, ich folge Ihnen.
- Hm.
- Interessant.

Ein klares Nein wird hingegen gemieden und freundlichst umschrieben. Mit den folgenden Formulierungen gibt Ihnen Ihr asiatischer Gesprächspartner eventuell Hinweise auf eine Ablehnung:

- Vielleicht.
- Wir müssen es prüfen.
- Wir werden sehen.
- Wir sprechen später darüber.
- Ich weiß nicht.

Ebenso könnten folgende Ausreden oder Verhaltensweisen anstelle eines Neins nur vorgeschoben sein:

- Der Vorgesetzte ruft.
- Es gibt einen dringenden Anruf, Termin oder Ähnliches.

- Gäste müssen empfangen werden.
- Übertriebene Freundlichkeit und gespielte Warmherzigkeit

Harmonische Atmosphäre nonverbal
Körpersprache funktioniert ohne Worte und bedient sich der Mimik, der Gestik, der Haltung und anderer bewusster oder unbewusster Signale des Körpers. Obwohl sie in Asien sehr behutsam eingesetzt wird, drücken sich viele Einheimische gerne ohne Worte, also durch Körpersprache aus. Doch gerade im asiatischen Raum ist die Bedeutung körpersprachlicher Signale häufig anders besetzt, als wir es gewohnt sind. So kann etwa ein Kopfnicken lediglich ein Zeichen von Aufmerksamkeit sein. Es bedeutet nicht unbedingt, dass Sie verstanden wurden, man Ihnen zustimmt oder etwas akzeptiert wurde.

Kulturbedingtes Unverständnis und zu wenig Einfühlungsvermögen führen häufig dazu, dass wir die wortlose Sprache nicht verstehen. Daher sind Deutungsmuster besonders wichtig, um auch minimale Signale wahrzunehmen und interpretieren zu können. Ohne diese Kenntnisse ist es für uns kaum möglich, die feinen und sehr dezenten nonverbalen Signale asiatischer Menschen zu empfangen.

Ist man mit dieser Art der Kommunikation erst einmal vertraut, lassen sich häufig beispielsweise Stimmungslage, Sympathie, Zustimmung und Ablehnung erkennen. Achten Sie besonders auf den Gesichtsausdruck, den Blickkontakt und die körperliche Distanz.

Gesichtsausdruck, speziell das Lächeln: Besonders schwierig ist es für uns, den Gesichtsausdruck eines Asiaten zu deuten – Asiaten untereinander haben damit übrigens weniger Schwierigkeiten. Hinter dem typischen Lächeln kann sich nahezu alles verbergen:

- Freude genauso wie Trauer und Schmerz,
- Zustimmung ebenso wie Ablehnung,
- Unsicherheit, Verlegenheit, Scham und Unwissenheit,
- Missverständnisse, Ärger und Entschuldigungen.

Lächeln, Lachen oder Kichern kann auch signalisieren, dass der andere Sie nicht verstanden hat. Außerdem kann es helfen, eine peinliche Situation zu meistern und sie zu entschärfen – aber eben nur, wenn es richtig verstanden wird.

Das folgende Beispiel verdeutlicht, dass ein Lächeln und Kichern auf den ersten Blick von einer deutschen Person falsch gedeutet wird, wenn das genannte Hintergrundwissen nicht vorhanden ist.

2.1 Vom Facettenreichtum zum harmonischen Ganzen

Peinlich berührt
Dr. Richard Heidemann ist von seinen Geschäftspartnern zu einem Abendessen in ein Restaurant in Osaka eingeladen worden. Er bestellt einen Rotwein. Beim Anreichen des Getränks rutscht der jungen Kellnerin das Glas aus der Hand und sein Inhalt entleert sich auf Herrn Dr. Heidemanns Hose. Die junge Frau bedeckt sofort ihren Mund mit der Hand und fängt an zu kichern. Herr Heidemann ist empört über die verschmutzte Hose und noch mehr über die – in seinen Augen – unangemessene Reaktion der japanischen Servicekraft.

Was dem deutschen Geschäftsmann nicht klar ist: Aus Sicht der Japanerin ist die Situation dermaßen unangenehm, dass sie auf diese Weise reagiert.

Unabhängig von solchen Situationen, bleibt uns die wahre Bedeutung eines Lächelns, selbst nach einem längeren Gespräch, häufig unklar. Ähnlich ist es mit dem unbewegten Gesichtsausdruck, der in unserer Wahrnehmung keinerlei Gefühlsregung widerspiegelt, was gern mit dem Begriff „Pokerface" umschrieben wird. Er kann ein Schutzschild bei der Unterdrückung von Emotionen sein.

Deutsche blenden dabei häufig aus, dass Asiaten in ihren eigenen Reihen die Gefühle des Gesprächspartners meist gut erkennen und – ohne dass ein Wort fällt – wahrnehmen, ob beispielsweise etwas in der „zwischenmenschlichen Atmosphäre" nicht stimmt.

Blickkontakt: Selbst intensiver, längerer Blickkontakt wird vermieden und sollte auch von uns umgangen werden. Er bringt Ihr Gegenüber aus Asien in Verlegenheit, wirkt unhöflich, respektlos, dominant und kann als aufdringlich erlebt werden. Schauen Sie Ihrem asiatischen Gesprächspartner daher nur kurz in die Augen. Blicken Sie ansonsten knapp an seinen Augen vorbei. Das wird nicht als Zeichen von Unsicherheit oder Unehrlichkeit, sondern als angenehm empfunden. Immerhin steht ein gesenkter Blick für Respekt, insbesondere gegenüber ranghöheren Personen.

Wenn Sie einen Vortrag oder eine Präsentation halten, sollten Sie sich durch geschlossene Augen aufseiten Ihrer asiatischen Zuhörer weder verwirren noch irritieren lassen. In vielen Fällen ist es ein Signal höchster Aufmerksamkeit und des Respekts. Es muss nicht bedeuten, dass die betreffenden Personen schlafen, obwohl auch das Nickerchen in der Öffentlichkeit durchaus üblich ist, nicht als abweisend gilt und somit kein Grund zur Empörung ist.

Körperliche Distanz: Asiaten gehen gerne auf körperliche Distanz. Obwohl die Gemeinschaft im Vordergrund steht und man sich in großen Menschenmengen gekonnt auf engstem Raum bewegt, wird Körperkontakt in der Öffentlichkeit weitgehend vermieden. Die Körpersprache ist eher verhalten und kontrolliert. Impulsives Schulterklopfen, Anfassen beziehungsweise absichtliche Berührungen, Umarmungen oder gar Küssen wird unterlassen. Auf die typischen körpersprachlichen Begrüßungsrituale und Besonderheiten wird in den Unterkap. 2.2 zu Japan, 2.3 zu China und 2.4 zu Südkorea eingegangen.

▶ **Praxistipps**

- Lächelndes Asien – das legendäre Lächeln ist eine zwingende Regel der Höflichkeit, unabhängig von der realen Gefühlslage. Es kann ein charmantes Signal für alles und nichts sein. Seien Sie umsichtig.
- Vorsicht vor Körperkontakt, geben Sie sich eher distanziert.
- Anders als bei uns gilt in Asien: Schau mir nicht in die Augen.
- Blickkontakt wird meist gemieden, Mimik und Gestik werden in aller Regel behutsam eingesetzt.
- Benutzen Sie – wenn Sie auf Menschen oder auf etwas zeigen möchten – möglichst nicht den Zeigefinger, sondern die ganze offene Hand.
- Mit beiden Händen zu geben und zu nehmen, gilt als höflich, beispielsweise wenn Sie Visitenkarten oder eine Kreditkarte übergeben und entgegennehmen. Besonders höflich ist es, wenn Sie bei Bedarf auch Getränkegläser mit beiden Händen anreichen und annehmen.
- Aufrichtiges Bedauern oder tiefe Dankbarkeit drückt man durch eine Verneigung noch besser aus als mit Worten.

Es gibt auch nonverbale Gesten, die wir unsererseits einsetzen und die in Asien nicht oder falsch verstanden werden. Hierzu zählt etwa das Schulterzucken, wenn wir etwas nicht wissen.

Vielleicht haben Sie sich auch schon die Frage gestellt, wie unser nonverbales Kommunikationsverhalten auf Menschen aus Asien wirkt. Meistens wird nur auf die umgekehrte Thematik fokussiert. Jedoch liegt es auf der Hand, dass wir bestmöglich aufgestellt sind, wenn unser Augenmerk spiegelbildlich auf beide Seiten gerichtet ist.

> **Bleibende Eindrücke aus asiatischer Sicht**
> Im Laufe der Jahre habe ich eine Reihe von Kommunikationsseminaren mit interkulturell gemischten Teams durchgeführt, in denen wir genau dieses Themenspektrum für die im Seminar anwesenden Kulturkreise aufgegriffen haben. Eine Schlüsselfrage war, wie unsere deutsche Körpersprache, unsere Stimme und unser Auftreten aus asiatischer Sicht erlebt werden. Die japanischen, chinesischen und südkoreanischen Seminarteilnehmer leben und arbeiten in Deutschland. Da asiatische Menschen – auch wenn sie sich weitestgehend in Deutschland integriert haben – gerade bei solchen Themen im mündlichen Austausch eher zurückhaltend bleiben, habe ich mich bei dieser Übung für die Methode der Kärtchenabfrage entschieden. Die eher indirekte Vorgehensweise hat sich tatsächlich als sinnvoll erwiesen. Den Teilnehmern ist es leichter gefallen, ihre Gedanken in Stichworten zu beschreiben. Es war immer wieder hochinteressant, welche Ideenlandschaft sich auf den Kärtchen der asiatischen Teilnehmer an den Pinnwänden zeigte. Der Meinungstrend ging jedes Mal in die folgende Richtung: Deutsche treten demnach laut und theatralisch auf. Sie sind unruhig und ihr Körper bewegt sich schnell und unentwegt, auch wenn sie gerade in einer passiven Situation sind. Ihre Hände und Schultern sind ständig im Einsatz. Deutsche sprechen hastig, wirken, als seien sie sehr aufgeregt, und zeigen hemmungslos, was sie denken. Sie haben aus Sicht der befragten Asiaten etwas Zappeliges und Kindliches an sich. Diese Grundtendenz zeigte sich regelmäßig.

Die Europäer in der Lerngruppe erleben es immer wieder als verblüffend und gleichzeitig als aufschlussreich, mit solch einer Wahrnehmung ihres Verhaltens konfrontiert zu werden. Diese Erkenntnisse sind sehr hilfreich, um am eigenen „Blinden Fleck" zu arbeiten, Irritationen entgegenzuwirken und eine bessere Basis für den interkulturellen Kontakt zu Menschen aus Asien herzustellen.

Nach meiner Erfahrung kann sich die anfängliche Zurückhaltung in der Kommunikation samt ihren Besonderheiten mit dem Vertrautheitsgrad verändern und – auf eine ganz eigene Art – recht offen und herzlich werden.

Zeit – dehnbar wie ein Gummiband
In Asien dominiert ein polychrones Zeitverständnis. Während wir es gemäß unserem monochronen Zeitverständnis gewohnt sind, unsere täglichen Aufgaben und Termine nach einem gegebenen Zeitabschnitt mehr oder weniger nacheinander

zu organisieren, fühlen sich polychrone Kulturen durch derartige Zeitpläne eher eingeengt. Sie erledigen verschiedene Aufgaben parallel und nehmen sich die Zeit, die dafür nötig ist. Dies wirkt sich auch deutlich auf den Aufbau und die Pflege persönlicher Beziehungen aus, für die sehr viel Zeit investiert wird. Immerhin ist das eine wesentliche Voraussetzung für erfolgreiche Geschäfte. Beispielsweise wäre das abrupte Beenden eines angenehmen Small Talks, „nur" weil die verfügbare Zeit abgelaufen ist, beleidigend und würde der Beziehung nachhaltig schaden.

Die Problematik, die entsteht, wenn eine polychrone Person auf eine monochrone trifft, zeigt sich im folgenden Beispiel.

Zwei Zeitempfinden prallen aufeinander

Professor Hartmut Rehbein arbeitet gemeinsam mit seinem Team in einer medizinischen Forschungseinrichtung in München. Die Wissenschaftler, die unter Professor Rehbeins Leitung forschen, stammen aus verschiedenen Ländern. Die vorhandenen Kompetenzen werden bestmöglich zum Einsatz gebracht, und das Team arbeitet unter hohem Zeit- und Leistungsdruck. Als besonders kluger Kopf in diesem Bereich gilt der Südkoreaner Kim Joo Hyung. Professor Rehbein schätzt ihn sehr.

Allerdings stört ihn das Timing seines jungen Mitarbeiters, der seine genialen Ideen immer genau dann äußert, wenn sie ihm in den Sinn kommen. Aus der Sicht des monochronen deutschen Professors wird durch diese „kreativen Unterbrechungen" der strikte Zeitplan durcheinandergebracht. Das macht er durch seine wenig begeisterte Reaktion auch deutlich: „Jetzt doch nicht, wir müssen zunächst unser laufendes Programm bis morgen zu Ende bringen, das ist im Moment viel wichtiger. Erst dann gibt es wieder Zeit und somit auch Raum für neue Ideen."

Der polychrone Herr Kim fühlt sich vor den Kopf gestoßen. Für ihn ist es völlig normal, dass er seine bahnbrechenden Gedanken dem Chef unmittelbar mitteilt und dafür wertgeschätzt wird. Das ist ihm wichtiger als irgendwelche vorgegebenen Zeitpläne.

Treffen bei Verabredungen, Besprechungen und Auslandsprojekten monochrone auf polychrone Kulturen, sind Konflikte vorprogrammiert, wenn man nicht auf die Situation vorbereitet ist. Deutsche Geschäftsleute, die in der Regel eine typisch monochrone Zeitauffassung haben, takten ihre Agenda so, dass unproduktive Zeiten möglichst eliminiert werden. Ihr Zeitplan ist detailliert ausgearbeitet, wird nacheinander Punkt für Punkt abgearbeitet, als verbindlich betrachtet und lässt sich nur schwer und ungern verändern.

Im polychron geprägten Asien hingegen wird bei der Zeitplanung nicht zwischen produktiv und unproduktiv unterschieden. Was bei uns als vergeudete Zeit angesehen wird, ist dort ein Bestandteil des gesamten Prozesses. Es kann Unterschiedlichstes dazwischenkommen und das wird – ganz selbstverständlich – integriert. Man nimmt sich die dafür erforderliche Zeit und stellt sich flexibel und wohlwollend auf die aktuelle Situation ein.

▶ **Praxistipps**

- Generell gilt: Bloß nichts überstürzen!
- Machen Sie keine lineare, sondern eine strahlenförmige Zeitplanung. Dabei können mehrere Projekte zeitgleich laufen.
- Eventuell haben Sie bei diesem Vorgehen das Gefühl, nicht vorwärtszukommen.
- Unsere strikte Zeitplanung ist kontraproduktiv und wird als Zeichen von Hektik, Anspannung und Reizbarkeit gewertet.

Pünktlichkeit und Zuverlässigkeit
Pünktlichkeit und Zuverlässigkeit haben in Asien zwar nicht überall den gleichen Stellenwert, doch in Japan, China und Südkorea werden Zeit und Pflichtbewusstsein sehr ernst genommen. Obwohl die Zeitauffassung eher polychron ist, verstehen es vor allem Japaner, aber auch Chinesen und Südkoreaner sehr gut, in die monochrone Zeitauffassung zu wechseln. Sie erscheinen beispielsweise auf die Minute genau zu Besprechungs- und Verhandlungsrunden. Hat das Meeting allerdings erst einmal begonnen, werden jegliche Zeitpläne über Bord geworfen, und das Ende kann nicht prognostiziert werden.

Das folgende Beispiel zeigt, wie eine Japanerin den Spagat zwischen den beiden Zeitsystemen gekonnt bewältigt, um achtsam mit ihren Kollegen umzugehen.

Zwischenmenschliches sticht Zeit
Katsuko Takahashi lebt und arbeitet in Düsseldorf, dem deutschen „Japan Town". Durch die jahrzehntelange Präsenz der Japaner gilt die Landeshauptstadt von Nordrhein-Westfalen als „Japans Hauptstadt am Rhein". Das Miteinander zwischen Japanern und Deutschen ist geprägt von gegenseitigem Verständnis und einem hohen Sympathiewert. Entsprechend fühlt

sich Frau Takahashi in ihrem deutschen Team gut aufgehoben. Die Wertschätzung beruht auf Gegenseitigkeit. Wegen ihrer zurückgenommenen Art und ihrer stark ausgeprägten Rücksichtnahme genießt die Japanerin bei ihren deutschen Kollegen ein hohes Ansehen.

Diese Grunddisposition zeigt sich etwa, wenn sie den Eindruck hat, dass andere aus ihrem Team unter einer besonderen Belastung stehen. So lässt sie in der Warteschlange an der Essensausgabe der betriebsinternen Kantine – wie selbstverständlich – anderen Personen den Vortritt. Jeder, der durchgelassen wird, freut sich, dass die japanische Kollegin immer wieder im genau richtigen Moment ihre Hilfe anbietet. Frau Takahashi lächelt und ist glücklich. Obwohl auch sie sich diszipliniert an ihre Zeitvorgaben halten muss, schafft sie in verschiedensten Situation auf großzügige Weise Raum für selbstlose Empathie. Der zwischenmenschliche Aspekt ist ihr in dem Moment wichtiger als die verlorene Zeit.

Asiatische Geschäftspartner treten häufig als mehrköpfiges Verhandlungsteam auf. Ihre Entscheidungswege werden von uns als recht unübersichtlich erlebt. Die gesamte Kommunikation verläuft für unser Empfinden eher langsam. Verhandlungspartner aus Asien neigen dazu, ihre Ziele zu zerlegen und die jeweiligen Einzelthemen bis ins kleinste Detail auszudiskutieren. Entsprechend ihrer Affinität zur polychronen Zeitkultur erfolgt dies nicht wie bei uns sukzessive, sondern nebeneinander und aus verschiedenen Blickwinkeln. Dabei versucht man allen Gesichtspunkten und Eventualitäten simultan Rechnung zu tragen. Bei abweichenden Meinungen innerhalb der Gruppe wird ein Kompromiss gesucht, um die Harmonie zu wahren und eine endgültige Entscheidung im gemeinschaftlichen Konsens zu treffen. Vieles, was bei uns mit Zustimmung oder Ablehnung rasch geklärt werden kann, wird in Asien erst nach wiederholten Rückfragen und langen Schleifen gelöst.

Ausdauer und Beharrlichkeit sind charakteristische Merkmale, Durchhaltevermögen und Ruhe ein Zeichen von Stärke. Das gilt auch bei deutschen Geschäftspartnern. Erwarten Sie daher keine schnellen Entscheidungen. Man hört lange, sehr lange, nichts Wesentliches von asiatischen Partnern. Viele Asiaten, vor allem Chinesen, erledigen – im Unterschied zu uns – die meiste Arbeit zum Ende eines Projekts.

Flexibilität gilt auch bei uns als eine grundlegende soziale Kompetenz. Im Umgang mit asiatischen Partnern benötigen Sie sie allerdings in einer noch vielseitigeren und beweglicheren Ausprägung. Es reicht nicht, dass Sie vor allem zeitlich flexibel sind. Ihre empathische Anpassung im persönlichen Umgang und Ihre gedankliche Wendigkeit in Bezug auf das Thema müssen sich darin einfügen.

2.1 Vom Facettenreichtum zum harmonischen Ganzen

▶ **Praxistipps**

- Planen Sie – nach Möglichkeit – Ihren zeitlichen Spielraum großzügig.
- Messen Sie Ihre Zeit nicht an sichtbaren Ergebnissen, und vergessen Sie vorübergehend die für den deutschsprachigen Raum typische Agenda.
- Bereits besprochene Punkte werden häufig wieder aufgegriffen und erneut diskutiert, es wird nachgehakt und Wichtiges mehrfach wiederholt. Geben Sie bewusst stets die gleiche Antwort.
- Verfolgen Sie Ihre Linie, und vermeiden Sie bei ähnlich gelagerten Fragen abweichende Informationen.
- Richten Sie sich auf häufige Veränderungen ein, auch wenn Ihnen der hohe Zeitbedarf unbegreiflich ist. Asiaten nutzen diese Verzögerung, um Sie besser kennen zu lernen. Investieren Sie Zeit in die Stärkung der Beziehung zu Ihrem Geschäftspartner.
- Drängen Sie nicht, seien Sie geduldig, erwarten Sie kein ausdrückliches Feedback, und geben Sie Ihrem Gegenüber die zusätzliche Zeit, die er als selbstverständlich erlebt.
- Regeln sind keine starren Richtlinien, sie können fortwährend abgewandelt und angepasst werden.

Glanzlicht Gastfreundschaft
Bevor wir in die einzelnen Länderschwerpunkte gehen, sei hervorgehoben, dass es eine übergreifende Maxime gibt, die für asiatische Gäste generell gültig ist. Zur Gastgeberrolle gehört es, den Besucher an allen Kontaktpunkten – von der Ankunft am Flughafen, über den gesamten Aufenthalt samt Abendprogramm, bis hin zur Verabschiedung – fürsorglich zu begleiten; also eine Rundumbetreuung mit Sternchen. Dabei sprechen asiatische Gäste ihre Wünsche nicht offen aus, und die Kunst besteht darin, diese zu „erahnen". Um einen Anhaltspunkt zu finden, orientieren Sie sich daran, dass der Gast den Gastgeber entscheiden lässt, was er offerieren möchte. An der Reichhaltigkeit, Originalität sowie am begleitenden Taktgefühl des Angebots erkennt er dann, welche Wertschätzung er genießt. Gehen Sie davon aus, dass Ihr asiatischer Gastgeber bei einem Besuch Ihrerseits auch Ihnen ein ganzheitliches Betreuungsprogramm anbieten möchte. Der distanzierte „West-Stil" ist in der Regel nicht erwünscht.

Zwischen den Ländern Japan, China und Südkorea, die in den folgenden drei Unterkapiteln näher betrachtet werden, hat es wechselseitige kulturelle Einflüsse gegeben. Einige der Ausführungen zu Menschen aus Japan gelten – in leicht abgewandelter oder abgemilderter Form – auch für den Kontakt zu Chinesen und Südkoreanern.

Die Ausführungen des vorliegenden Unterkapitels sind Ausdruck entscheidender asiatischer Leitlinien. Wie sich diese auf das Miteinander auswirken, habe ich in der Tab. 2.1 noch einmal knapp und anschaulich resümiert.

Tab. 2.1 Menschen aus Deutschland und Menschen aus Asien im Vergleich

Menschen aus Deutschland	Menschen aus Asien
1. haben im geeinten Europa wie selbstverständlich ihre eigene Identität.	1. schätzen die selbstverständliche Differenzierung nach ihrem jeweiligen Heimatland.
2. können optisch nicht immer von Menschen aus anderen europäischen Ländern unterschieden werden; aus asiatischer Sicht fallen sie hingegen äußerlich auf.	2. können optisch nicht immer von Menschen aus anderen asiatischen Ländern unterschieden werden; aus europäischer Sicht fallen sie hingegen äußerlich auf.
3. wissen gern, woran sie sind.	3. wissen gern, dass sie so gesehen werden, wie es dem sozialen Ansehen entspricht.
4. schätzen Höflichkeit und Harmonie, aber nicht um jeden Preis.	4. schätzen Höflichkeit und Harmonie im Sinne der Gesichtswahrung unter allen Umständen.
5. tragen ihre positiven Emotionen, Erfahrungen und Erfolge sprachlich und körpersprachlich selbstbewusst nach außen.	5. verbergen ihre positiven Emotionen, Erfahrungen und Erfolge sprachlich und körpersprachlich hinter einer Haltung der Bescheidenheit.
6. sehen es in brisanten Situationen als menschlichen und verzeihlichen Fehler an, ihren negativen Emotionen freien Lauf zu lassen.	6. haben den immensen Anspruch, in jeder Situation die Selbstkontrolle und Contenance aufrecht zu erhalten.
7. orientieren sich am Ideal der vier „As" – „Anders als alle anderen" und setzen bei ihrer Selbstverwirklichung auf Eigenständigkeit und individuelle Akzente.	7. orientieren sich an ihren eigenen Gruppen, mit denen sie sich emotional stark verbunden fühlen. Innerhalb dieser Gemeinschaft sind sie bereit, zu kooperieren, einen Konsens zu finden und sich unterzuordnen. Es existieren steile Hierarchien, die im Miteinander deutlich werden.
8. sehen Ehrlichkeit und Wahrhaftigkeit als Tugend an. Wobei das Kommunikationsverhalten sich klar und direkt am wahren Kern ausrichtet.	8. sehen Ehrlichkeit und Wahrhaftigkeit dann nicht mehr als Tugend an, wenn dadurch die harmonische Atmosphäre gefährdet ist; das Kommunikationsverhalten richtet sich dabei indirekt an der äußeren Schale aus, die den wahren Kern durchaus „beschönigen" kann.
9. halten Pünktlichkeit und Zuverlässigkeit für sehr wichtig. Ihr Zeitmanagement folgt einer linear-systematischen Abarbeitung der Punkte. Abweichungen erzeugen häufig Ungeduld und Zeitdruck.	9. halten Pünktlichkeit und Zuverlässigkeit für sehr wichtig. Ihr Zeitmanagement folgt einer gleichzeitigen Bearbeitung der Punkte. Abweichungen sind willkommen und werden mit Besonnenheit integriert.
10. identifizieren sich stark mit der eigentlichen Arbeit; trennen bei Kontakten meist zwischen geschäftlich und privat.	10. identifizieren sich stark mit den an der Arbeit beteiligten Personen; zwischenmenschliche Kontakte überdauern das Geschäft.

2.2 Konkrete Deutungen und Tipps für Japan

In Japan haben sich aufgrund der Insellage kulturelle Eigenarten entwickelt, wie sie in anderen asiatischen Ländern – und erst recht in der restlichen Welt – so nicht zu finden sind. Wie selbstverständlich existieren sie neben dem hypermodernen Lebensstandard und dem Einfluss des Westens.

Modernste Technik und die japanische Seele
Japan gilt als eine der führenden Wirtschaftsnationen und beeindruckt durch technische Innovationen, Spitzenprodukte und international erstklassig positionierte Unternehmen. Mit seinen pulsierenden Metropolen zeigt es sich unter allen anderen Ländern Asiens als am stärksten verwestlicht. Japanische Konsumenten sind dementsprechend verwöhnt und äußerst speziell in ihren Ansprüchen. Parallel zum fortschrittlichen Leben und der rasant wachsenden Hightech-Effizienz sind sich die Japaner ihrer Traditionen und ihres Ursprungs zutiefst bewusst. Es wird gerne festgehalten am Mythos eines kulturell verschlossenen Marktes und an der andersartigen Mentalität gegenüber dem Rest Asiens und der übrigen Welt. Willkommene Aspekte anderer Kulturen übernehmen Japaner sehr gern, allerdings behalten sie die eigenen Bräuche dabei konsequent bei. Vieles erscheint dadurch gegensätzlich, widersprüchlich, geheimnisvoll und rätselhaft – genau deswegen wird Japan häufig als faszinierend erlebt. Dies zeigt sich auch in den vielfältigen Begriffen, mit denen Reisende Japan und seine Bevölkerung oft beschreiben, etwa: höflich, schüchtern, hilfsbereit, melancholisch, still, tiefgründig, kitschig, schillernd, lebhaft oder undurchsichtig. Es ist ein Kaleidoskop unterschiedlichster Facetten, die es dem Gegenüber schwer machen, sich an bestimmten Fixpunkten zu orientieren. Es gilt daher, sich als Besucher sowie Gastgeber auf ein hohes Maß an Undurchsichtigkeit einzustellen.

Gleichwohl lassen sich nach meiner Erfahrung gewisse Punkte beschreiben, die erfolgversprechende Orientierungen für ein Miteinander geben. Japaner streben nach Perfektion und erwarten Perfektion. Ihre hohen Ansprüche treten in unserer Wahrnehmung allerdings häufig nicht in Erscheinung und können daher unterschätzt werden. Das ist jedoch ein folgenschwerer Fehler!

Die japanische Kultur unterliegt dem Diktat der höflichen Form gepaart mit extremster Zurückhaltung. Beim Kontakt mit Menschen aus Japan ist stets ein feines Regelwerk der Gesellschaft zu beachten. Wir sind erfahrungsgemäß gut beraten, den strengen Verhaltenskodex so gut wir können, zu befolgen.

Begrüßung – *Konnichiwa*

Bei beruflichen Kontakten mit Japanern ist die Praxis des Händeschüttelns unüblich. Stattdessen verbeugt man sich voreinander – mit unterschiedlichem Neigungsgrad – mit geradem Rücken, die Arme werden dabei nahe am Körper gehalten. Je tiefer die Verbeugung, desto höher ist der Respekt für das Gegenüber. Wer in der Rangordnung auf einer niedrigeren Stufe steht, verbeugt sich tiefer: so etwa der Jüngere gegenüber dem Älteren, der Mitarbeiter gegenüber seinem Chef, der Gastgeber gegenüber dem Gast oder der Verkäufer gegenüber dem Kunden. Die Verbeugung ist dabei Ausdruck von Bescheidenheit und Ehrerbietung.

Von uns genügt eine angedeutete Verbeugung oder eine leichte Neigung des Kopfes. Bedenken Sie auch immer, dass Japaner ebenfalls ihre Hausaufgaben machen und sich auf die deutsche Kultur und den Kontakt mit deutschen Geschäftspartnern vorbereiten. Beispielsweise begrüßt der japanische Ministerpräsident beim G20-Gipfel Staatslenker aus aller Welt per Handschlag.

Der nachfolgende Praxisfall zeigt ein Begrüßungsszenario, bei dem sich beide Seiten vollständig auf die jeweils andere Kultur eingestellt haben.

Schmerzvolles Entgegenkommen

Vor einem Linienflug von Deutschland nach Japan trifft sich die Kabinencrew zur Vorbesprechung – dem sogenannten Briefing. Auch japanische Flugbegleiter gehören bei diesem Flug zur Kabinenbesatzung. Bevor das Briefing beginnt, begrüßen sich die einzelnen Crewmitglieder. Eine neu im Unternehmen eingestellte deutsche Flugbegleiterin, die sich für ihre Tätigkeit mit den Besonderheiten fremder Kulturen eingehend beschäftigt hat, geht mit einer ordentlichen Verbeugung auf die erfahrene japanische Flugbegleiterin zu. Im selben Moment streckt die japanische Flugbegleiterin ihre Hand zur Begrüßung aus. Es kommt dabei zur schmerzvollen Kollision von Kopf und Hand.

Um diese oder ähnliche Vorfälle zu vermeiden, empfiehlt es sich, in einer vergleichbaren Situation kurz innezuhalten, flexibel zu bleiben und sich der Kontaktperson anzupassen. Kommt es tatsächlich zu der – für Sie gewohnten – Begrüßung per Handschlag, denken Sie daran, dass ein zu fester Händedruck vonseiten der Japaner nicht als Zeichen für gesundes Selbstbewusstsein und „Handfestigkeit" gewertet wird, sondern einen zu dominanten Eindruck hinterlassen könnte.

2.2 Konkrete Deutungen und Tipps für Japan

Bei der Begrüßung ist außerdem zu beachten, dass sich auch japanische Namen aus Vor- und Nachnamen zusammensetzen, allerdings stehen sie in umgekehrter Reihenfolge als bei uns. Man passt sich hier jedoch manchmal unseren Gepflogenheiten an. Im Geschäftsleben spricht man sich auch in Japan mit dem Nachnamen an. So könnte Ihr Gesprächspartner beispielsweise Toshio Suzuki heißen. Setzen Sie bei der Anrede aus Höflichkeit ein „san" hinter den Nachnamen Ihres japanischen Gegenübers, allerdings nicht hinter Ihren eigenen Namen. Herr Suzuki wird also mit „Suzuki-san" angesprochen, was einem „Herr Suzuki" entspricht. Bei der eigenen Vorstellung nennt man seinen Nachnamen sowie seine Firma und drückt seine Freude über das Treffen und die gute Zusammenarbeit aus. Aus Respekt vor dem Status benutzen Japaner bei der Anrede statt des Namens auch gern den Titel ihrer Kontaktperson.

Der informelle Gebrauch von Vornamen wäre dem zurückhaltenden Japaner im Geschäftsleben eher unangenehm. Stellt sich ein auslandserfahrener Japaner jedoch mit seinem Vornamen vor – etwa Toshio – folgen Sie seinem Beispiel. Haben Sie in der Vergangenheit mit einem Geschäftspartner die Vornamen verwendet, Ihr Gegenüber zeigt aber keine Initiative in diese Richtung, empfehle ich Ihnen, vorsichtshalber zum Nachnamen zurückzukehren. Besteht eine persönliche Nähe, etwa bei längeren Geschäftsbeziehungen, dann spricht man sich durchaus mit dem Vornamen an.

Der Austausch von Visitenkarten ist essenziell. In Japan können Visitenkarten ein weitläufiges Netzwerk im Geschäftsbereich schaffen. Überreichen und nehmen Sie die Visitenkarte bei der Begrüßung mit beiden Händen. Halten Sie dabei Ihre Karte so, dass der Empfänger die Schrift lesen kann. Die Visitenkarte repräsentiert ihren Besitzer und sollte daher mit größtem Respekt behandelt werden. Schenken Sie ihrem Inhalt Aufmerksamkeit und ein paar aufwertende Worte. Nutzen Sie für schnelle Notizen auf keinen Fall die Visitenkarte, knicken Sie sie nicht, und stecken Sie sie nicht achtlos in die Tasche oder gar Hosentasche. Der Anstand gebietet es, die Rückseite Ihrer Karte mit einer japanischen Übersetzung auszustatten.

Small Talk nach Art der Japaner
Für den Small Talk geeignet sind unverfängliche Themen, wie das Wetter, Ihre positiven Eindrücke von Japan, der Reiseflug, Hobbys oder Sportarten. Stellen Sie sich ein auf allgemeine Fragen zu Ihrem Unternehmen, seiner Philosophie und Organisationsstruktur sowie zu Ihrer Rolle im Unternehmen. Meiden Sie unbedingt Fragen, die Ihr Gesprächspartner nicht beantworten kann, um ihn nicht in Verlegenheit zu bringen. Ohnehin empfiehlt es sich, Ihren japanischen Gesprächspartner niemals in eine Situation zu bringen, in der er zugeben muss,

dass er eine Frage nicht beantworten kann. Das würde er als Eingeständnis persönlicher Unfähigkeit erleben, was einem Gesichtsverlust gleichkäme.

Sprechen Sie auch keine unangenehmen Themen an, die sich negativ auf die Atmosphäre auswirken könnten, etwa die Folgen des Tsunami auf die Atomanlage Fukushima, Erdbebenkatastrophen, Kritik an Japan oder auch an Ihrem eigenen Land.

Japanische Geschäftsleute gründen ihren ersten Eindruck von einer Person auf Kriterien wie Aufrichtigkeit, ehrliches Interesse an gemeinsamen Geschäften, Vertrauenswürdigkeit und Respekt vor der japanischen Kultur. Orientieren Sie sich im Zeitablauf am Beispiel Ihres Gesprächspartners. Achten Sie auf seine Signale, und gehen Sie auf seine Gesprächsangebote ein, um einen angemessenen Grad der Ungezwungenheit zu finden. Dass Sie dabei gut beraten sind, Ihren Terminkalender gründlich zu entschleunigen, zeigt die folgende Gesprächssituation.

Vom Small Talk unerwartet zum „Big Talk"
Christian Keller hat sich intensiv mit der Kultur seines neuen japanischen Kunden Makoto Nakamura beschäftigt. Nachdem das Begrüßungsritual hinter den beiden Herren liegt, beginnt Herr Keller vorsichtig mit einem unverfänglichen Small Talk auf Englisch. In seinem Repertoire hat er auch ein Mindestvokabular an geläufigen japanischen Ausdrücken. Er weiß zudem, dass er den Zeitbedarf nicht vorab kalkulieren darf und sich nicht an der Uhr, sondern am Menschen und an der gegebenen Situation orientieren muss.

Trotz aller Vorbereitungen, Vorinformationen und Vorwarnungen empfindet er das Gespräch als ausgesprochen zähflüssig. Nach jeder seiner Aussagen folgt eine Pause, die er als viel zu ausgedehnt empfindet. Erst dann antwortet Herr Nakamura zögerlich. Währenddessen gehen Herrn Keller negative Gedanken durch den Kopf: ‚Der Small Talk läuft unproduktiv. Ich kann keine Nähe herstellen. Dieses Gefühl bei einem einleitenden Gespräch ist mir völlig fremd. Wie geht man mit solch einer Situation um?' Er ringt mit sich, ob er es dabei belassen soll und hat große Bedenken, was den Fortgang des gesamten Geschäftskontakts angeht. Doch jedes Mal, wenn er den Small Talk als beendet ansieht, spricht Herr Nakamura weiter und wird immer vertrauensvoller. Langsam lockert sich der Dialog auf und Herr Keller wundert sich am Ende, dass es nach der langen Anlaufzeit zu einem so anregenden, interessanten und nachhaltigen Austausch gekommen ist.

2.2 Konkrete Deutungen und Tipps für Japan

Beim Gespräch ermöglichen Ihnen nicht die Worte allein den Kontakt mit Ihren japanischen Mitmenschen, behalten Sie das stets im Hinterkopf.

Die Luft lesen
Ein japanisches Sprichwort lautet: „Die Luft lesen." Es beschreibt die unverzichtbare Fähigkeit, Sachverhalte oder Situationen im Miteinander und während eines kommunikativen Austauschs zu erahnen und zu erraten. Dazu gehört es, auch Unausgesprochenes herauszuhören, die gesprochenen Worte richtig zu entschlüsseln und zu interpretieren. In Japan stellt dies eine besonders anspruchsvolle Herausforderung dar.

Das nachstehende Szenario illustriert, wie Kritik in einem Lob versteckt werden kann.

Geschickt getarnte Kritik
Tobias Stengel studiert Musiktheater und Operngesang in München. Nach dem Unterricht übt er auch bei sich zu Hause regelmäßig Tonleitern und studiert Arien ein. Sein japanischer Nachbar Minato Hayashi, der mit seiner Familie eine Etage über ihm wohnt, begegnet ihm im Treppenhaus und spricht ihn auf seinen professionellen Gesang und seine sonore Stimme an. Herr Stengel nimmt das lächelnd zur Kenntnis und freut sich.

Wenige Tage später erfährt er von einem deutschen Mitbewohner des Hauses, was sich hinter diesem vermeintlichen Kompliment tatsächlich verbirgt. Die Tochter von Herrn Hayashi hat es gegenüber anderen Kindern auf dem nahen Spielplatz ausgeplaudert. Das kleine Mädchen wächst zwar japanisch, aber eben auch deutsch geprägt auf und hat erzählt, dass ihre Eltern den lauten Gesang einfach nur schrecklich und störend fänden.

Dieses Praxisbeispiel zeigt auch, weshalb Japan häufig als „Kultur des Ratens" bezeichnet wird. Seien Sie daher immer aufmerksam, und nehmen Sie bei jedem Ihrer Kontakte so viele Kontextinformationen wie möglich auf. Wenn Sie bestimmte Aussagen, Verhaltensweisen oder Reaktionen Ihres japanischen Partners nicht richtig einzuordnen wissen, dann haken Sie lieber vorsichtig nach. Wenn Sie etwa eine Präsentation halten und ein japanischer Zuhörer anmerkt, dass Sie sich sehr gründlich vorbereitet hätten, könnte dies eine versteckte Botschaft sein. Nicken Ihre Zuhörer während Ihres Vortrages, bedeutet das nicht unbedingt, dass Sie verstanden werden, sondern nur, dass man Ihnen zuhört.

Keine Zwischenfragen sind im Übrigen kein Zeichen dafür, dass keine Fragen bestehen, denn Japaner sind zurückhaltend und wollen höflich sein. Sie schrecken außerdem davor zurück, Verständnisschwierigkeiten offen zuzugeben. Es ist also denkbar, dass die versteckte Botschaft darin besteht, dass Ihre Ausführungen als überladen und unverständlich erlebt werden. Stellen Sie in diesem Fall keine direkte Frage dazu, sondern bauen Sie eine locker wirkende „sprachliche Brücke". Gehen Sie in einem Pausengespräch unter vier Augen unauffällig auf die Inhalte ein und justieren Sie bedarfsgerecht nach, sodass Ihr japanischer Gesprächspartner die benötigten Informationen in gesichtswahrender Form erhalten kann.

Es ist empfehlenswert, sich manchmal weniger überkorrekt und stattdessen verstärkt mit der Sprache der Freundlichkeit auszudrücken, gerade wenn es nicht ausschließlich um konkrete Details geht, wie das nachstehende Praxisbeispiel zeigt.

Nicht im Detail verlieren, sondern auf das große Ganze setzen
Auf einem Flug von Frankfurt nach Nagoya betreut eine deutsche Flugbegleiterin ihre japanischen Passagiere. Einige der Damen und Herren sprechen verhältnismäßig gut Englisch, andere weniger. Die Flugbegleiterin versucht, allen Fluggästen gerecht zu werden und ihnen den bestmöglichen Service zu bieten. Dabei bemerkt sie nicht, dass sie mit ihren detaillierten Fragen zu Speisen und Getränken einen japanischen Herrn sprachlich völlig überfordert. Möchten Sie stilles Wasser oder mit Sprudel? Mit Eis und Zitrone? Welchen Weißwein bevorzugen Sie? Mögen Sie frischen Pfeffer zum Fleisch?

Der Passagier kann der Flugbegleiterin überhaupt nicht folgen und wird immer verlegener. Die Situation spitzt sich mit jeder weiteren Frage zu. Dem japanischen Passagier stehen schließlich die Schweißperlen auf der Stirn, und er zieht sich körperlich völlig in eine Schutzhaltung zurück.

Um den Gast einen professionellen Service erleben zu lassen, bei dem er sich nicht bedrängt fühlt, wäre die Flugbegleiterin besser beraten, auf einengende Detailfragen zu verzichten und stattdessen den Fokus, auch körpersprachlich, auf reine Freundlichkeit zu legen.

2.2 Konkrete Deutungen und Tipps für Japan

Wer sich entschuldigt, klagt sich nicht an, sondern macht sich beliebt
Entschuldigungen sind in Japan weit verbreitet und sehr beliebt. Sie stellen kein Schuldeingeständnis dar, sondern sind Ausdruck von Mitgefühl und zeigen Anerkennung sowie Bedauern für die unangenehme Situation, in die die betreffenden Personen gebracht wurden. Dadurch wird die missliche Situation entschärft. Begründungen, Rechtfertigungen zur eigenen Entlastung oder dergleichen sind hier völlig unangebracht. Es spielt an dieser Stelle keine Rolle, wer schuldig oder unschuldig ist. Vielmehr geht es darum, zeitnah und deutlich zu zeigen, dass man sich unter allen Umständen an einer Lösungsfindung beteiligt, was wiederum dem Vertrauensverhältnis zugutekommt.

Häufig wünschen Japaner nichts anderes als eine aufrichtige Entschuldigung. Diese wird durch die zunehmende Anzahl der Wiederholungen wirksamer. Es ist tatsächlich besser, sich ein paar Mal zu viel zu entschuldigen als ein Mal zu wenig.

▶ **Praxistipp** Entschuldigungen sind in jeder Situation eine probate Möglichkeit, um über Fehler – egal von welcher Seite – hinwegzusehen und die Beziehung zu stärken. Setzen Sie diese Möglichkeit so früh wie möglich ein, und verstärken Sie den Effekt durch die Anzahl der Wiederholungen.

Es kommt sogar besonders gut an, wenn man sich grundlos entschuldigt. Hat man etwa die Zusage für eine Präsentation pünktlich eingehalten, könnte man sich dafür entschuldigen, dass man sie nicht noch früher fertiggestellt hat. Allerdings hätte die verfrühte Fertigstellung niemanden benachteiligen dürfen, denn dies würde wiederum Anlass sein, um sich zu entschuldigen.

Solch einen Grundsatz vollständig umzusetzen, widerspricht allgemeinhin unserem Naturell. Ich möchte Sie an dieser Stelle lediglich dafür sensibilisieren, dass es in Japan eine andere Kultur der Entschuldigung gibt. Beispielsweise entschuldigte sich die Zuggesellschaft Japan Railways West dafür, dass ein Zug um 25 s zu früh abgefahren war. Dem Schaffner war ein Fehler unterlaufen, sodass ein paar Passagiere nicht in diesen Zug einsteigen konnten, folglich den nächsten Zug nehmen mussten und dadurch den Zielbahnhof 6 min später erreichten als ursprünglich geplant. In der Pressemitteilung „Zuggesellschaft entschuldigt sich wegen verfrühter Abfahrt", in der Julia Haase (2018) davon berichtet, lautete die Entschuldigung: „Die große Unannehmlichkeit, die wir unseren Kunden auferlegt haben, war wirklich unentschuldbar. Wir werden unser Verhalten gründlich evaluieren und versuchen, einen solchen Vorfall zu verhindern."

Die legendäre japanische Rücksichtnahme zeigt sich immer wieder in einer einzigartigen Mischung aus bedingungsloser Höflichkeit, Schüchternheit und eben dem Mittel der Entschuldigung. Stoßen beispielsweise zwei japanische Personen zusammen, entschuldigen sich beide mehrfach. Eine der beiden Personen hat den Zusammenstoß zwar verursacht, die andere fühlt sich jedoch auch verantwortlich, weil sie im Weg stand.

Die Körpersprache besser verstehen
Im vorhergehenden Unterkap. 2.1 „Vom Facettenreichtum zum harmonischen Ganzen" wurden wichtige übergreifende Punkte zum Thema Körpersprache behandelt. Bei den folgenden körpersprachlichen Besonderheiten geht es mir nicht vornehmlich darum, dass Sie diese selbst einsetzen, sondern dass Sie durch Ihr Wissen Ihren japanischen Partner besser verstehen.

- Nicken mit dem Kopf bedeutet „Ja", wobei es – wie auch das gesprochene „Ja" – nicht unbedingt einer klaren Zustimmung entspricht.
- Wiederholtes Nicken begleitet jedes Gespräch und besagt: „Ich folge Ihnen", „ich verstehe".
- Kopfschütteln meint „Nein".
- Den Kopf zur Seite neigen, kann signalisieren: „Ich habe nicht verstanden", „ich bin nicht ganz einverstanden".
- Mit der Hand von rechts nach links winken heißt „Nein". Wird die Geste von Kopfschütteln begleitet, bedeutet das: „Nein, vielen Dank".
- Mit dem Finger auf die eigene Nase tippen impliziert „ich" oder „für mich". Wir würden uns mit dem Zeigefinger auf die eigene Brust tippen.
- Zeigefinger und Daumen zu einem Kreis steht für das Geldzeichen. Es ist gleichbedeutend mit dem Reiben von Daumen mit Zeige- und Mittelfinger bei uns.
- Hände zusammenklatschen und gleichzeitig ein wenig verbeugen signalisiert: „Gutes Gelingen!". Die Geste entspricht unserem Daumendrücken. Sie wird in Japan aber auch als Entschuldigung verwendet.
- Legt ein Japaner eine Hand in seinen Nacken oder an seinen Hinterkopf oder kratzt er sich dort, will er damit vermutlich seinem Unbehagen oder seiner Verlegenheit hinsichtlich des Themas Ausdruck geben.
- Bedecken des Mundes bei Damen steht für Zurückhaltung, Bescheidenheit, Verlegenheit, Scheu oder ein berechtigtes Schamgefühl, zum Beispiel in einer peinlichen Situation.

- Mit der Handfläche nach unten winken impliziert: Eine andere Person wird herbeigebeten. Es ist analog zu unserem Heranwinken mit der Handfläche nach oben.
- Verschränkte Arme können höchste Konzentration bedeuten.
- Mit einer einzelnen raschen Verbeugung kann ein Ranghöherer das Ende des Gesprächs anzeigen.

Komplimente und die Tradition dezenter Zurückhaltung
Überschwängliche Komplimente nach westlicher Art sind unüblich und bringen Japaner in Verlegenheit. Außerdem können sie unehrlich wirken, so als wolle man auf indirekte Weise etwas anderes damit bezwecken. Wie weiter oben beschrieben setzen Japaner lobende Worte schließlich ein, um auf indirekte Weise etwas zu kritisieren. Bei echter Wertschätzung ist daher vornehme Zurückhaltung angesagt.

Vermeiden Sie nach Möglichkeit Sätze wie: „Ihr Vortrag war hervorragend". Sagen Sie stattdessen besser: „Ich habe viel aus Ihrem Vortrag gelernt und werde meinen Kollegen in Deutschland gern von Ihren Ideen berichten". Umgehen Sie auch extreme Schmeicheleien wie „Herr Watanabe hat uns durch seinen perfekten Vorschlag in einer schwierigen Situation gerettet, er ist phänomenal", sondern sagen Sie lieber „Herr Watanabe ist eine Inspiration für uns alle". Ein geeignetes Kompliment im Berufsleben ist es, den anderen um seinen Rat in einer Angelegenheit zu bitten und dafür echte Dankbarkeit zu zeigen.

Nehmen Sie Sätze wie „Ich bin mir nicht sicher, ob ich das schaffe", „Mein Unternehmen ist sehr klein", „Meine Position ist völlig unbedeutend" auf keinen Fall wörtlich. Japaner verweisen gern auf eigene Schwächen oder Grenzen, um Ihnen dadurch Wertschätzung entgegenzubringen.

Wenn man Ihnen ein Kompliment macht, dann reagieren Sie am besten mit Bescheidenheit und sagen nicht etwa „Ich weiß, das höre ich oft". Das wirkt überheblich. Vermeiden Sie in jedem Fall Äußerungen, die persönliche Eitelkeit oder Selbstgefälligkeit signalisieren, beispielsweise „Ich bin stolz auf meine Erfolge", „Meine Frau sieht hinreißend aus" oder „Meine Kinder sind tüchtig", auch wenn Ihr japanischer Gesprächspartner Ihnen das selbst sagt. Andererseits ist es in Ordnung, wenn Sie sich als Kollektiv Ihrem Unternehmen gegenüber loyal zeigen durch Kommentare wie „Wir von der Firma XY sind stolz auf …". Ähnlich verhält es sich, wenn der japanische Kaiser sich stolz zeigt, dass seine Regierungszeit eine Epoche des Friedens für das gesamte Land war.

▶ **Praxistipps**

- Wenn Sie ein ehrliches Kompliment geben wollen, wählen Sie bei Ihren Formulierungen im Zweifel eine gehaltvolle und konkrete Variante an Stelle eines inhaltsleeren Superlativs. Gehen Sie in die wahrheitsgetreue Begründung für Ihre Wertschätzung.
- Wollen Sie auf ein Kompliment reagieren, ohne sich dabei in Ihrer Art zu verbiegen, dann bedanken Sie sich einfach nur aufrichtig. Kommentieren Sie den Inhalt des Kompliments nicht weiter.
- Ein Japaner bleibt – auch nach außen – bescheiden, egal wie kompetent und erfolgreich er ist. Unterschätzen Sie ihn nicht aufgrund der unauffälligen Art, wie er sich Ihnen präsentiert.
- Selbstmarketing im Sinne von „Tue Gutes und rede darüber" ist völlig fehl am Platz, ganz im Gegensatz zu unserem und vor allem zum nordamerikanischen Verhalten.

Raum für Zwischenmenschliches außerhalb der Arbeit

Vertrauen und Sympathie lassen sich besonders gut in der Freizeit fördern. Dazu dienen Einladungen in Restaurants, Karaoke-Bars oder Nachtclubs. Folgen Sie daher möglichst jeder Einladung und gesellschaftlichen Unternehmung. Es bringt Ihnen ohne allzu viel Mühe Pluspunkte in den zwischenmenschlichen Beziehungen. Wenn Sie derartige Unternehmungen vermeiden, könnte der Eindruck entstehen, dass Sie etwas zu verbergen haben. Ausgelassene Momente und gerade auch der gemeinsame Alkoholkonsum werden als Befreiung vom strengen Kulturzwang gesehen.

Der alkoholisierte Zustand ist kein Makel, sondern er gehört zum geselligen Miteinander dazu und fördert die so wichtige Beziehungskultur. Ein Rauschzustand und kindisches Verhalten sind also erwünscht und Teil des Geschäfts. Die sonst so eiserne Fassade „fällt" kurzzeitig und damit die streng kontrollierten gesellschaftlichen Regeln. Auch wenn Sie gut beraten sind, Ihre Besonnenheit nicht vollständig über Bord zu werfen, können Sie hinter dem Schutzschild der Berauschtheit dem einen oder anderen Ärgernis Ausdruck geben und werden möglicherweise mehr heraushören als während des normalen Tagesgeschäfts. Am nächsten Morgen ist alles wieder bei der alten Ordnung. Verlieren Sie kein Wort über die nächtlichen Begebenheiten – das Ganze war nur ein Intermezzo.

Gemeinsame Ausflüge, gekrönt von gutem Essen und reichlich Alkoholkonsum, sind nicht die einzige Art, wie die Japaner ihre sozialen Kontakte pflegen. Es gibt zudem etliche Anlässe, um Geschenke zu machen und entgegenzunehmen. Die Geschenkkultur ist fest in der japanischen Gesellschaft verankert und ihre Tradition beruht auf dem Gleichgewicht des Gebens und Nehmens. Erhält man ein Geschenk, so reagiert man in absehbarer Zeit mit einem

2.2 Konkrete Deutungen und Tipps für Japan

Gegengeschenk. Auch wenn dies nach einer wechselseitigen Verpflichtung klingt, sollten Geschenke von Herzen kommen. Die Harmonie im sozialen Miteinander wird dadurch gestärkt. Beispielsweise können Geschenke Gefühle der Dankbarkeit oder des Bedauerns besser und wahrhaftiger ausdrücken, als Worte dazu in der Lage wären. Sie sind somit ein sichtbarer Ausdruck für die Qualität der Kommunikation. Die sorgfältige Auswahl des Geschenks und seine individuelle Sinnhaftigkeit für den Beschenkten sind wichtiger als der Wert an sich.

Geschenke werden – wie es auch bei Visitenkarten, Kreditkarten oder Getränken üblich ist – mit beiden Händen übergeben und ebenso entgegengenommen. Sie werden allerdings nicht in Anwesenheit des anderen geöffnet, um einen möglichen Gesichtsverlust zu vermeiden. Sollte sich ein Geschenk als ungeeignet erweisen, würden beide – der Schenkende ebenso wie der Beschenkte – ihr Gesicht verlieren. In diesem Zusammenhang sollten Sie sich im Vorfeld genauer mit der japanischen Farb- und Zahlensymbolik beschäftigen.

Bei Einzelgeschenken muss für jeden Anwesenden etwas dabei sein. Bei einem Gruppengeschenk wird dieses dem Ranghöchsten überreicht. Auch sollten Sie der Verpackung des Geschenks große Aufmerksamkeit schenken. Erlesene Geschenkschachteln gehören in Japan zum guten Ton. Es empfiehlt sich zudem, genaue Aufzeichnungen über die Geschenke zu führen.

Bedenken Sie als Gastgeber von Japanern auch, dass Ihre Gäste Geschenke aus Deutschland mit nach Japan nehmen möchten. Unterstützen Sie sie dabei oder bei den entsprechenden Einkäufen. Weiterführende Literaturhinweise dazu finden Sie am Ende dieses Kapitels.

▶ **Praxistipps**

- Kontrollieren Sie Rechnungen und Wechselgeld in Anwesenheit des japanischen Geschäftspartners möglichst nicht offensichtlich. Es gilt als unfein, sich skeptisch und prüfend mit Geldthemen zu befassen. Schließlich basiert alles auf gegenseitigem Vertrauen, das Sie Ihren japanischen Kontaktpersonen auch durchaus verdient schenken können.
- Der erfrischende Kurzschlaf in der Öffentlichkeit wurde in Bezug auf asiatische Menschen bereits als übliche kulturelle Besonderheit beschrieben. Um auf Reisen nichts zu verpassen, werden schlafende japanische Passagiere wie selbstverständlich von ihren mitreisenden Landsleuten „liebevoll wachgeschlagen", um ja kein einziges Detail zu verpassen. Dafür wird sich der Geweckte seinerseits sichtlich bedanken. Wundern Sie sich nicht darüber.

Omotenashi – raffinierte Gastfreundschaft auf allerhöchstem Niveau
„Der Kunde ist Gott", sagt ein japanisches Sprichwort. Der Kunde ist in Japan tatsächlich viel mehr als „König". Omotenashi lautet die Zauberformel, die sich mehr auf hingebungsvolle und im wahrsten Sinne des Wortes aktive und aufrichtige Freundlichkeit gegenüber dem Kunden beziehungsweise dem Gast beruft – Japaner unterscheiden nicht zwischen den Begriffen Gast und Kunde. Es handelt sich um ein vielschichtiges und facettenreiches Konzept rund um selbstlose Gastfreundschaft, die kein Lob oder sonstige Anerkennung impliziert. Dabei geht es um Service ohne Grenzen, den nur wirklich verstehen wird, wer ihn einmal erlebt hat. So werden Gastfreundschaft und Kundenservice zu einer Herzensangelegenheit in Reinkultur. Japaner gelten als sehr anspruchsvolle Kunden mit extrem hohen Erwartungen an einen professionellen und perfekten Service. Dem wird durch Omotenashi Rechnung getragen.

Dementsprechend hat Trinkgeld in Japan keine Tradition und kann sogar als Beleidigung empfunden werden.

Verabschiedung und Beziehungspflege
Gäste, also auch Kunden, werden immer hinausbegleitet. Warten Sie an der Tür, bis Ihr japanischer Partner vollkommen außer Sichtweite ist, denn er wird sich mit großer Wahrscheinlichkeit nochmals verbeugen oder winken. Auch bei der Abfahrt eines Taxis oder Busses von einem Hotel winken japanische Mitarbeiter gern hinterher, bis kein Augenkontakt mehr besteht. Passen Sie sich entsprechend an, auch wiederholt. Analog dazu lässt man am Telefon den Kunden nach der Verabschiedung zuerst auflegen.

Die Kontinuität im Miteinander gibt Auskunft über die Zukunftsaussichten des Kontakts. Dabei steht jederzeit die Beziehung im Vordergrund, nicht der Vertrag. Halten Sie den Kundenkontakt aufrecht, etwa durch passende Geschenke oder Glückwünsche zu bestimmten Anlässen. Japan hat eine überwältigende Auswahl an Glückwunsch- und Grußkarten für sämtliche Anlässe. Zu jeder Zeit können Sie Ihrerseits einen Grund finden, um auf Ihre Art für individuell ausgerichtete Nachhaltigkeit zu sorgen.

Der folgende Praxisfall verdeutlicht den Stellenwert der privaten Verbundenheit für den geschäftlichen Erfolg.

Japanische Verbindlichkeit
Daniel Berg und sein Geschäftspartner Kaito Yamamoto aus Osaka haben sich anlässlich einer Geschäftsreise von Herrn Yamamoto im Rahmen seiner Tätigkeit für ein Elektronikunternehmen in Düsseldorf kennen und

schätzen gelernt. Die Geschäftsreise von Herrn Yamamoto neigt sich dem Ende zu, und er wird von Frankfurt aus zurück in seine Heimat fliegen. Herr Berg begleitet Herrn Yamamoto von Düsseldorf nach Frankfurt, wie es sich für einen guten Gastgeber gehört. Um den Eindruck positiv abzurunden, entscheidet er sich für die landschaftlich schöne Zugfahrt von Düsseldorf nach Frankfurt. Dabei erläutert er seinem japanischen Geschäftspartner die eindrucksvollen Sehenswürdigkeiten, die sich hier entlang des Rheins aneinanderreihen – Burgen, Schlösser und die Loreley. Herr Yamamoto ist begeistert von seiner Deutschland-Reise. Am Frankfurter Flughafen angekommen, verabschieden sich die beiden Herren. Doch dies ist nicht das Ende, sondern der Beginn einer langjährigen, die Kontinente umspannenden Freundschaft. Es verbindet sie seither eine regelmäßige Korrespondenz und das ein oder andere Wiedersehen.

Eine Annäherung mit Menschen aus dem japanischen Kulturkreis braucht ihre Zeit. Gelingt sie jedoch und berücksichtigt man die kulturellen und kommunikativen Regeln und Besonderheiten, gewinnt man im besten Falle einen treuen Freund fürs Leben. Geschäftsfreund muss daher keine leere Worthülse sein.

2.3 Konkrete Deutungen und Tipps für China

„Reich der Mitte" – so nennen die Chinesen ihr Land, das nach ihrem eigenen Verständnis den Mittelpunkt der Welt darstellt. China ist in jeglicher Hinsicht außerordentlich facettenreich und komplex: von der alt-ehrwürdigen, imposanten Chinesischen Mauer bis hin zu den progressiv-zukunftsweisenden, glitzernden Metropolen des Landes.

Vielfältig, vielschichtig, vielförmig
Die chinesische Kultur gehört zu den ältesten der Welt. Einflussreiche Kulturgüter sind beispielsweise die chinesischen Schriftzeichen, die chinesische Kampfkunst oder die Traditionelle Chinesische Medizin (TCM).

Das Land ist von krassen Gegensätzen geprägt. Es gibt kaum ein Beispiel, zu dem nicht auch ein extremes Gegenbeispiel existiert. Futuristischen Wolkenkratzern in den Metropolen stehen Blech- und Plastikhütten in den ländlichen Gebieten gegenüber, neben dem größten Hochgeschwindigkeitsnetz für den Personenverkehr hat auch das klassische Fahrrad noch einen festen Platz.

Exklusive Einkaufsmöglichkeiten in teuren Geschäften kontrastieren mit ländlichen Märkten, auf denen ein heilloses Durcheinander herrscht von allen erdenklichen Waren bis hin zu Tieren. Das Bild von China birgt ein Universum an Assoziationen, die in unterschiedlichste Richtungen gehen, positiv aber auch negativ: Die chinesische Küche gilt als eine der besten der Welt, hinzu kommen die traditionelle Heilkunst und die Wachstumsdynamik. Dem gegenüber stehen die Verletzung der Menschenrechte, der Kommunismus und das Produzieren von Plagiaten.

China ist mit etwa 1,4 Mrd. Einwohnern das bevölkerungsreichste Land der Welt. Es beheimatet viele verschiedene Völker, die mehrere chinesische Sprachen und Dialekte sprechen. Wegen dieser Vielfalt lassen sich die kulturellen Besonderheiten nicht so ohne weiteres auf den Punkt bringen. Gleichwohl gibt es Tendenzen, die Sie kennen sollten, wenn Sie mit chinesischen Geschäftspartnern zu tun haben. Neben all dem kulturell Fremden werden Sie allerdings auch die zunehmenden westlichen Einflüsse bemerken, besonders in den „Vorzeigestädten".

Chinesen ist jederzeit bewusst, dass Glück und Erfolg mit harter Arbeit und viel Fleiß verbunden sind. Sie gelten nicht umsonst als sehr ehrgeizig und lernbegierig. Drill und Disziplin beginnen schon im Kindesalter. Das sollten Sie als ausländischer Geschäftspartner immer berücksichtigen und respektieren.

Begrüßung – *Ni Hao*
Zur Begrüßung werden aus Respekt und Höflichkeit gegenüber Menschen aus westlichen Ländern inzwischen auch Hände geschüttelt, allerdings in zurückgenommener Form. Dabei gilt eine leichte Verbeugung als höflich. Ein schwacher Händedruck wird als aufmerksam und nicht als charakterschwach erlebt. Sind Sie Besucher unter Chinesen und es wird applaudiert, dann ist das ein Willkommenszeichen – klatschen Sie einfach mit.

Wenn sich Chinesen vorstellen, nennen sie erst ihren Nachnamen und dann den Vornamen, zum Beispiel „Chang, Lan". Der Grund dafür ist, dass im traditionellen China die Familie einen besonders hohen Stellenwert hatte. Angesprochen werden Chinesen mit dem zuerst genannten Namen und ihren Titeln und Berufsbezeichnungen. Sagen Sie etwa „Professor Chang" oder „Manager Wang" als Zeichen dafür, dass Sie die Hierarchie in der Gesellschaft respektieren und ehren. Einige Chinesen haben sich einen westlichen Rufnamen zugelegt, vor allem wenn sie für international arbeitende Firmen tätig sind, wie etwa für eine große Hotelkette.

In China ist der Austausch von Visitenkarten bei der Begrüßung von großer Bedeutung. Die Visitenkarte hat einen besonderen Wert. Überreichen und nehmen Sie sie mit beiden Händen. Wenn Sie jemandem Ihre Karte geben, achten Sie darauf, sie so herum zu halten, dass der Empfänger die Schrift lesen kann.

Äußern Sie beim Entgegennehmen Dankbarkeit. Die Visitenkarte darf auf keinen Fall beschrieben oder in die Hosentasche gesteckt werden. Zudem sollten Sie auch nicht während des Gesprächs gedankenlos mit ihr herumspielen. Widmen Sie ihrem Inhalt Aufmerksamkeit, und kommentieren Sie besondere Positionen, sodass sich Ihr Gegenüber über ein paar wertschätzende Sätze freuen kann.

Bei geschäftlichen Beziehungen ist es empfehlenswert, sich zunächst als Unternehmen mit einigen markanten Punkten vorzustellen. Kommen Sie dann zu Ihrer Person mit Ihrem Werdegang, Ihren Kompetenzen und Ihrer hierarchischen Position. Bei der Vorstellung Ihres Produkts ist „Made in Germany" ein Gütesiegel. Wenn es sich anbietet, ist es ratsam entsprechende technologische Informationen bereitzuhalten. Das wird erfahrungsgemäß Ihre chinesischen Gesprächspartner beeindrucken.

Small Talk nach Art der Chinesen
Chinesen legen Wert auf einen kleinen einleitenden Small Talk. Dieser findet auf einer deutlich persönlicheren Ebene statt, als es im „distanzierten" deutschsprachigen Raum üblich ist. Nicht selten werden Fragen nach Familienstand, Lebensumfeld, Gehalt oder Alter gestellt, was wir möglicherweise als aufdringlich empfinden.

Das folgende Beispiel soll Ihnen einen Eindruck davon vermitteln.

Zu privat für den einen – völlig normal für den anderen
Stefan Reimann ist Projektmanager eines mittelständischen Unternehmens und trifft sich zum ersten Mal mit einem potenziellen chinesischen Kunden Tao Lin in Shanghai. Nach der Begrüßung und der Vorstellung unterhalten sich Herr Reimann und Herr Lin zunächst über belanglose Themen. Doch Herr Lin kommt recht zügig auf Privates zu sprechen. Er fragt Herrn Reimann, ob er verheiratet sei. Dieser antwortet etwas zögerlich, dass er unverheiratet in einer langjährigen Beziehung lebe. Herr Lin hakt nach, ob Herr Reimann Kinder habe. Als dieser das verneint, will Herr Lin wissen, warum das so sei. Für Herrn Reimann sind solche Fragen in diesem Kontext viel zu persönlich und gehen weit über das Geschäftliche hinaus. Er fühlt sich unwohl und signalisiert Herrn Lin höflich, dass er nun zur Sache kommen wolle. Diese Zurückweisung kränkt Herrn Lin allerdings. Als Chinese sieht er den Austausch persönlicher Informationen als völlig normal an, ja als Grundvoraussetzung für das nötige Vertrauensverhältnis. Für ihn ist die abweisende Art von Herrn Reimann daher ein schlechter Start in eine Geschäftsbeziehung.

Bereiten Sie sich im Vorfeld auf solche Fragen vor, um passende Antworten oder auch Fotos parat zu haben, die Sie in den Augen Ihres chinesischen Gesprächspartners nahbar erscheinen lassen, ohne dabei zu viel preiszugeben. Der chinesische Geschäftspartner darf aus seiner Sicht nicht in seine Grenzen verwiesen werden. Chinesen ist es wichtig, ihre Geschäftspartner zunächst persönlich kennen zu lernen. Beantworten Sie dahin gehende Fragen ganz locker und geben Sie Ihren Gesprächspartnern Zeit, sich ein Bild von Ihnen zu machen, damit Sie Vertrauen aufbauen können.

Beim Small Talk hören Chinesen, die ja als sehr patriotisch gelten, gern Komplimente über ihr Land. Sprechen Sie beispielsweise über Ihre Achtung gegenüber der Leistung der Chinesen, über die sehr alte Kultur, erfolgreiche internationale Projekte, gemeinsame Interessen, das beeindruckende Wirtschaftswachstum oder die besonders schmackhafte Küche. Vermeiden Sie schwierige politische Themen, wie beispielsweise Menschenrechte, Demokratie, Familienpolitik, Taiwan und Tibet. Lassen Sie sich auch bei selbstkritisch auftretenden Chinesen nicht dazu verleiten, Ihre Meinung zu sensiblen Themen frei zu äußern. Da viele Chinesen sehr abergläubisch sind, ist es auch ratsam, Katastrophen oder andere Unglücke als Gesprächsthema auszulassen, auch wenn diese gerade aktuell und in Ihrem Heimaland in aller Munde sein sollten. Viele Chinesen schrecken dann zurück. Sorgen Sie stets für eine möglichst gute Stimmung.

Die Wahrheit liegt zwischen den Zeilen

Das gesprochene Chinesisch ist vieldeutig und voller Anspielungen. Die wahre Botschaft bleibt häufig ungesagt und steht zwischen den Zeilen. Zudem ist China weltbekannt für seine Volksweisheiten und Sprichwörter. Das Zitieren dieser Sprüche und der Worte renommierter Persönlichkeiten sind zugleich rhetorisches Stilmittel als auch Zeichen guter Erziehung.

Was jemand *sagt*, ist zweitrangig, viel wichtiger ist, was er damit *meint*. Zwischen beidem können Welten liegen, was wiederum am typisch asiatischen Harmoniestreben liegt. Gerade kritische Themen werden nicht ausgesprochen, sondern über den indirekten Weg fein verpackt kommuniziert. Hören Sie also zwischen den Sätzen heraus, was Sie wissen müssen, und vermitteln auch Sie gerade schwierige Themen mit schönen Worten durch die Blume. Vergessen Sie jedoch nicht, dass besondere Freundlichkeit und Herzlichkeit bei Chinesen unter Umständen ein Zeichen für Ablehnung sein können und möglicherweise nur aufgesetzt sind.

Die folgenden Sprichwörter sind beispielhaft dafür, wie in der chinesischen Kultur eine kritische Situation durch das Äußern einer schön formulierten Volksweisheit gemeistert werden kann:

2.3 Konkrete Deutungen und Tipps für China

„Einen Fehler begangen haben und ihn nicht korrigieren: Erst das ist ein Fehler."
„Der Edle geht gegen die eigenen Fehler an, nicht gegen die Fehler der anderen."

Sie können ähnlich verfahren, indem Sie deutsche Autoritäten zitieren. Hier bieten sich sowohl Persönlichkeiten des öffentlichen Lebens an als auch Dichter und Denker. Deutsche Dichter und Denker genießen in China seit jeher ein hohes Ansehen.

Spezielle nonverbale Signale bei Chinesen entschlüsseln
In Unterkap. 2.1 „Vom Facettenreichtum zum harmonischen Ganzen" finden Sie Ausführungen zu wichtigen körpersprachlichen Signalen, die übergreifend für ganz Asien gelten. An dieser Stelle möchte ich Ihnen zusätzliche Hinweise speziell für China mit auf den Weg geben, mit denen ich selbst gute Erfahrungen gemacht habe. Einige der folgenden körpersprachlichen Besonderheiten werden Ihnen dabei helfen, nonverbale Botschaften Ihres chinesischen Gesprächspartners besser zu verstehen. Manche Hinweise werden Sie dabei unterstützen, sich selbst über Gestik und Mimik verständlich zu machen.

- Mehrfaches Nicken bedeutet: „Ich bin aufmerksam", „ich höre Ihnen zu". Es impliziert nicht unbedingt eine klare Zustimmung.
- Der Gesichtsausdruck von Chinesen wird von uns häufig als negativ-kritisch wahrgenommen: Dies kann ein Zeichen von Vorsicht gegenüber Fremden sein.
- Das Einsaugen von Luft durch die Zähne ist ein mögliches Signal für Schwierigkeiten oder „Nein".
- In angespannten Situationen ziehen Chinesen häufig an ihren Fingern, sodass die Gelenke knacken.
- Daumen hoch bedeutet: „Spitze, super".
- Daumen und Zeigefinger stehen für die Zahl acht. Denken Sie besonders daran, wenn Sie etwas bestellen, denn dieses Fingerzeichen steht bei uns für zwei.
- Mit der Handfläche nach unten winkend bittet man eine Person herbei. Auf der Straße winkt man mit dieser Handbewegung auch ein Taxi heran.
- Verschränkte Arme beim Zuhören stehen für: „Ich bin entspannt, es geht mir gut und ich höre Ihnen aufmerksam zu".
- Chinesen sehen das Naseputzen mit einem Taschentuch als widerlich an. Suchen Sie dafür möglichst eine Toilette oder einen anderen Rückzugsort auf. Ein benutztes Taschentuch sollten Sie vor den Augen eines chinesischen Gesprächspartners auf keinen Fall in Ihre Hosentasche stecken.

- Ein kleiner Anstandsrest auf dem Teller oder im Glas bedeutet: „Sie haben gut für mich gesorgt, ich bin gesättigt". Das ist eine gern gesehene, höfliche Geste, die Sie nutzen sollten. Wenn Sie hingegen Ihren Teller oder Ihr Glas vollständig leeren, signalisieren Sie damit, dass Sie nicht genügend angeboten bekommen haben.
- Es ist nicht üblich, sich selbst das Getränk nachzuschenken. Stattdessen gilt das gegenseitige Nachschenken als aufmerksam. Dabei wird das Glas mit beiden Händen angehoben.

Nachfolgend ein Beispiel, bei dem ein deutscher Gast die Signale seines chinesischen Sitznachbarn beim gemeinsamen Essen nicht richtig zu deuten weiß.

Na dann Prost – Ganbei
Dr. Florian Brinkmann arbeitet für ein Logistikunternehmen und ist in Shanghai bei seinem Geschäftspartner Li Xiaosi zu Gast. Beim Abendessen trinken die beiden Wein. Herr Xiaosi schenkt seinem Gast nach. Dieser trinkt zunächst weiter, ohne sich Gedanken um die Geste zu machen. Herr Xiaosi befüllt das Glas seines Gastes immer wieder, woraufhin Dr. Brinkmann beginnt, sein Trinktempo deutlich zu reduzieren. Schließlich nippt er nur noch an seinem Glas, um zu verdeutlichen, dass er nicht noch mehr Wein wünscht. Trotzdem schenkt Herr Xiaosi kontinuierlich nach. Herr Dr. Brinkmann versteht das nicht, denn sein Glas ist fast randvoll.

Durch das Nachschenken will Herr Xiaosi sein deutsches Gegenüber darauf aufmerksam machen, dass er selbst gern weiteren Wein möchte, denn sein Glas ist leer.

Komplimente und „gespielte" Bescheidenheit
Anerkennende Worte, die nicht übertrieben klingen, werden von Chinesen gern gehört. Wertschätzende Kommentare sind Ausdruck des Respekts und der Dankbarkeit. Gegenüber fremden Personen sind Chinesen sehr zurückhaltend. Daher können subtil anerkennende Worte beim ersten Kontakt das Eis brechen.

Bescheidenheit und die Zurückweisung von Lob gelten als unverzichtbares Gebot des Anstands. Man macht sich bewusst klein durch Understatement, um einen Anreiz für Komplimente des Gegenübers zu schaffen. Nicht selten werden Sie Sätze hören wie: „Ich kenne mich nicht gut aus", „Ich bin darin so schlecht, bitte verzeihen Sie mir" oder „Wie kann ich mich nur mit Ihnen vergleichen?" Legen Sie solche Kommentare nicht fälschlicherweise als Schwäche aus, und vermeiden Sie es, Ihre eigenen Fähigkeiten anzupreisen. Es ist nach meiner Erfahrung zielführender, sich dezent zurückzuhalten und die Leistung des Teams hervorzuheben.

Chinesische Höflichkeit – die Kehrseite
Chinesen gehen – wie auch andere Menschen aus Asien – nicht auf Tuchfühlung. Das heißt, sie vermeiden in der Öffentlichkeit engen Körperkontakt wie Umarmungen, Küsse oder Tätscheln. Das geht einher mit der für sie typischen höflichen und vornehmen Zurückhaltung. Gerade deswegen herrscht immer wieder Irritation darüber, dass es im Miteinander auch recht rücksichtslos zugehen kann. Schubsen, zu Seite drücken und Vordrängeln sind keine Seltenheit. Das kann beispielsweise so aussehen.

> **Rücksichtslosigkeit in höchster Vollendung**
> Nach ihrem langen Flug von Peking nach Frankfurt gehen die übermüdeten Passagiere zur Gepäckausgabe. Am Gepäckband warten sie darauf, dass es sich in Bewegung setzt. Als es so weit ist, stürmt eine Chinesin aus der hinteren Reihe nach vorn und schubst alle, die ihr im Weg stehen, zur Seite, um aus der ersten Reihe besser an ihre Koffer zu gelangen. Es interessiert sie nicht, dass sie dabei mehreren Personen auf die Füße tritt und eine Dame wegen ihr fast stürzt. In Windeseile nimmt sie ihre Habseligkeiten vom Gepäckband und eilt davon. Die anderen, geduldig wartenden Passagiere sind über dieses anstandslose Verhalten empört.

Solche Situationen sind in der Öffentlichkeit kein Einzelfall und es wird erfahrungsgemäß immer wieder mit Entrüstung darüber berichtet. Dabei fallen Worte wie „Die haben keine Manieren" oder „Was für eine Anstandslosigkeit!". Gerade im ordnungsliebenden Deutschland sind wir Anstehen gewöhnt, ob bei Behörden, in der Bank, an der Supermarkt-Kasse oder beim Arzt. Es wird mancherorts sogar wie selbstverständlich auf den Diskretionsabstand hingewiesen. Das kennen Chinesen nicht. Ihr Bedürfnis nach Abstand zu fremden Menschen ist geringer als unseres. Das gilt auch in öffentlichen Verkehrsmitteln und im Straßenverkehr. Es zählt: Der Durchsetzungsstärkere gewinnt.

Für dieses Verhalten gibt es verschiedene Erklärungsansätze. Einige Wissenschaftler bringen es in Zusammenhang mit der rasanten gesellschaftlichen Entwicklung Chinas, beispielsweise Pang Jialing, Professorin für Ethik und Moralkunde an der Pekinger Hochschule für Pädagogik. Viele Chinesen hätten Mangelwirtschaft erlebt und seien vor kurzem noch arme Bauern gewesen. Wer nicht gedrängelt und gekämpft hat, ging leer aus und hätte nicht überlebt. Inzwischen können sich viele Chinesen Luxusgüter und Reisen in alle Welt leisten, dieses Verhalten aus der Vergangenheit haben sie jedoch noch nicht abgelegt. Weiterführende Details finden Sie dazu im Artikel „China will Touristen bestrafen, die sich schlecht benehmen" von Felix Lee (2013).

Die chinesische Regierung hat vor einigen Jahren aufgrund mehrerer Zwischenfälle im Ausland einen Leitfaden für chinesische Touristen veröffentlicht. Darin finden sich etliche Benimmregeln für den wohlerzogenen chinesischen Reisenden. Bei Nicht-Einhaltung sollen sogar Strafen drohen. Dabei ist es Chinesen durchaus wichtig, ihr Gesicht jederzeit zu wahren, auch im Ausland. Auf Flugreisen bin ich immer wieder mit Reiseleitern chinesischer Reisegruppen ins Gespräch gekommen. Viele machen ihre Reisenden auf motivierende Art darauf aufmerksam, dass jeder Einzelne zum Ansehen Chinas im bereisten Ausland beiträgt. Nach dem Motto: „Lasst uns gemeinsam einen guten Eindruck hinterlassen" wirken sie disziplinierend auf ihre Gruppe ein.

Das rigorose, fast kämpferische Durchsetzen des eigenen Vorteils lässt sich häufig dann beobachten, wenn sich Chinesen in einem anonymen Umfeld bewegen, in dem die Menschen nicht zu ihrer gewohnten Umgebung gehören – also vornehmlich im öffentlichen Raum. Im Kreis von Familie, Freunden, Arbeitskollegen oder anderer Vertrauter herrschen andere Regeln. Hier zeigt sich die fürsorgliche und empathische Seite der Chinesen. Näheres dazu erfahren Sie im folgenden Abschnitt „Der innere und der äußere Kreis – du gehörst zu uns und du nicht".

▶ **Praxistipps**

- Seien Sie sich dieser Eigenheit und ihrer möglichen Auswirkungen immer bewusst.
- Weisen Sie bei Bedarf andere beteiligte Personen in diskret-neutraler Weise darauf hin.
- Bei groben Verstößen von chinesischen Gruppen wenden Sie sich nach Möglichkeit an den Ranghöchsten der Gruppe, etwa den Reiseleiter, und sprechen ihn vorsichtig unter vier Augen auf das Problem an. Lässt sich die Hierarchie nicht erkennen, ist erfahrungsgemäß die älteste Person der Gruppe der geeignete Ansprechpartner.

2.3 Konkrete Deutungen und Tipps für China

- Wenn Sie mit Chinesen in einer Schlange stehen, sind Sie gut beraten, möglichst dicht zum Vordermann aufzuschließen, damit der Zwischenraum nicht ohne Weiteres ausgenutzt werden kann.
- Verteidigen Sie Ihre Interessen auf eine höfliche und gelassene Art. Zeigen Sie bei Bedarf aber ruhig Durchsetzungsvermögen.
- Verurteilen Sie Chinesen nicht pauschal. Auch uns Deutschen eilt in einigen Urlaubsregionen ein bestimmter Ruf voraus – beispielsweise als Träger weißer Socken in Verbindung mit Sandalen oder durch das frühmorgendliche Blockieren von Sonnenliegen mithilfe unserer Handtücher – und dennoch trifft er auf die wenigsten deutschen Touristen zu.

Während wir anderen aufmerksam zuhören, etwa bei einem Vortrag, sitzen wir ruhig da, schweigen und verursachen möglichst keine Geräusche. Chinesen hingegen haben keine Hemmungen, während eines Vortrags im selben Raum ihre Mobilfunkgeräte klingeln zu lassen, zu sprechen oder mit Gegenständen zu rascheln. Unsere „Konzentrationsstille" wirkt auf sie eher abschreckend. Absolute Ruhe im Raum könnte bedeuten, dass Ihre chinesischen Zuhörer eingeschlafen sind. Das ist, wie auch lautes Gähnen, weder ungewöhnlich noch unhöflich und wurde weiter oben bereits beschrieben.

Das chinesische Verhalten bei Tisch kennt kaum ein Tabu. Schmatzen, Schlürfen, Rülpsen oder Spucken sind beim Essen und Trinken völlig normal und Ausdruck von Gaumenfreude. Aufstoßen gilt als übliche und überall akzeptierte Essgewohnheit. Die Vorliebe für das Leben im Kollektiv zeigt sich besonders bei gemeinsamen Mahlzeiten. Es wird gern und viel geredet, wobei ein voller Mund kein Hindernis darstellt. Betrachten Sie derartige – aus unserer Sicht – befremdliche Tischsitten als „Genuss in harmonischem Ambiente" und somit als etwas Positives.

Rauchen ist in China ein gemeinschaftliches Erlebnis und insbesondere bei Männern weit verbreitet. Gerade beim Aufbau geschäftlicher Beziehungen bietet man sich gern gegenseitig eine Zigarette an, wobei die Zigarettenmarke dem eigenen sozialen Status entspricht. Rücksichtnahme auf Nichtraucher ist dabei eher unüblich. Es kann sogar passieren, dass Sie als Nichtraucher eine Zigarette angeboten bekommen. Handelt es sich bei dem Zusammentreffen um einen wichtigen neuen Geschäftskontakt, kann es ratsam sein, diese Geste höflich anzunehmen und die Zigarette dann „für einen späteren Zeitpunkt" wegzustecken.

Der innere und der äußere Kreis – du gehörst zu uns und Du nicht
Mitmenschlichkeit wird in unserer Kultur häufig als philosophische, ethische und christliche Grundlage gesehen. Verschiedenes kommt uns dazu in den Sinn: Miteinander, Füreinander, Solidarität, Toleranz, Verständnis, Zuneigung, Nächstenliebe und vieles mehr. Bei allen Gedanken dazu steht der wertschätzende Mensch-zu-Mensch-Kontakt im Mittelpunkt. Es geht dabei um die Gefühlsebene. Gleichzeitig sehen wir uns bei vitalen Lebensfragen allerdings als unabhängige Individuen, die sich auf ihr Leistungsvermögen aus eigener Kraft verlassen und entsprechend unabhängig ihre Frau oder ihren Mann stehen. Dabei ist für uns die Sachebene eine leitende Maxime.

In China hingegen ist das Verhältnis umgekehrt. Die Gefühlsebene ist eine unverzichtbare und entscheidende Voraussetzung, um Ziele auf der Sachebene zu erreichen. Der kollektivistisch geprägte Chinese differenziert bei zwischenmenschlichen Beziehungen nach innerem und äußerem Kreis, wie wissenschaftliche Studien – etwa die des chinesischen Soziologen Fei Xiaotong – herausgefunden haben.

Zum inneren Kreis zählen die „Eigenen", insbesondere die Familie, Vertraute und Arbeitskollegen. Ihnen gegenüber haben Chinesen Vertrauen und empfinden einen Beschützerinstinkt und Fürsorgepflichten. Dem äußeren Kreis sind die „Fremden" zugeordnet. Diesen Menschen begegnen Chinesen distanziert bis skeptisch-kritisch. Auch das zuvor erwähnte forsche Verhalten, lässt sich hierdurch erklären. Es ist dabei interessant zu wissen, dass die Grenzen der Zugehörigkeit – je nach Qualität der Beziehung – durchaus beweglich sind. Sie können weiter oder eben auch enger gezogen werden. Darin liegt eine besondere Chance für Sie, die Weichen aktiv zu Ihren Gunsten zu stellen, um in den inneren Kreis aufgenommen zu werden, zumindest zu einem gewissen Grad.

▶ **Praxistipps**

- Bei uns ist die Sachebene die Basis einer guten Geschäftsbeziehung. Die Gefühlsebene hingegen ist eine erfreuliche Nebenerscheinung. Bei beruflichen Kontakten lassen wir uns daher nicht zwangsläufig vom Vertrautheitsgrad leiten. Seien Sie sich dessen bewusst.
- In China hingegen ist die Gefühlsebene die absolute Grundlage für weitere Verhandlungen. Erst darauf baut die Sachebene auf. Das Vertrauen zu den beruflichen Kontaktpersonen ist die entscheidende Voraussetzung. Beziehen Sie das in Ihre Interaktion ein.

2.3 Konkrete Deutungen und Tipps für China

Häufig hört man von westlichen Geschäftsreisenden auf ihrem Rückflug von China in die Heimat, dass sie den Erfolg ihrer China-Reise gar nicht einordnen können, weil es keine konkreten Ergebnisse gab. Diese Bedenken sind durchaus berechtigt, wenn Sie die Beziehung zu den chinesischen Geschäftsleuten noch nicht intensiviert haben.

Das folgende Praxisbeispiel veranschaulicht, wie sich der Übergang vom äußeren zum inneren Kreis vollziehen kann.

Gut Ding will Weile haben
In Heidelberg wird ein chinesisches Restaurant eröffnet. Die Lage ist schön, das Ambiente ansprechend und die Speisekarte vielversprechend. Jens Steinmann, Geschäftsmann aus der Druckbranche, beschließt mit seinen Kollegen, das Mittagsangebot dieses neuen Restaurants auszuprobieren. Beim ersten Besuch ist das Essen sehr gut und der Service korrekt, wenn auch eher höflich-distanziert. Nach einigen weiteren Geschäftsessen besucht Herr Steinmann das Restaurant mit seiner Familie. Die Steinmanns begehen den Geburtstag ihrer Tochter dort und andere feierliche Anlässe.

Die chinesischen Inhaber betrachten die wiederkehrenden privaten Besuche als Signale der Wertschätzung. Es entwickelt sich langsam eine Beziehung zwischen den Steinmanns und ihren Gastgebern. Man tauscht sich über Persönliches aus und redet über „Gott und die Welt". Irgendwann ist die Atmosphäre so locker, dass die Restaurantinhaber die Tür abschließen, nachdem alle anderen Gäste gegangen sind, und den Steinmanns zu vorgerückter Stunde, begleitet von den Kellnern, chinesische Volkslieder vorsingen. In ausgelassener Runde wird ein neues Vertrauensniveau erreicht, von dem auch Herrn Steinmanns Geschäftskollegen profitieren.

Das Abschließen des Restaurants steht symbolisch dafür, dass die Steinmanns einen Schritt in den inneren Kreis der chinesischen Restaurantinhaber und ihrer Mitarbeiter getan haben. Daran sehen Sie, dass es nicht reicht, sich ein oder zweimal in der Vergangenheit begegnet zu sein, sondern dass sich nur durch häufigen und intensiven Kontakt wirkliches Vertrauen entwickeln kann. Und nur dadurch kann sich der Status eines anfänglich Fremden allmählich in den einer befreundeten oder sogar vertrauten Person verwandeln.

Das Phänomen des äußeren und inneren Kreises wird im Zusammenhang mit chinesischen Einstellungen und Haltungen oft angesprochen. Es findet sich allerdings nicht ausschließlich in China, sondern auch in anderen asiatischen Ländern.

Gleichwohl zeigt die Erfahrung, dass hilflos wirkende westliche Besucher, die in China allein unterwegs sind, von dem einen oder anderen Einheimischen recht fürsorglich behandelt werden, gerade weil sie aus dem Westen sind. Exemplarisch dafür steht die folgende Episode.

Willkommener Besuch aus dem Abendland
Die junge deutsche Flugbegleiterin Sarah Möller ist auf einer ihrer ersten dienstlichen China-Reisen in Nanjing unterwegs. Rein äußerlich fällt sie in China auf, denn sie ist groß und schlank, hat blonde Locken und große blaue Augen. Sie betritt einen chinesischen Supermarkt, um sich mit ein paar elementaren Dingen für ihren Aufenthalt zu versorgen. Neben gängigen westlichen Produkten entdeckt sie auch viel Unbekanntes. Daher hält sie mehrere außergewöhnliche Impressionen mit ihrer Handykamera fest: Eier in eigenartigen Farben, undefinierbare Snacks und exotische Früchte.

Sie wird dabei von einer jungen Chinesin beobachtet und schließlich auf Englisch angesprochen. Die Chinesin erkundigt sich sehr interessiert, warum Frau Möller diese Eindrücke festhält und stellt ihr viele sehr persönliche Fragen zum Aussehen, den Ernährungsgewohnheiten und der Familie. Frau Möller erwähnt, dass sie sich für Produkte der Traditionellen Chinesischen Medizin interessiert. Die chinesische Dame kennt sich mit TCM aus und kann einen entsprechenden Laden empfehlen. Ganz spontan will sie ihre eigenen Pläne umwerfen und Frau Möller dorthin begleiten. Diese kann sich nur mit einer gesichtswahrenden Ausrede losagen, freut sich aber über die Geste der Gastfreundschaft und notiert sich gern die empfohlene Adresse.

Viele Chinesen bewundern den Westen, insbesondere das Sehnsuchtsland Deutschland. Auch wenn dessen Strahlkraft in letzter Zeit etwas nachgelassen hat, überwiegt noch immer die Magie Deutschlands und seiner Bewohner. Zudem gilt das westliche Aussehen häufig als Schönheitsideal. Nutzen Sie die Vorteile dieses Ausländer-Klischees für sich, verhalten Sie sich höflich und gesichtswahrend, während Sie Ihr Ziel verfolgen. Seien Sie nicht abweisend oder aggressiv, auch wenn Sie sich belästigt fühlen. Mit Diplomatie und der „Kunst der Andeutungen" werden Sie in jedem Fall weiterkommen.

2.3 Konkrete Deutungen und Tipps für China

Es versteht sich von selbst, dass die Intensität der Bindung von der Art der Beziehung abhängt. Die Familie steht unbestritten an erster Stelle. Es wird außerdem unterschieden nach Vertrauten, Bekannten und Arbeitskollegen. Um im Beruf voranzukommen, muss die Linie des inneren Kreises natürlich weiter gezogen werden. Eng mit dem Thema des inneren und äußeren Kreises verknüpft, ist auch der Aufbau von Beziehungsnetzwerken.

Netzwerken und persönliche Gefälligkeiten – Guanxi & Renqing
Kontakte sind in China von fundamentaler Bedeutung. Vermittlungs- oder Referenzpersonen machen viele Dinge oft erst möglich. Dadurch erklärt sich auch die große Loyalität und Verlässlichkeit zur eigenen Gruppe. Beziehungsnetzwerke gelten als selbstverständlich und professionell und haben nicht – wie bei uns – den negativen Beigeschmack von „Vitamin B", Vetternwirtschaft oder gar Korruption.

Bei Guanxi geht es nicht um das reguläre Netzwerken oder die gängige Beziehungspflege, von denen viele meinen, sie in der eigenen Berufspraxis zu praktizieren. Grundlage des Guanxi-Beziehungsnetzwerks und seiner Erhaltung ist das Prinzip der gegenseitigen Gefälligkeiten, das sogenannte Renqing. Die „Währung" dieser Gefälligkeiten ist nicht nur materieller Natur und auch nicht auf das Berufsleben begrenzt. Es geht darüber hinaus insbesondere um weiche Leistungen wie Kompetenzen, Informationen und um private Hilfestellungen und die Weitervermittlung an andere strategisch wichtige Persönlichkeiten. Wer eine Gefälligkeit erbittet oder annimmt, verpflichtet sich seinerseits, irgendwann eine entsprechende Gegenleistung zu erbringen. Dieser nicht nachzukommen, wird als unentschuldbare Demütigung angesehen. Wenn Sie also nicht bereit sind, eine Gefälligkeit zu erwidern, nehmen Sie erst gar keine in Anspruch und suchen Sie eine diskrete Ausrede. Das kann für Ungeübte knifflig sein. Wenn etwa ein in China lebender deutscher Lehrer eine Essenseinladung seines chinesischen Kollegen angenommen hat, kann er dessen subtile Bitte nach privaten Deutsch-Nachhilfestunden für seinen Sohn nicht abschlagen. Der Lehrer hat sich mit der Annahme der Einladung verpflichtet und muss den erbetenen Gefallen gewähren.

Unter dem Motto „Eine Hand wäscht die andere" wird penibel genau aufgezeichnet, wen man kennt, was man von jeder einzelnen Person für eine Gefälligkeit erhalten hat und was man selbst zurückgegeben hat. Dies gilt auch umgekehrt, wenn Sie Ihrerseits mit einem Gefallen in Vorleistung getreten sind. Dabei kommt nichts umsonst. Es kann sein, dass Ihre Vertrauenswürdigkeit zu Beginn eingehend überprüft wird und Sie sich beweisen müssen. Möglicherweise werden Sie in dieser Erprobungsphase mehr geben müssen, als Sie zurückbekommen. Das Gleichgewicht zwischen Geben und Nehmen dürfte sich dann erst nach einer gewissen Zeit einstellen.

Dieses Prinzip erscheint einerseits berechnend, andererseits gilt „Man kennt und vertraut sich", sonst öffnen chinesische Partner sich nicht. Wie passt das zusammen? Betrachten Sie es wie zwei Seiten einer Medaille, das eine bedingt das andere, und das Angenehme ist wie selbstverständlich mit dem Nützlichen verbunden. Denken Sie an Ihr Eigeninteresse, verlieren Sie aber auch das Interesse der relevanten Kontaktpersonen in Ihrem Netzwerk nicht aus den Augen. Im besten Fall wird durch Guanxi und Renqing ein positiver Kreislauf geschaffen. Es geht also nicht nur darum, Kontakte zu knüpfen, sondern sie auf hohem Niveau langfristig zu erhalten und hierfür den Zeitaufwand sowie das nötige Engagement nicht zu scheuen. Achten Sie dabei darauf, dass Sie sich nicht in den falschen Netzwerken „sinnlos aufopfern", sondern dort agieren, wo Sie Ihre individuellen Ziele erreichen können. Dann lohnen sich Tickets mit offenem Rückflug sowie Zeit- und Kostenaufwand Ihrer erbrachten Flexibilität.

Guanxi und Renqing sind äußerst komplex. Beidem liegt letztlich wiederum die konfuzianische Einstellung zugrunde, dass Streit und Gesichtsverlust unbedingt vermieden werden sollen. Somit haben persönliche Beziehungen und Gefälligkeiten häufig einen höheren Stellenwert als Gesetze und Verträge und sind ein zentraler wirtschaftlicher Faktor, um etwas zu erreichen.

Deutsche Geschäftsleute unterschätzen zuweilen die Wichtigkeit einer ehrlichen, intensiven Beziehungspflege oder tun sie schlichtweg als nicht praktikabel ab. Dabei ist es ratsam, sich auch im konkurrierenden Vergleich zu anderen Mitbewerbern zu sehen. Es lohnt sich, vorausschauend einen guten persönlichen Draht zu seinem chinesischen Partner herzustellen, um in dessen Prioritätenliste so weit oben wie nur möglich zu stehen. Chinesen sind uns gewiss im Knüpfen und Pflegen eines derartigen Netzwerks weit voraus. Diese Klaviatur beherrschen sie perfekt. Suchen Sie daher im Rahmen Ihrer individuellen Möglichkeiten nach Gefälligkeiten, auf die Ihr jeweiliger chinesischer Partner angewiesen ist und die er in dieser Form von keiner anderen Person bekommen kann – ein gewisses Etwas.

▶ **Praxistipps**

- Beginnen Sie bei Ihren individuellen Zielen, um die für Sie „richtigen" Kontakte zu wählen und zu knüpfen.
- Guanxi und Renqing erfordern Zeit und Engagement, die bei den zielführenden Personen gut angelegt sind.
- Die Gefälligkeiten können sich auf das Privat- und Berufsleben beziehen.

- Möglicherweise müssen Sie in der Phase der Kontaktanbahnung verstärkt geben, um Ihre Vertrauenswürdigkeit unter Beweis zu stellen.
- Finden Sie die richtige Balance zwischen Ihrem Eigennutz und dem Nutzen Ihrer Kontaktpersonen.
- Seien Sie ehrlich und aufrichtig beim Geben; denken Sie beim Nehmen an Ihr Eigeninteresse.
- Komplimente und sprunghafte Kontakte sind keine Alternativen zu einem seriösen Beziehungsaufbau und seiner Pflege.
- Elektronische Medien werden die Beziehungspflege allenfalls unterstützen, den persönlichen Kontakt aber niemals ersetzen.

Das Prinzip der Gegenseitigkeit findet sich auch in Gefälligkeiten und Aktivitäten außerhalb des Berufslebens.

Freizeitbezogene Begleiter des Geschäfts: Essen, Geschenke und Privates
In China steht das gemeinsame Speisen ganz oben auf der Rangliste der beliebten Freizeitaktivitäten und ist sogar eine regelrechte Zeremonie. Der informelle gemeinsame Ess- und Trinkgenuss spielt auch und gerade für das Geschäft eine ausschlaggebende Rolle. Chinesen gehen davon aus, dass Essfreudige und vor allem Trinkfreudige auch gut in ihrer Arbeit sind. Freuen Sie sich also nicht auf Ihre abendliche Ruhe und Privatsphäre, sondern stattdessen auf Ihre beruflichen Chancen in geselliger Runde. Esskultur und geschäftliche Stabilität gehören untrennbar zusammen. Der Gastgeber trägt spezielle Verantwortung für das Wohlbefinden seiner Gäste, und der Gast betrachtet das gastronomische Angebot als Indikator für seinen Stellenwert aus Gastgebersicht.

Achten Sie am Tisch unbedingt jederzeit darauf, Ihrem Gastgeber Gesicht zu geben und Ihr eigenes Gesicht zu wahren. Loben Sie dazu den sehr guten Geschmack und die reichhaltige Menge des Essens, und bestehen Sie immer wieder auf Ihre positive Meinung, auch wenn Ihr chinesischer Gastgeber bescheiden auftritt und das Licht seines Angebots sprachlich unter den Scheffel stellt. Es ist aus chinesischer Sicht beabsichtigt, diesen Effekt zu erzeugen. Wenn Sie „Delikatessen", die den westlichen Gaumen überfordern könnten, nicht mögen, müssen Sie diese nicht essen. Lassen Sie sich Ihre Aversion aber nicht anmerken. Das gilt auch, wenn Ihre Trinkfestigkeit ins Wanken zu geraten droht und Sie rechtzeitig oder sogar vorzeitig die Reißleine ziehen wollen. Für derartige „Notfälle" finden Sie diplomatische sprachliche Strategien im Unterkap. 2.5 „So lösen Sie schwierige Situationen in Asien gesichtswahrend".

Bei chinesischen Geschäftsessen gelten mehr oder weniger streng festgelegte Regeln und Rituale. Diese reichen von der klaren Sitzordnung, über genaue Benimmregeln beim Essen und Trinken bis hin zum korrekten Gesamtverhalten im vergnüglichen Miteinander. Weiterführende Literaturhinweise dazu finden Sie am Ende dieses Kapitels. An dieser Stelle sei lediglich hervorgehoben, dass das gemeinsame Essen im Normalfall für das deutsche Empfinden recht abrupt endet. Wollen Sie während des Treffens den einen oder anderen wichtigen Gedanken unterbringen, dann tun Sie das rechtzeitig, weil ein gemütliches Beisammensein im Anschluss an das Essen oder ein „Absacker" mit hoher Wahrscheinlichkeit nicht mehr stattfinden werden. Platzieren Sie alles, was Ihnen wichtig ist, in das Zeitfenster während des Essens.

Zusätzlicher Hinweis: Trinkgeld ist in China übrigens unüblich und könnte als beleidigend empfunden werden.

Schenken bereitet Freude und bringt Ihnen Sympathiepunkte. Chinesen pflegen eine ausgeprägte Geschenkkultur zur persönlichen Beziehungspflege. Durch das Geschenk stellt man einerseits seinen eigenen Status dar und bringt andererseits dem Beschenkten Respekt entgegen. Außerdem bieten Geschenke die Möglichkeit, dem Beschenkten gegenüber einen Wunsch zu äußern, den dieser nur schwerlich ablehnen kann. Jedes Nehmen erfordert ein Geben und umgekehrt. Daher kann man sich mit Geschenken zu Beginn eines Geschäftskontakts zukünftige Vorteile verschaffen. Es empfiehlt sich auch hier eine genaue Aufzeichnung der gegebenen und erhaltenen Geschenke.

Wie eine aktiv praktizierte Geschenkkultur aussehen kann, zeigt sich im folgenden Beispiel.

Chinesische Geschenkkultur nach Deutschland importiert
In einem chinesischen Bistro in Hamburg steht im Eingangsbereich eine große, edle Vitrine. In ihr sind typische Mitbringsel dekoriert, wie man sie in China auf Märkten findet. Die Souvenirs sind von unterschiedlichem Wert. Sie sind ein Blickfang für die Gäste und ein willkommener Aufhänger für Small Talk beziehungsweise eine persönliche Annäherung. Je nach der Anzahl seiner Bistro-Besuche darf sich der Gast ein Geschenk aussuchen. Er kann sich aber auch durch weitere Bistro-Besuche ein höherwertiges Geschenk „zusammensparen". Wegen der Originalität der aus deutscher Sicht nicht alltäglichen Geschenke hat sich diese Maßnahme bewährt.

2.3 Konkrete Deutungen und Tipps für China

Das Gleichgewicht zwischen Geben und Nehmen besteht nicht immer aus zwei direkt vergleichbaren Positionen, die im Verhältnis 1:1 gegeneinander aufgewogen werden können. In diesem Fall steht der Wert mehrerer Bistro-Besuche dem passenden, landestypischen Geschenk gegenüber, das vor allem einen ideellen Wert hat – nämlich die Wertschätzung des Gastes durch den Gastgeber, die durch diese Gabe materialisiert wird.

Bei der Auswahl Ihrer Geschenke ist es ratsam, sich am Prinzip des Gebrauchswertes zu orientieren. Beispielsweise sind Genussmittel, Süßigkeiten oder Stifte deutscher Qualitätsmarken beliebt, da man mit ihnen etwas „machen" kann, in diesem Fall schreiben und essen.

Geschenke werden mit beiden Händen übergeben und angenommen. Da Chinesen bei beruflichen Kontakten in Teams auftreten, ist ein Gruppengeschenk an den Ranghöchsten empfehlenswert. Das ersetzt die Einzelgeschenke, die sonst für jeden Anwesenden erforderlich wären, um niemanden bloßzustellen. Das Gruppengeschenk ist also praktikabler.

Die Geschenkübergabe wird gern wie ein kleines Schauspiel inszeniert. Dabei gilt es als höflich, sich zu zieren und das Geschenk zunächst nicht anzunehmen oder sogar abzulehnen, um nicht als gierig dazustehen. Oft hört man Sätze wie „Warum ein Geschenk? Ihre Anwesenheit ist schon eine Freude", „Das ist mir sehr unangenehm", „Sie haben zu viel Geld ausgegeben", „Bitte machen Sie das nicht mehr". Nehmen Sie derartige Floskeln nicht wörtlich, sie sind Ausdruck chinesischer Höflichkeit und Bescheidenheit. Insistieren Sie. Nichts anderes wird an dieser Stelle gewünscht und von Ihnen erwartet. Wenn Sie Ihrem chinesischen Partner etwas geschenkt haben, wird er das Geschenk nicht in Ihrer Anwesenheit öffnen. Dies könnte aus chinesischer Sicht habgierig wirken und signalisieren, dass ihm Ihr Geschenk wichtiger ist als Sie. Das würde einen Gesichtsverlust für beide Seiten nach sich ziehen.

Sind Sie der Empfänger eines Geschenks können Sie – insbesondere bei modernen Chinesen beziehungsweise solchen der jüngeren Generation – den Gepflogenheiten Ihrer Kultur treu bleiben und das Geschenk vor allen beteiligten Personen auspacken. Nach meiner Erfahrung freut sich der chinesische Schenker, wenn Sie das Präsent ausdrücklich loben und dafür womöglich einen Ehrenplatz vor Augen haben, ganz gleich ob in Ihrem Büro oder zu Hause. Sollten Sie ein Preisschild am Geschenk erblicken, dann ist dies kein peinliches Versehen, sondern eher Absicht. Ihr chinesischer Partner hat wahrscheinlich ein hochwertiges Geschenk für Sie ausgewählt und möchte gern, dass Sie das bemerken und sprachlich würdigen.

In diesem Zusammenhang ist es sinnvoll, sich detailliert über die symbolischen Aspekte bei Geschenken zu informieren. Es gibt eine Fülle von Literatur und Internetseiten, die Sie umfassend darüber informieren, welche Geschenke beispielsweise tabu und welche geeignet sind, welche Farben bei der Verpackung beliebt sind und welche Angst einflößen.

Aberglaube als gängiger Glaube
Auf den ersten Blick wirken chinesische Menschen modern und bodenständig. Dennoch verbirgt sich hinter dem Augenscheinlichen nicht selten ein starker Aberglaube, der in der Kommunikation mit Chinesen eine entscheidende Rolle spielen kann. Viele Chinesen denken, dass man das Glück oder Pech eines Menschen beeinflussen kann. Bestimmten Farben und Zahlen oder dem Klang von Worten, Personen- sowie Unternehmensnamen werden mystische Kräfte zugeschrieben, die sich positiv oder negativ auf das Schicksal auswirken können.

Hat man beispielsweise einen Geschäftspartner, dessen Name oder Unternehmensname nach etwas Glücklichem klingt, dann erfährt man durch das Geschäft mit ihm Glück. Das Gleiche gilt natürlich auch umgekehrt. Wenn man an solche Zusammenhänge glaubt, verhält man sich dementsprechend, sodass es wie eine sich selbst erfüllende Prophezeiung wirkt. Es lohnt sich also, offen für dieses Thema zu sein und herauszufinden, was wünschenswert ist und was gefürchtet wird.

Fragt man jüngere Chinesen, die in Deutschland leben und arbeiten, wie sie zu diesem Thema stehen, dann hört man immer wieder Kommentare wie: „Geschenkpapier in den Farben unserer rot-goldenen chinesischen Flagge bringen Glück", „Niemals weiß oder schwarz", „Wenn ich die Glückszahlen acht oder sechs ergattern kann, bin ich froh", „Bloß keine vier, das klingt wie Tod und bringt Unglück".

Tatsächlich scheuen viele die Zahl vier, egal in welchem Zusammenhang – in Datum und Uhrzeit bei Terminen oder bei Stockwerken, Zimmer- und Telefonnummern. Für die Einflussnahme auf die Kraft der Symbole möge beispielhaft die Olympia-Eröffnungsfeier in Peking stehen, die am 08.08.2008 um 20.08 Uhr begann.

Informieren Sie sich detailliert über dieses Phänomen, um den Erfolg von Kommunikation und Business aktiv für sich zu gestalten.

Ideenklau: Klischee oder Realität?
Chinesen gelten weltweit als schwierige Verhandlungspartner, als berechnend und unberechenbar. Nach westlichen Maßstäben agieren sie nicht immer fair. Obwohl die konfuzianische Ethik vor allem bei der älteren Generation nach wie vor einen starken Einfluss auf das Miteinander hat, spielen Menschen aus China nicht immer mit „offenen Karten". Die Realität bestätigt das in unterschiedlichster Ausprägung.

2.3 Konkrete Deutungen und Tipps für China

Eine Erklärung hierfür könnte sein, dass Chinesen ein völlig anderes Verständnis von Moral und Regeltreue haben. Hier unterscheiden sich die historisch gewachsenen Traditionen fundamental vom Westen.

In China gibt es Taktiken, sogenannte Strategeme, durch die man sich bestimmte Vorteile verschafft. Dabei ist „Strategem" ein neutraler Begriff für die negativ besetzte „List". Nach unserem Verständnis ist List ein Mittel, um durch Täuschung etwas zu erreichen. So etwas macht man einfach nicht, es ist unanständig. In China hingegen gehören Strategeme zum Konsens, sie haben kein negatives Image. Es gilt als klug, manipulative Tricks zum eigenen Vorteil zu nutzen und seinen Geschäftspartner hierdurch über den Tisch zu ziehen. Somit liegen nach chinesischer Auffassung List und Klugheit eng beieinander.

Vielen westlichen Managern sind die chinesischen Strategeme und das Thema List kaum geläufig. Daher unterschätzen sie sie oder beachten sie gar nicht. Mit dem Buch „36 Strategeme für Manager" (2004) will der Sinologe Harro von Senger das westliche Bewusstsein für die Strategem-Prävention schärfen. Das Ziel ist, mögliche Intrigen zu erkennen, um sie vereiteln zu können.

Wenn Sie von Ihrem chinesischen Geschäftspartner hinters Licht geführt wurden, dürften Sie vor Gericht auf verlorenem Posten stehen. Was jedoch noch schlimmer ist: Ihre Position auf dem chinesischen Markt wäre wegen des drohenden Gesichtsverlusts gefährdet und Sie würden deshalb wohl eher die Gegebenheiten ohne Gegenwehr hinnehmen.

Für Ihren geschäftlichen Erfolg ist es also unabdingbar, Ihr Gespür diesbezüglich zu schärfen. Darüber hinaus sollten Sie Ihr kommunikatives Geschick in jeder Phase des Kontakts einsetzen, um die Aussagen Ihres Gegenübers richtig zu interpretieren und Ihre eigenen Aussagen chancenreich zu kontrollieren. Viele der bisherigen Ausführungen hinsichtlich der Kommunikation lassen sich auch hier anwenden: Es sind weniger die gesprochenen Worte, die aussagekräftig sind. Versuchen Sie den Kern des Ungesagten zu ergründen. Achten Sie hierbei auch auf die Sprache des Körpers. Nehmen Sie sich Zeit, und haben Sie Geduld.

Vorausschauend können Sie sich in jedem Fall an den folgenden Handlungsempfehlungen orientieren.

▶ **Praxistipps**

- Versuchen Sie rechtzeitig aus verschiedenen Quellen so viele Informationen wie möglich über Ihren potenziellen chinesischen Geschäftspartner zu bekommen. Es ist empfehlenswert, Fachleute und Anlaufstellen Ihres Vertrauens aus Ihrer Heimat hinzuzuziehen, die Sie vorab professionell bei der Recherche unterstützen.

- Machen Sie sich klar, dass Chinesen es nicht als Lüge ansehen, wenn man unvollständig ehrlich ist oder gar die Unwahrheit sagt. Nehmen Sie daher in Gesprächen nicht alles für bare Münze. Das, was sich Ihnen im Kontakt zu chinesischen Geschäftspartnern offenbart, ist häufig nicht die Realität, es kann fingiert sein. Dahinter verbirgt sich womöglich eine andere Geschichte, vielleicht sogar ein anderer Mensch.
- Praktizieren Sie Ihren persönlichen Faktencheck, und hinterfragen Sie die Dinge. Kleine, regelmäßige Kontrollschritte sind empfehlenswert. Eine gesunde Portion Skepsis ist auch bei Zahlen, Daten und angeblichen Fakten – beispielsweise Statistiken – angebracht.
- Stellen Sie offene Fragen. Um mehr Informationen zu erhalten und sich ein besseres Bild zu machen, ist es ratsam, im informellen Rahmen und auf diskrete Weise das Gespräch zu rangniedrigeren Schlüsselpersonen zu suchen und sich sukzessive nach oben „durchzufragen". Der Hintergrund dazu: Wenn der Ranghöchste gesprochen hat, werden alle anderen nichts mehr dazu sagen und die brisantesten Informationen werden Ihnen möglicherweise verborgen bleiben.
- Überlegen Sie Ihrerseits, welche Informationen Sie herausgeben wollen und vor allem welche nicht. Die selektive Wahrheit ist nicht intrigant, sondern Ihr berechtigter Schutz. Bestimmte Informationen kann man unter Umständen auch gegen Sie verwenden. Der Altbundeskanzler Helmut Schmidt sagte: „Der erste Grundsatz ist: Kein Politiker darf sein Volk belügen. Der zweite Grundsatz ist: Er muss aber nicht alles sagen, was er weiß."
- Auch Sie werden mit Fragen konfrontiert, die möglicherweise immer wieder auf eine andere Art gestellt werden. Wenn Sie nicht zu viel preisgeben möchten, seien Sie hellhörig und bleiben Sie jedes Mal bei Ihrer identischen Antwort.

Verhalten beim Abschied und danach

Gäste werden zur Tür, zum Fahrstuhl, zum Taxi, zum Bahnhof oder zum Flughafen begleitet. Chinesische Geschäftsleute legen großen Wert darauf, dass bei der Verabschiedung der besondere Dank für das Gespräch oder das Miteinander ausgedrückt wird. Signale der Herzlichkeit sind ihnen dabei wichtig.

Pflegen Sie einen engen Kontakt, auch wenn das Projekt bestens läuft oder bereits beendet ist. Echte Partnerschaften sind langlebig. Behalten Sie Guanxi und Renqing immer im Hinterkopf. Kümmern Sie sich um persönliche Nähe, auch wenn nach der Abreise mehrere Flugstunden und mehrere Tausend Kilometer zwischen Ihnen und Ihrem Geschäftspartner liegen. Melden Sie sich daher in regelmäßigen Abständen, etwa zu Geburtstagen, bei Krankheiten, zu chinesischen Festen und Feiertagen und auch einfach ohne konkreten Anlass. Es ist unbedingt empfehlenswert, zum chinesischen Neujahr, dem wichtigsten traditionellen Fest, zu grüßen. Seien Sie ebenfalls erreichbar und offen für nachgelagerte Wünsche, auch privater Natur.

Ich wünsche Ihnen in diesem Sinne, dass Sie auf Ihrem Rückflug von China mit einem guten Gefühl auf Ihre Geschäftsreise zurückblicken können. Mögen meine Erfahrungswerte und die hier aufgeführten Punkte für ein freundliches Miteinander, konstruktives Netzwerken und erfolgreiches Verhandeln Sie dabei unterstützen, Ihre Ziele zu erreichen.

2.4 Konkrete Deutungen und Tipps für Südkorea – Kurztrip

Da zwischen Südkorea und den Ausführungen zu Japan und insbesondere China einige Schnittmengen bestehen, werde ich Südkorea im Folgenden einen „kurzen Besuch" abstatten, was der Intensität der Reise natürlich dennoch keinen Abbruch tun wird. Vor allem werde ich die Besonderheiten Südkoreas hervorheben. Nicht fehlen werden natürlich alle relevanten Handlungsempfehlungen und Praxistipps für die tägliche Kommunikation mit Südkoreanern.

Von besonderer Relevanz für die Beziehungen zwischen Deutschland und Korea ist das gemeinsame traumatische Durchleben einer nationalen Teilung. Die Erfahrungen Deutschlands in Bezug auf die Wiedervereinigung bieten Korea Ansatzpunkte für mögliche eigene Strategien.

Klein und fein – bunt und schrill – traditionell und extrem fortschrittlich
Innerhalb weniger Jahrzehnte hat Südkorea eine beispiellose wirtschaftliche Entwicklung hingelegt. Die Südkoreaner selbst bezeichnen sie als „Das Wunder vom Han-Fluss". Der Aufstieg zu einem so bedeutenden Stern am „Wirtschafts-Himmel" ist eine Top-Leistung. Harte Arbeit und extremen Leistungsdruck bekommen Südkoreaner von Kindesbeinen an zu spüren. Konkurrenzdenken und damit verbundener Ehrgeiz werden durch strenge Leistungsbewertungen und eine dominante Erziehung früh geweckt.

Von sich selbst sagen die Südkoreaner häufig, sie würden sich wie ein „Shrimp zwischen den Walen Japan und China" fühlen. Trotz seiner Position zwischen den „Riesen" ist es dem kleinen Südkorea mit Bravour gelungen, sich zu einer der wichtigsten Wirtschaftsnationen weltweit zu entwickeln und sich gleichzeitig seine kulturelle Identität zu erhalten. Die Südkoreaner verbinden in ihrer Kultur auf faszinierende Weise Tradition und Moderne miteinander. In der Hauptstadt und Millionenmetropole Seoul sind beispielsweise alle Lebensbereiche von Hightech auf höchstem Innovationsniveau durchdrungen, aber es gibt auch angesehene, historische Stätten sowie konventionelle Bräuche. Als eine der bedeutendsten Industrienationen steht Südkorea natürlich auch für viele deutsche Führungs- und Fachkräfte weit oben auf der Agenda. Für den Besuch dieses spannenden Landes möchte ich Ihnen bewährte Empfehlungen ans Herz legen.

Begrüßung – *Annyeong-haseyo*
Zur Begrüßung hat sich aus Respekt und Höflichkeit zu westlichen Menschen das Händeschütteln durchgesetzt und wird gern mit einer leichten Verbeugung von beiden Seiten kombiniert. Einen sanften Händedruck empfinden die Südkoreaner erfahrungsgemäß als aufmerksam und nicht als charakterschwach. Sie selbst drücken ihre Herzlichkeit auch gern durch das Ergreifen der dargebotenen Hand mit beiden Händen aus.

Die Verständigung dürfte in den meisten Fällen auf Englisch erfolgen. Dabei ist auch die in der englischsprachigen Kultur übliche Anrede gebräuchlich. Sprechen Sie also Ihren koreanischen Partner mit Mr. gefolgt von seinem Nachnamen an, zum Beispiel „Mr. Kim". Vornamen werden nur innerhalb der Familie oder unter engen Freunden verwendet. In einigen international tätigen Unternehmen sprechen sich aber auch Kollegen mit Vornamen an. Manche jüngeren Koreaner haben sich zudem einen westlichen – nicht offiziellen – Vornamen zugelegt.

Hat Ihr südkoreanischer Geschäftspartner einen höheren Rang, dann warten Sie darauf, ob er Ihnen die Anrede mit Vornamen anbietet. Hier gilt – wie auch in sämtlichen anderen Bereichen – das strenge Senioritätsprinzip. Sagt der ranghöhere Seung-Hyung (Vorname) Song (Nachname) „Please, call me S. H.", so ist das ein Entgegenkommen, das Sie annehmen sollten. Treten Sie möglichst jederzeit respektvoll auf, vor allem wenn Sie es mit einem älteren oder hierarchisch übergeordneten Kommunikationspartner zu tun haben.

Überreichen Sie Ihre Visitenkarte mit beiden Händen und zwar so herum, dass der Empfänger sie lesen kann. Nehmen Sie – fast zeitgleich – die Visitenkarte Ihres Geschäftspartners entgegen. Es gilt als höflich, sich den Inhalt der Visitenkarte anzusehen. Die Beschreibung der Position ist wichtiger als mögliche akademische Titel und hilft, die Person hierarchisch einzuordnen. Eine solche „informelle Ernennung" ist im Business mit Südkoreanern üblich. Auch die Übersetzung Ihrer deutschen Visitenkarte ins Koreanische darf gern einen Tick

„prächtiger" klingen. Auf keinen Fall dürfen Visitenkarten beschriftet oder achtlos behandelt werden.

Small Talk nach Art der Südkoreaner
Planen Sie genügend Zeit für einen ausgiebigen Small Talk ein. Nutzen Sie diese einleitende und beiläufige Konversation zur Schaffung einer guten Atmosphäre und zur Einordnung des Gesprächspartners. Seien Sie, wie in China, auf recht persönliche Fragen vorbereitet, etwa zu Ihrem Alter oder Ihrem Beziehungsstatus. Aus dem Beziehungsstatus wird häufig auf eine gewisse Lebenserfahrung geschlossen, die aus koreanischer Sicht wichtig ist. Wenn Sie insistierende Folgefragen dazu als unangenehm empfinden, lenken Sie am besten dezent oder sogar humorvoll auf ein anderes Thema. Vermeiden Sie es unbedingt, Ihren südkoreanischen Gesprächspartner deutlich in die Schranken zu weisen. Das würde zum Gesichtsverlust führen.

Suchen Sie nach Gemeinsamkeiten als Grundlage für die Geschäftsbeziehung. Geeignet sind positiv besetzte Themen, etwa das Wetter, Hobbys, Sport, Heimat und Tradition. Kritik an Korea oder Koreanern wird als persönliche Beleidigung aufgefasst. Koreaner sind gemeinhin sehr stolz auf ihre Nation. Vermeiden Sie unbedingt negativ besetzte politische Themen, wie beispielsweise die Beziehung Koreas zu Japan. Eine Ausnahme bildet für Menschen aus Deutschland alles rund um das Thema Wiedervereinigung: Die Koreaner bewundern diesen Teil deutscher Geschichte und interessieren sich für alle Details und deren mögliche Auswirkung auf Süd- und Nordkorea. Halten Sie sich bei diesem Thema aber mit Kritik an Ihrem eigenen Heimatland zurück, das könnte bei Ihrem Gesprächspartner sonst ein Gefühl des Befremdens auslösen.

Kommunikative Besonderheiten – das koreanische Herz schlägt lauter
Südkoreaner schätzen sich selbst als warmherzig ein und bezeichnen sich gern als die „Italiener Asiens". Das Italienische bezieht sich nicht nur auf die inzwischen beliebte Kaffeekultur, sondern insbesondere auch auf das Temperament der Menschen. Manchmal hört man sie lachend Sätze über sich selbst sagen wie: „Wir sind wirklich leidenschaftlich". Hierin spiegelt sich der standfeste, ausgeglichene und zugleich dynamische Geist der Nation wider, genauso wie in der koreanischen Kampfkunst Taekwondo, die mittlerweile Olympia-Disziplin ist.

Die folgende Geschichte zeigt, wie selbstverständlich Südkoreaner die Verbindung von hochdiszipliniertem Arbeiten und menschlicher Offenheit im Berufsleben nehmen.

Diszipliniert beim Arbeiten und herzlich im Miteinander
Die deutsche Bankkauffrau Sabine Meyer verändert sich beruflich und nimmt eine neue Stelle an. Nach den ersten Wochen in ihrem neuen Job trifft sie sich mit ihrer südkoreanischen Freundin Yoo Kyung Lee, die in Deutschland lebt und gleichzeitig den kulturellen Werten ihres Heimatlandes treu geblieben ist. Frau Meyer erzählt ganz euphorisch, wie diszipliniert und besonnen ihre Kolleginnen und Kollegen am neuen Arbeitsplatz doch seien, und außerdem wären sie auch noch zuvorkommend und herzlich, vor allem im Vergleich zu ihrem früheren Team. Diese Kombination – hohe Arbeitsdisziplin und Warmherzigkeit – habe sie in ihrem Berufsleben bisher noch nicht erlebt. Frau Lee ist erstaunt über diese vermeintliche Besonderheit, denn in Südkorea sei Disziplin gepaart mit Zuvorkommenheit und Herzlichkeit in jedem Miteinander selbstverständlich.

Ihre konfuzianisch geprägte Kultur gebietet es den Koreanern, auch in heiklen Situationen den Schein zu wahren. Wurde jedoch eine bestimmte Grenze überschritten, so kann es gelegentlich dazu kommen, dass sie ihre negativen Emotionen nicht mehr unterdrücken können und ihnen ein Stück weit freien Lauf lassen. Dies kann sich durch lautstarke verbale Äußerungen und Streitigkeiten zeigen, und es kann auch mal heftiger zugehen. Ranghöhere Personen dürfen sich ein derart unkontrolliertes Verhalten eher erlauben. Erfahrungsgemäß empfiehlt es sich in solchen Situationen, selbst ruhig zu bleiben und keine Reaktion zu zeigen, um eine weitere Eskalation zu vermeiden. Es kann auch passieren, dass Ihr Gesprächspartner den Raum verlässt und nach einer kleinen Pause beruhigt zurückkehrt. Er wird Ihnen dankbar sein, wenn Sie über diesen Zwischenfall hinwegsehen und das Gespräch normal fortsetzen. Wutausbrüche werden übrigens durch eine entsprechend temperamentvolle Körpersprache begleitet.

Insbesondere jüngere Südkoreaner drücken manchmal deutlich ihren Stolz aus, etwa was die Leistungen der eigenen Kinder betrifft. Das ist in Asien nicht weit verbreitet – in Japan und China ist, wie schon erwähnt, das Gegenteil der Fall. Freuen Sie sich einfach mit ihnen.

Südkoreaner halten – wie andere Asiaten auch – häufig ein Nickerchen. Grund dafür sind das hektische Leben, die Dynamik, die permanente Anspannung und die Flut von Reizen. Für den angestrebten sozialen Status arbeiten viele Koreaner am Rande der Erschöpfung. Durch Versagensängste, die Auswegslosigkeit bei veränderten Bedingungen und die Tabuisierung unerwünschter Lebensumstände stehen viele unter einem enormen Leistungsdruck. Sollte die Macht der Müdigkeit

2.4 Konkrete Deutungen und Tipps für Südkorea – Kurztrip

Ihren Gesprächspartner während einer Besprechung überkommen, ist dies nicht ungewöhnlich. Akzeptieren Sie den kurzen Schlaf, nehmen Sie es vor allem nicht persönlich und fahren Sie an geeigneter Stelle fort.

Die subtile Kraft koreanischer Gefühle – „Han" und „Jeong"
Korea ist in seiner Geschichte unzählige Male Opfer feindlicher Angriffe und Invasionen geworden. Das war prägend und ist bis heute durch eine latent melancholische Grundstimmung im Land spürbar. Für dieses kollektive Leidensgefühl steht der koreanische Begriff „Han", der sich nicht genau übersetzen lässt. Er beschreibt unter anderem eine gewisse nationale Traurigkeit, die niemals bewältigt werden kann. Koreaner berichten auch von einem Knoten im Herzen oder dem Bedürfnis, sich gegen längst vergangene Attacken zu wehren, in denen sich Korea in ihren Augen zu defensiv verhalten hat. Gefühle dieser Art sind naturgemäß stärker bei älteren Menschen präsent, werden aber an die nachwachsenden Generationen weitergegeben, wenn auch vermutlich mit nachlassender Wirkung im Zeitablauf.

Auch „Jeong" lässt sich nicht genau übersetzen. Der Begriff steht in Korea für eine ganz eigene vielschichtige Form der Liebe, die sich Nicht-Koreanern kaum beschreiben lässt. Ein simples und gern genanntes Beispiel als eine mögliche Facette von „Jeong" ist das Teilen von Nahrungsmitteln. Gehen zum Beispiel zwei Koreaner gemeinsam essen und jeder bestellt sich ein Gericht, so ist es beiden ein Bedürfnis, dem anderen etwas von seinem Teller anzubieten. Das ist ein Zeichen von Nächstenliebe, anderenfalls wäre man egoistisch. Jeong ist von Selbstlosigkeit geprägt, man rechnet nichts auf. Es gehören auch der loyale Zusammenhalt aller Landsleute und die besondere Zuneigung der Bevölkerung untereinander dazu; eine gewisse Art „wir" einerseits und „die anderen" andererseits. Dabei können sowohl „wir" als auch „die anderen" unterschiedlich gestaffelt sein.

Während „Han" das dunkle Unwetter in Korea darstellt, ist „Jeong" der durch alle Koreaner gemeinsam aufgespannte große Regenschirm. Beides zieht sich durch sämtliche Lebensbereiche und steht für die Intensität und Qualität einer gefühlsmäßigen Verbundenheit, die fast so etwas ist wie eine verwandtschaftliche Zusammengehörigkeit weit über die eigene Familie hinaus. Es kann als eine stille treibende Kraft angesehen werden. Diese Rahmenbedingungen können die Persönlichkeitsstrukturen der Menschen prägen und einen Einfluss auf das Zwischenmenschliche haben. Wenn Sie mit Südkoreanern geschäftliche Kontakte haben und regelmäßig mit ihnen kommunizieren, ist es hilfreich, sich das immer wieder bewusst zu machen. Das erleichtert es Ihnen, Verhaltensweisen Ihres Gesprächspartners besser einzuordnen. Einerseits kämpfen viele Koreaner innerlich mit belastenden Themen, die ihren Ursprung in der geschichtlichen Vergangenheit haben. Dies ist jedoch nicht als Schwäche zu deuten. Gleichzeitig sind südkoreanische Geschäftsleute miteinander verflochten und stehen Ihnen als kraftvolles Team gegenüber. Diese Dimension ergibt sich aus dem kollektiven südkoreanischen Selbstverständnis. Sie ist in dieser Form bei deutschen Teams kaum anzutreffen. Es lohnt sich daher auch, in den Aufbau und die Pflege von Beziehungen für Ihr eigenes Netzwerk zu investieren.

Pali-pali – **Schnell, schnell! Ungeduldig, ehrgeizig und pragmatisch tolerant**
Die Schnell-schnell-Gesellschaft ist Südkoreas Credo. Der Alltag vollzieht sich an diversen Orten im Sekundentakt – am Bahnhof, im Supermarkt oder an der Kaffeebar. Wartezeiten werden auf ein Minimum reduziert, und die Effizienz wird maximiert. Um dies zu befördern, gibt es „Jederzeit-überall-gleichzeitig-Angebote", sodass auch wirklich jede freie Sekunde ausgenutzt werden kann. Das fängt an bei Essensangeboten rund um die Uhr und geht bis zu medizinischen Behandlungen für Eilige. Experten sind sich einig, dass das rapide Wirtschaftswachstum Südkoreas durch die Rastlosigkeit und Zähigkeit seiner Bewohner ermöglicht wurde.

Bei Entscheidungsprozessen hingegen lassen sich Südkoreaner viel Zeit – gemessen an unseren Maßstäben. Ist die Entscheidung allerdings einmal gefallen, kann es ihnen bei der Umsetzung nicht schnell genug gehen. Hier herrscht wenig Geduld, da Südkoreaner kurze Produktlebenszyklen fürchten und unbedingt mit den neuesten Modellen State of the Art sein wollen.

Diese kurzatmige Einstellung ist in laufenden Geschäftsbeziehungen häufig das entscheidende Kriterium aus südkoreanischer Sicht, gerade bei wirtschaftlichen Projekten. Neben den unbestrittenen Vorteilen dieser kulturellen Eigenschaft besteht allerdings das Risiko, dass das hohe Tempo zulasten der Qualität geht. Für Sie aus deutscher Sicht ist es daher ratsam, Ihren koreanischen Partner vorausschauend für ein realistisches Zeitmaß der anstehenden Projekte zu sensibilisieren, um zu anspruchsvoll gesteckte Zeitziele von vornherein zu vermeiden. Sprechen Sie mit Ihren Geschäftspartnern – losgelöst von beteiligten Personen – über die Folgen unzureichender Qualitätsstandards für das Image des gemeinsamen Vorhabens oder Unternehmens. Mithilfe von Storytelling – also dramaturgisch erzählten, passenden Beispielen – fällt es leichter, diese Botschaft gesichtswahrend zu vermitteln. Haben Sie dabei immer den südkoreanischen Emotionsmenschen im Blick. Stellen Sie bei Ihren Ausführungen das große Ganze in den Mittelpunkt, und rücken Sie kleinteilige, logische Ausführungen in den Hintergrund.

2.4 Konkrete Deutungen und Tipps für Südkorea – Kurztrip

Das koreanische Effizienzdenken zeigt sich auch in seinem Pragmatismus. Ein markantes Beispiel dafür ist, dass trotz der historisch belasteten Beziehung zu Japan eine wirtschaftliche Zusammenarbeit aus südkoreanischer Sicht möglich ist, solange man dabei gewinnen kann. Ebenso zeigt sich Südkorea im Umgang mit dem kommunistischen Handelspartner und Nachbarn China handlungsbezogen. Bemessungsgrundlage ist hierbei einzig und allein der angestrebte Erfolg.

Ständige Wiederholungen im Schriftverkehr = viele Ausrufezeichen
Südkoreaner erwarten im Schriftverkehr schnelle Reaktionen und verschicken daher inflationär E-Mails mit dem Zusatz „top-urgent". Erfolgt nicht umgehend eine Antwort, dann schrecken sie nicht davor zurück, die E-Mail erneut zu verschicken. Der Wiederholungscharakter soll dabei der Dringlichkeit Ausdruck verleihen. Beantworten Sie E-Mails umgehend, auch wenn Sie sie erst später bearbeiten können oder die benötigten Sachinformationen noch nicht vollständig vorliegen haben. Dem Absender geht es nicht unbedingt um Vollständigkeit, sondern er möchte informiert gehalten werden im Sinne eines Zwischenbescheids, dass die Sache läuft. Grund für diese Dringlichkeit kann auch die hierarchische Struktur in der Firma sein.

Kommen Sie auch bei E-Mails nicht direkt zu den trockenen Sachinformationen, sondern schaffen Sie eine angenehme Atmosphäre durch einige einleitende Small-Talk-Floskeln.

Zusammen ausgehen und sich beschenken
Vertrauen wächst durch gemeinsame Freizeitaktivitäten. Freundschaften werden beim Essen und Trinken geschlossen. Der gemeinsame zwanglose Aspekt hat zum Ziel, eine positive Grundstimmung zu erzeugen und die Beziehung zu stärken. Um nicht als „Stimmungsmuffel" angesehen zu werden, empfiehlt es sich, den Abendveranstaltungen Ihres Geschäftspartners zu folgen, beispielsweise in ein Restaurant oder in eine Bar, die häufig mit einer Karaoke-Anlage ausgestattet sind.

Der Konsum von Alkohol, insbesondere hochprozentiger Spirituosen, erfreut sich in Südkorea großer Beliebtheit. Gemeinsames Trinken ist ein festes Ritual in der Geschäftskultur. Im kollektiven Rauschzustand lässt sich die Atmosphäre bestmöglich lockern und der Geschäftspartner besser kennen lernen. Außerdem wird so der Weg zu neuen Freundschaften geebnet. Trinken Sie aber erst, wenn der Ranghöchste Ihnen ein Glas anbietet.

In Südkorea hat der Alkoholkonsum ein besorgniserregendes Ausmaß angenommen. Die Problematik wurde schon vor Jahren vom Staat erkannt.

Präventivkampagnen und eine moderatere Trinkkultur wirken den Exzessen seitdem entgegen. Wenn Sie keinen Alkohol trinken möchten, werden gesundheitliche Probleme als Hinderungsgrund akzeptiert. Bei einer Aufforderung zum Trinken ist es dennoch ratsam, das Angebot möglichst nicht vollständig abzulehnen, sondern für eine Runde mitzumachen oder sich zumindest einschenken zu lassen und am Glas zu nippen. Hilfen zum gekonnten Umgang mit solchen Situationen finden sich im Unterkap. 2.5 „So lösen Sie schwierige Situationen in Asien gesichtswahrend".

Auch in Korea gibt es wie im restlichen Asien eine ausgeprägte Geschenkkultur. Mitbringsel beim ersten Treffen dienen der Beziehungspflege und sind somit eine Investition in die Zukunft. Nach erfolgreicher Zusammenarbeit sind Geschenke ein Ausdruck von Dank. Wichtig ist, sich gedanklich mit dem Geschenk auseinandergesetzt zu haben und dem Beschenkten den Sinn zu erklären. Es ist empfehlenswert, sich vorab darüber zu informieren, welche Geschenke geeignet sind und welche nicht.

Hinweis: Trinkgeld ist in Korea eher unüblich.

Eigene Spielregeln und scharfe Verhandlungen
Ein gutes Verhältnis und ein persönlicher Draht zueinander ersetzen nicht die notwendige Wachsamkeit. Südkoreaner sind verlässlich und gleichzeitig geschickt im Verhandeln. Sie scheuen nicht davor zurück, auch manipulative Taktiken zum eigenen Vorteil einzusetzen. Das können Variationen der im Abschnitt „Ideenklau: Klischee oder Realität?" im Unterkap. 2.3 zu China genannten Strategeme sein. Um frühzeitig darauf eingestellt zu sein, ist es ratsam, diese raffinierten Möglichkeiten koreanischer Geschäftsleute ständig mit im Blick zu haben und achtsam zu sein.

Verabschiedung und Partnerschaftspflege
Die Verabschiedung verläuft analog zur Begrüßung mit Händeschütteln und leichter Verbeugung. Man führt den Gehenden zum Ausgang, zum Auto oder zum Aufzug und begleitet ihn so weit wie möglich.

Bedenken Sie immer: Ein Vertrag kann nicht das emotionale Bindeglied sein, um sich zu „vertragen", viel wichtiger ist das gegenseitige und gewachsene Vertrauen. Setzen Sie daher auf kontinuierliche Kommunikation und schriftlichen Austausch, und zeigen Sie sich jederzeit offen für den persönlichen Kontakt, auch über die große Entfernung hinweg. Wie die Japaner und Chinesen, so sind auch die Südkoreaner treue Partner. Im besten Fall entwickelt sich neben der geschäftlichen Partnerschaft die Basis für eine lebenslange gute Freundschaft.

2.5 So lösen Sie schwierige Situationen in Asien gesichtswahrend

Selbst wenn Sie sich an die wichtigsten Landessitten halten, die bis zu diesem Punkt des Ratgebers aufgeführt wurden, kann es dennoch zu schwierigen zwischenmenschlichen Situationen kommen. Damit Sie auch diese souverän und für alle Beteiligten gesichtswahrend bewältigen, möchte ich Ihnen hier ein paar Ansatzpunkte und Strategien an die Hand geben.

Ganz entscheidend ist Ihre Grundeinstellung, mit der Sie auf asiatische Menschen zugehen. Ihr Verhalten können Sie durch folgende Fragen stets gedanklich überprüfen: Achten und respektieren Sie die speziellen Rituale des jeweiligen Landes? Berücksichtigen Sie das starke Bedürfnis nach einer harmonischen Atmosphäre und einem guten Grundgefühl? Bedenken Sie bei Ihrem Reden und Tun stets die Gefahr des Gesichtsverlusts? Vermeiden Sie Ihrerseits Verhalten, das kulturelle Überlegenheit und westliche Dominanz demonstriert? Diese Fragen und ihre Antworten sind das Zünglein an der Waage.

Schwierige Situationen aus asiatischer Sicht
Harmonie ist ein gesamtgesellschaftliches Grundbedürfnis. Ihre positive Funktion im Miteinander wird stets betont, während vor den negativen Auswirkungen von Konflikten gewarnt wird. Asiaten sind daher zu jeder Zeit bestrebt, ihre negativen Emotionen unter Kontrolle zu halten. Die Affektkontrolle steht im Mittelpunkt ihres Verhaltens.

Ein sachliches Problem, das wir am liebsten auf rein inhaltlicher Ebene lösen würden, wird in Asien mit einem Konflikt auf der persönlichen Ebene gleichgesetzt. Zudem werden ein Konflikt oder eine Situation, die uns schwierig, aber beherrschbar erscheinen, von Asiaten als viel gewaltiger erlebt. Diesen bedeutenden Unterschied dürfen Sie keinesfalls unterschätzen.

Bei uns gilt eine Meinungsverschiedenheit meist nach einem erfolgreichen klärenden Gespräch als „aus der Welt geschafft". Wir können notfalls auch damit leben und uns mit einem anderen Menschen weiterhin verstehen, wenn die Unstimmigkeit ungelöst bleibt. In Asien hingegen wird allein das Ansprechen eines Konflikts als signifikanter negativer Schlüsselreiz erlebt. Damit hat man einen viel schlimmeren persönlichen Konflikt ausgelöst, der erfahrungsgemäß eine heftige Eigendynamik entwickelt.

Die zwischenmenschlichen Töne sind in Asien daher alles entscheidend. Widmen Sie sich voll und ganz der Situation und den beteiligten Menschen. Nehmen Sie sich Zeit, statt eine rasche Problemlösung anzustreben.

Eine positive Atmosphäre um jeden Preis

Schwierige Situationen mit Menschen aus Asien werden in starkem Maße von kulturellen Hintergründen beeinflusst, weshalb ich diese hier kurz zusammenfasse:

- Asiaten sagen manchmal uneingeschränkt, was ihr Gegenüber hören möchte.
- Entscheidungen von Ranghöheren werden nicht hinterfragt oder kritisiert.
- Selbst sachliche Kritik wird sehr persönlich genommen.
- Ein asiatischer Mensch möchte sich nicht zu einem Fehler bekennen.
- Man meidet Strenge und hält sich emotional zurück.
- Kontroverse Diskussionen werden nicht geführt.
- Negatives verunsichert oder blockiert gar den anderen.
- Aufgrund der gruppenorientierten Kultur steht das kollektive Ziel über individuellen Interessen. Kommt es also innerhalb eines Teams zu Schwierigkeiten, übernimmt häufig der Vorgesetzte die Schlichtung.
- Konfuzius leugnete nicht die Entstehung und Existenz von Konflikten. Er ermunterte jedoch dazu, Konflikte zu lösen und dabei immer Harmonie anzustreben.

▶ **Praxistipp** Unser Streben nach einer raschen Problemlösung stellt eine Gefahr dar. Hier verlangt die Situation nach Fingerspitzengefühl und Zeit.

Subtile Andeutungen Ihres asiatischen Partners

Da Asiaten Probleme nicht offen ansprechen, empfiehlt es sich, ihren Andeutungen besonders viel Aufmerksamkeit zu schenken, mit denen Ihr asiatischer Gesprächspartner auf Schwierigkeiten hinweisen will. Werden Sie hellhörig, wenn Ihr Gegenüber plötzlich schweigt oder das Thema wechselt. Dann könnte genau dieses Thema problematisch sein.

Um seine Sichtweise darzulegen, benutzt Ihr Partner womöglich vorsichtige Formulierungen wie: „Vielleicht sehe ich es nicht richtig, aber …". Oder er betont, dass ein Thema zwar noch nicht dringend, wohl aber wichtig ist, indem er sagt: „Zurzeit sind wir noch nicht in Sorge, aber …". Denkbar ist auch, dass Ihr Gesprächspartner mit einer Redewendung um Hilfe bittet: „Wären Sie einverstanden, wenn wir gemeinsam … ?"

Verbale Strategien zur Vermeidung von Disharmonie

In Asien werden Sie mit frontalen Angriffen, einer überzeugend geschliffenen Argumentation und Schlagfertigkeit selbst im beruflichen Umfeld nicht punkten.

2.5 So lösen Sie schwierige Situationen in Asien gesichtswahrend

Souveränität signalisieren Sie hier mit Ruhe, Geduld und einem zurückgenommenen Auftreten. Zügeln Sie also Ihr Bedürfnis danach, Klartext zu reden, Probleme direkt anzusprechen und Ihr Anliegen auf den Punkt zu bringen. Wortgewandtheit steht in Asien nämlich zumeist im Widerspruch zum respektvollen Umgang mit dem asiatischen Gesprächspartner.

Lassen Sie Ihren Gesprächspartner immer ausreden und signalisieren Sie dann Ihre emotionale Übereinstimmung, indem Sie die Aussage Ihres Gegenübers mit Ihren eigenen Worten zustimmend wiederholen, eine Art „Hörerecho" also. Diese Technik ist als „kontrollierter Dialog" zu verstehen.

Sprechen Sie eine problematische Situation niemals mit einer direkten, präzisen Frage an. Als Motto gilt hier – „implizit statt explizit". Sie können sich am obigen Abschnitt „Subtile Andeutungen Ihres asiatischen Partners" orientieren und die sprachlichen Wendungen für Ihr Anliegen nutzen.

Die von Asiaten gesprochenen Worte können Sie nicht immer für bare Münze nehmen. Es ist wichtig, zwischen den Zeilen zu lesen und Schwierigkeiten auf der Seite des Gesprächspartners herauszuhören. Wenn Sie meinen, dass ein Thema für Ihren Gesprächspartner problembehaftet sein könnte, entschuldigen Sie sich, und widmen Sie dem Partner danach unaufgefordert zusätzliche Aufmerksamkeit. Nutzen Sie bei Entschuldigungssituationen Ihrerseits die sprachliche Möglichkeit des Wiederholens – je häufiger, desto besser. Dies erkennen Asiaten als positives Signal an.

Agieren und reagieren Sie stets personen- statt sachbezogen. Dadurch bezeugen Sie Respekt. Das bedeutet auch, Diskussionen zu vermeiden. Unser „logisches" Argumentieren greift nämlich viel zu kurz. Räumen Sie hingegen dem sozialen zwischenmenschlichen Umgang viel mehr Platz ein.

▶ **Praxistipps**

- Vorsicht ist beim Einsatz von Humor zur Problembewältigung angezeigt: Ironie und Sarkasmus werden im asiatischen Kulturraum häufig nicht verstanden.
- Kollektivismus in der Sprache ist erfolgversprechend. Nutzen Sie vorzugsweise Pronomen wie „wir" und „unser", vermeiden Sie möglichst „ich" und „mein".

Nonverbale Strategien zur Vermeidung von Disharmonie

Ein japanisches Sprichwort besagt, dass der Mund die Wurzel des Unglücks sei. Situationsgerechtes Schweigen und Zuhören sind daher im asiatischen Kulturraum oftmals wirksamer als Sprechen. Das gilt auch, wenn die Situation aus unserer Sicht stereotyp und ihr Ausgang völlig klar sind.

Ratsam sind zudem eine bestätigende Gestik und Mimik, also auch ein freundliches Lächeln. Durch eine zurückgenommene Körpersprache vermeiden Sie, rechthaberisch auf Ihr Gegenüber zu wirken. Mit dieser leiseren und ruhigeren Art beweisen Sie Abgeklärtheit, was in Asien ein Zeichen menschlicher Stärke ist.

In angespannten Situationen sollten Sie niemals laut werden oder aussprechen, was Sie denken, auch wenn Sie genau wissen, dass Sie Recht haben. Praktizieren Sie stattdessen eine stille Unzufriedenheit.

Lächeln als Wegweiser in schwierigen Situationen
„Das Leben meistert man lächelnd – oder gar nicht." Wenn Sie sich an diesem chinesischen Sprichwort orientieren, werden Sie die allermeisten Situationen bewältigen.

Wie schon mehrfach erwähnt, sind die Gesprächsatmosphäre und das gute Grundgefühl für Asiaten sehr wichtig. Sie würden unter jedem aggressiven Element – auch unter einem schlichten Kritikpunkt – erheblich leiden. Viele Asiaten können die Gefühle ihrer Gesprächspartner gut erkennen und – ohne dass ein Wort fällt – wahrnehmen, ob im Miteinander etwas nicht stimmt.

Der beste Tipp für geradezu jede Situation lautet: Wahren Sie die Harmonie, notfalls auch nur äußerlich. Vermeiden Sie es unbedingt, Konflikte offen auszutragen. Sagen Sie sich immer wieder: Es ist alles in Ordnung!

Bitten und Einladungen harmoniebewusst ablehnen
Ihr Gesprächspartner bittet Sie um etwas, was Sie aber ablehnen möchten. Was können Sie tun, um eine direkte Ablehnung zu vermeiden und die Harmonie zu wahren? Zum einen können Sie Ihrem Gesprächspartner eine Alternative anbieten – egal wie lächerlich Ihnen diese vorkommen mag. Er wird darauf eingehen. Beispielsweise möchte er, dass Sie ihm Ihre Stadt zeigen und Sie können das nicht einrichten. Bieten Sie ihm stattdessen an, einen kurzen Mittagssnack mit ihm einzunehmen.

Es gilt außerdem als höflicher, eine Bitte zunächst anzunehmen und sie später zu „vergessen", als sie von vornherein auszuschlagen. Das fällt uns in unserem Kulturkreis sicher schwer, daher kann es auch hilfreich sein, einem Anliegen vage und charmant plaudernd auszuweichen.

Mit einem direkten „Nein" zu reagieren, ist in keiner Situation angemessen. Nutzen Sie im Gespräch stattdessen abschwächende Formulierungen als sprachlichen Puffer, wie etwa „Es könnte sein", „vielleicht", „eventuell", „etwas", „ein wenig", um eine offene Konfrontation zu vermeiden. Weitere Formulierungen für ein elegant verpacktes Nein sind: „Lassen Sie uns darüber nachdenken",

2.5 So lösen Sie schwierige Situationen in Asien gesichtswahrend

„Unterhalten wir uns später darüber", „Ich bin mir nicht sicher" oder „Es ist nicht einfach".

Auch eine Einladung zu einem gemeinsamen Essen sollten Sie nicht rundheraus ablehnen, sondern anderweitige Vorhaben und Verpflichtungen anführen. Sagen Sie beispielsweise, dass Sie für den vorgeschlagenen Abend bereits Karten für eine Veranstaltung haben.

Wenn Sie auf einer Veranstaltung dazu eingeladen werden, auf einen bestimmten Anlass gemeinsam anzustoßen, Sie aber keinen Alkohol trinken wollen, dann akzeptieren Sie die Einladung dennoch. Nippen Sie nur an Ihrem Getränk, sodass Ihr Glas voll bleibt und man Ihnen nicht nachschenkt. Nicht ratsam ist es zu sagen, dass Sie keinen Alkohol vertragen, sonst gehen Sie das Risiko ein, dass Ihre Partner – gerade Chinesen – den Effekt erst recht sehen wollen. Sie können für die Ablehnung von Alkohol oder bestimmten Gerichten auch eine gute Entschuldigung parat halten: Medikamente, eine Lebererkrankung, Magenprobleme, eine Allergie oder die Anweisung Ihres Arztes.

Harmoniebewusst kritisieren

Im beruflichen Alltag werden Sie nicht umhinkommen, an der einen oder anderen Stelle etwas zu kritisieren, um Ihre Ziele zu erreichen. Betonen Sie hierfür zuerst die Harmonie, und erkennen Sie den anderen und seine Leistung an, bevor Sie die Einschränkung subtil anschließen. Wenn Sie erst etwas, das in Ordnung war – und sei es noch so unbedeutend –, ausdrücklich loben, wird Ihr Gesprächspartner den angedeuteten oder gar unausgesprochenen kritischen Teil erahnen.

Das kritische Thema können Sie zudem „klein reden", indem Sie Formulierungen verwenden, wie sie im Abschnitt „Subtile Andeutungen Ihres asiatischen Gesprächspartners" bereits aufgeführt wurden.

Möglich ist auch, den Gedanken nicht zu Ende auszusprechen, sondern das Ende offenzulassen. Dadurch ermöglichen Sie Ihrem asiatischen Gesprächspartner, selbst auf Ihre Absicht zu kommen. Er kann sich durch die verschiedenen flexibel gehaltenen Interpretationsmöglichkeiten gesichtswahrend relativieren und korrigieren. Auf diese Weise können alle Beteiligten negative Gefühle vermeiden.

In unserer westlichen Fehlerkultur übernehmen wir die Verantwortung für einen Fehler und gehen konstruktiv damit um. In Asien haben die Menschen ein großes Problem damit, ihre Fehler offen einzugestehen. Da das Streben nach Harmonie den übergeordneten Wert darstellt, ist es sogar akzeptabel, einen Fehler nicht explizit zu thematisieren oder ihn nicht wahrheitsgemäß zu benennen. Wenn Sie also Verbesserungsvorschläge vorbringen wollen, betonen Sie die Vorteile, die mit dem Gewünschten erzielt werden könnten, und wechseln anschließend das Thema. Die angesprochene Person kann so die dahinterliegende Kritik für sich entschlüsseln und nach außen überhören.

Alternativ können Sie mit Ihren Geschäftspartnern einen gemeinsamen Plan entwickeln, um das angestrebte Ergebnis zu sichern, und die Kritikpunkte diplomatisch einbauen. Sprechen Sie dabei die gesamte Gruppe an, und motivieren Sie sie, zu einem Konsens zu kommen. Bieten Sie Ihre aktive Unterstützung an, um das „Fehlende" aufzufangen. Wünsche sollten Sie so formulieren, dass für Ihre Partner jederzeit Rückzugsmöglichkeiten bleiben. Generell ist es wichtig, Ihrem Gegenüber Raum für Anpassung oder Flucht zu geben.

Eine weitere Möglichkeit, die eigene Meinung harmoniebewusst zu kommunizieren, ist, sie als Einschätzung anderer Personen zu formulieren. Einen Kritikpunkt kann man zudem in andere konstruktive Vorschläge einbetten, um ihn weniger kritisch – also unauffälliger – erscheinen zu lassen. Wenn nichts anderes hilft, dann gehen Sie mit der betreffenden Person allein aus und sprechen Sie nach einigen Stunden und Drinks das kritische Thema an.

Harmoniebewusst auf Kritik reagieren

Wenn Ihr Gesprächspartner mit irgendetwas nicht einverstanden sein sollte, sagen Sie keinesfalls Sätze wie: „Das ist nicht mein Fehler". Ihn interessieren nämlich nicht die Gründe für ein Problem, sondern er erwartet, dass man ihm zuhört, ihn versteht und sich aufrichtig entschuldigt.

Achten Sie darauf, Ihren asiatischen Gesprächspartner niemals in Verlegenheit zu bringen, auch wenn Sie genau wissen, dass Sie im Recht sind. Lassen Sie ihm immer einen Ausweg aus der unangenehmen Situation. Damit erreichen Sie Ihr Ziel viel eher, als wenn Sie hart durchgreifen.

Ihre Aufgabe in einer solchen Situation besteht darin, gut zu beobachten und die im Kontext liegenden Informationen wahrzunehmen, um entsprechend – eventuell stillschweigend – reagieren zu können.

Folgen von Konflikten und Gesichtsverlust

Wegen des Strebens nach Harmonie und des leitenden Gedankens der Gesichtswahrung dürfen schwierige Situationen nicht so weit eskalieren, dass sie zu einem offenen Konflikt führen, denn das würde höchstwahrscheinlich die Beziehung zerstören. Man spricht dann nicht mehr miteinander. Konfliktsituationen können Sie in solch einem eskalierten Fall auch auf informellem Weg ausklingen lassen. Der Streit wird dann „begraben", und man verliert kein Wort mehr darüber. Danach behandeln die Beteiligten einander zwar höflich, reduzieren allerdings das Miteinander auf ein Minimum.

Damit es nicht so weit kommt, ist es unerlässlich, die zwischenmenschliche Harmonie zu pflegen. Wahren Sie immer die äußere Form, denn sie steht für

2.5 So lösen Sie schwierige Situationen in Asien gesichtswahrend

Asiaten über dem Inhalt. Es ist in jedem Fall wichtiger, eine schwierige Situation durch eine friedliche Maske zu verdecken, als das Problem aus der Welt zu schaffen und dabei das Vertrauen und die Beziehung zu gefährden. Sollte es Unstimmigkeiten geben, ist es wichtig, frühzeitig einen vermittelnden Dritten hinzuzuziehen. Diese Person sollte vorzugsweise eine höhere Position bekleiden.

Wenn Sie jedoch die wichtigsten Werte der jeweiligen asiatischen Gesellschaft berücksichtigen, wird es in aller Regel gar nicht erst zu schwierigen Situationen kommen.

„Jede Gelegenheit im Alltag ist die beste Gelegenheit, um zu üben!"
Japanische Weisheit
„Ein Lächeln löscht tausend Sorgen aus." Chinesische Weisheit
„Bei Kleidern sind die neuen Sachen am besten, bei Menschen die alten Freunde." Koreanische Weisheit

Hier endet unsere gemeinsame Asienreise. Ich freue mich, wenn Ihnen meine Anregungen weiterhelfen und Sie schon bald eigene erfolgreiche Erfahrungen im Umgang mit Ihren asiatischen Geschäftspartnern sammeln.

Literatur

Haase, J. (2018). https://www.welt.de/kmpkt/article176370212/Japan-Zuggesellschaft-entschuldigt-sich-wegen-25-Sekunden-verfruehter-Abfahrt.html). Zugegriffen: 14. Juni 2019.

Lee, F. (2013). https://www.derwesten.de/panorama/china-will-touristen-bestrafen-die-sich-schlecht-benehmen-id8430074.html. Zugegriffen: 14. Juni 2019.

Weiterführende Literatur

Asien.net. https://www.asien.net/gastgeschenke-geschaeftsreise-asien/. Zugegriffen: 15. Juni 2019.

Baron, S. (2018). Die Chinesen. Psychogramm einer Weltmacht. Berlin: Econ Verlag.

Brüch, A. und Thomas, A. (2012). Beruflich in Südkorea. Trainingsprogramm für Manager, Fach- und Führungskräfte (Handlungskompetenz im Ausland). Göttingen: Vandenhoeck & Ruprecht Verlage.

Collée, M. (2011). In China essen sie den Mond. Ein Jahr in Shanghai. Berlin: Aufbau-Verlag.

Diekmann, E. (2015). China Knigge. Business und Interkulturelle Kommunikation. München: dtv Beck Wirtschaftsberater.

Fels, K. und Fels, A. (2019): Fettnäpfchenführer Japan. Die Axt im Chrysanthemenwald. Neuss: CONBOOK Verlag.

Hauser, F. (2016). Japan für die Hosentasche. Was Reiseführer verschweigen. Frankfurt am Main: FISCHER Verlag.

Hernig, M. (2012). Eine Himmelsreise. China in sechs Gängen. Berlin: AB – Die Andere Bibliothek.

Huang N. et al. (2012). China-Knigge. Chinakompetenz in Kultur und Business. München: De Gruyter Oldenbourg Verlag.

Hyun, M. (2018). Gebrauchsanweisung für Südkorea. München: Piper Verlag.

Kotte, J. (2007): Geschäftlich in China. Verhaltensweisen verstehen und erfolgreich umsetzen. Augsburg: Wißner-Verlag.

Obst, A. (2016). Fettnäpfchenführer China. Der Wink mit dem Hühnerfuß. Neuss: CONBOOK Verlag.

Petzold, I. und Ringel, N. (2012). Beruflich in Japan. Trainingsprogramm für Manager, Fach- und Führungskräfte (Handlungskompetenz im Ausland). Göttingen: Vandenhoeck & Ruprecht Verlage.

von Senger, H. (2016). 36 Strategeme für Manager. München: Carl Hanser Verlag.

Teicher, K. (2017). Erfolgreich im Japangeschäft. Geschäftsreisen, Verhandlungskultur, Businessetikette, Personal, Marketing. Norderstedt: Books on Demand.

Arabische Kulturstandards – Insha' Allah, Boukra, Malesh (IBM) 3

Zusammenfassung

Das Akronym IBM wird in Bezug auf den arabischen Kulturraum – besonders für Ägypten – auch von den Einheimischen selbst verwendet. Allerdings geschieht dies meist mit einem Augenzwinkern, da sich die eine oder andere mentalitätsbedingte Ungereimtheit im Miteinander dahinter verbergen kann. Wie genau die drei arabischen Begriffe *Insha' Allah* (so Gott will), *Boukra* (morgen), *Malesh* (sinngemäß: ist nicht schlimm, macht nichts, nichts für ungut) im Alltag verwendet werden, erfahren Sie in diesem Kapitel.

3.1 Pyramiden und Wolkenkratzer – Wüste und Meer

Der arabische Raum umfasst verschiedene Länder. Die Menschen, die hier leben, haben dementsprechend unterschiedliche Nationalitäten. Dennoch fühlen sie sich gewissermaßen als ein Volk mit einheitlichen Wurzeln. Dieses Zusammengehörigkeitsgefühl resultiert zum einen aus der gemeinsamen Muttersprache Arabisch, zum anderen aus der Dominanz des Islam, mit dem sich viele Araber identifizieren. Dadurch erklärt sich auch, warum die kulturellen Normen und Werte im arabischen Raum homogener erscheinen, als es in Asien der Fall ist. Es gibt aber auch religiöse Minderheiten, wie zum Beispiel die Christen in Ägypten, im Libanon oder in Syrien, die sich ebenfalls als Araber sehen.

3.1 Pyramiden und Wolkenkratzer – Wüste und Meer

Die Besonderheiten im Umgang mit arabischen Menschen können im Prinzip auf die meisten Nationen der arabischen Welt übertragen werden. Nichtsdestotrotz hat natürlich jedes arabische Land eine eigene, spezifische Identität, und in einigen Ländern wird der Islam besonders streng ausgelegt. Die folgenden Ausführungen konzentrieren sich daher auf Allgemeingültiges, ohne verallgemeinern zu wollen. Religiöse Themen werden nur insoweit eine Rolle spielen, wie sie den Verlauf und Erfolg von Gesprächen mit arabischen Kontaktpersonen entscheidend beeinflussen.

Für die deutsche Wirtschaft ist der arabische Raum attraktiv und chancenreich. Die Erdölressourcen einiger arabischer Länder wie Saudi-Arabiens oder der Vereinigten Arabischen Emirate begründen die wirtschaftliche Bedeutung dieser Region. Darüber hinaus sind die traditionsreiche Geschichte, etwa Ägyptens, wo es bereits vor 5000 Jahren eine Hochkultur gab, und nicht zuletzt das tropische Meeresklima diverser arabischer Länder auch für den internationalen Tourismus besonders attraktiv und gewinnbringend.

Die Vielfalt der arabischen Welt
Wenn es um die Staaten Nordafrikas und des Nahen und Mittleren Ostens geht, ist der Begriff „Arabische Welt" weit verbreitet. Zu den bedeutenden arabischen Ländern gehören: Ägypten, Algerien, Bahrain, Irak, Jemen, Jordanien, Katar, Kuwait, Libanon, Libyen, Marokko, Oman, die Palästinensischen Autonomiegebiete, Saudi-Arabien, Syrien, Tunesien und die Vereinigten Arabischen Emirate.

Trotz der geografischen Lage sind Israel und der Iran keine arabischen Länder. In Israel ist die Amtssprache Hebräisch und im Iran Persisch.

Wer einen Blick auf die oben aufgeführte Liste arabischer Länder wirft, mag erahnen, wie andersartig sie jeweils sind. Und auch innerhalb einer einzelnen Nation finden sich in jeder Hinsicht verschiedenste Charakteristika.

Die arabische Welt ist – trotz ähnlicher kultureller Prägungen – sehr vielfältig. Seite an Seite leben hier international erfahrene und moderne, aber auch traditionell geprägte Geschäftsleute, sehr wohlhabende Menschen und solche aus einfachsten Verhältnissen, erstklassig gebildete und weniger gebildete Araber, Menschen mit einer sehr liberalen Einstellung und andere, die von tiefer Religiosität geprägt sind, christliche und muslimische Araber. Stellen Sie sich auf die unterschiedlichsten Menschentypen ein, auch auf Extreme. Viele arabische Länder zeigen ihre besondere Position in ihrer Offenheit gegenüber der modernen Welt, die wie selbstverständlich neben Traditionen und Althergebrachtem besteht.

Die Bedeutung der Landessprache
Arabisch ist die Staatssprache in über 20 Ländern. Es gibt das klassische Hocharabisch, das moderne Standardarabisch und je nach Land einen spezifischen arabischen Regionaldialekt. Parallel zu ihrer Muttersprache beherrschen viele Menschen außerdem die Handels- und Bildungssprachen Englisch und Französisch. Vor allem mit Englisch können sich Besucher hier gut verständigen. Französisch hat beispielsweise in Algerien, Marokko und Tunesien einen hohen Stellenwert in der Bevölkerung.

3.2 Ahmed, das arabische Pendant zu Otto

Dieses Unterkapitel widmet sich den grundlegenden Werten der arabischen Gesellschaft. Es geht dabei um erforderliches Hintergrundwissen, denn für jede uns fremde Kultur gilt: Kenntnis schafft Verständnis!

Die behandelten Inhalte sind interdependent und können nicht losgelöst voneinander gesehen werden. Standards deutscher Kultur prägen den sogenannten Otto Normalverbraucher, auch wenn nicht jeder Deutsche ein Otto Normalverbraucher ist. Ähnlich ist es im arabischen Raum. Arabische Kulturstandards prägen den Durchschnitts-Araber, aber eben nicht jeden hier beheimateten Menschen. Es ist daher wichtig, die erlernten Inhalte nicht als pauschale Vorurteile zu sehen, sondern als Basis für das Verständnis der arabischen Welt. Im Zweifel sind immer Ihr gesunder Menschenverstand und Ihre emotionale Intelligenz als Ratgeber gefragt.

Begrüßung und Small Talk zugleich – *Ahlan Wasahlan*
Streuen Sie die Formulierung *Ahlan Wasahlan* nach Belieben in Ihre ersten Sätze ein. Sie bedeutet „Herzlich willkommen" und wird genauso gerne gesagt wie gehört. Wiederholen Sie sie auch in jeder gerade gesprochenen Sprache, etwa *welcome* oder *bienvenue*, denn die Begrüßung ist ein zentrales Element der arabischen Kommunikation. Araber drücken ihre Freude zu Beginn daher sehr deutlich aus. Jemanden willkommen zu heißen und sich willkommen zu fühlen, sind wichtige Elemente dieses Rituals. Auf Arabisch wird der Willkommensgruß durch fantasiereiche und bildhafte Formulierungen ausgeschmückt, die sich etwa auf Licht-, Blumen- und andere Glücksmotive beziehen und bei der Kontaktperson positive Assoziationen wecken sollen. Sie werden variantenreich wiederholt, um die herzliche Grundhaltung und die persönliche Beziehung zu unterstreichen. Körpersprachlich kann sich dies auch dadurch ausdrücken, dass bei der Begrüßung die Hand auf das eigene Herz gelegt wird.

Beim Händeschütteln gilt ein schwacher Händedruck als vornehm. Ein fester Händedruck wird von vielen als unangenehm empfunden. Verzichten Sie besser darauf. Der Blickkontakt unter Damen und unter Herren ist jeweils gegeben. Zwischen Personen des gleichen Geschlechts kann die Körpersprache bei der Begrüßung auch recht betont sein. Kennt man sich bereits, verstärken Umarmungen und sogar Wangenküsse die Herzlichkeit und sind durchaus üblich. Wenn Sie unsicher sind, wie Sie sich als Deutscher bei der Begrüßung des anderen Geschlechts richtig verhalten, warten Sie ab, wie sich Ihr arabisches Gegenüber verhält und reagieren Sie entsprechend. Respektspersonen, wie ältere Menschen oder Menschen mit einem besonderen Status, werden zuerst und mit besonderer Wertschätzung begrüßt. Das Küssen der Stirn oder des Handrückens ist ein Zeichen der Hochachtung.

Im Rahmen der Begrüßung erkundigt man sich nach dem Wohlbefinden des Gesprächspartners und seiner Familie. Dabei handelt es sich um eine Art Pingpong-Spiel wechselseitiger Fragen und Antworten. Aus Sicht vieler Deutscher erfordert dies möglicherweise einen langen Atem. Eine solche Einleitung ist bei Arabern jedoch entscheidend für den weiteren Kontakt.

Die nachfolgende, überspitzte Anekdote symbolisiert, dass die Begrüßung zu einer Unterhaltung und zu noch mehr – nämlich zu einer soliden Beziehung – führen kann. Die Begrüßung löst einen Dominoeffekt aus, bringt also einiges in Bewegung.

1001 arabische Weisheiten
Zwei Herren, die sich nicht kennen, fahren zufällig im selben Bus nach Hause. Der eine fragt den anderen, wie spät es sei und erhält darauf keine Antwort. Er fragt erneut und bekommt abermals keine Antwort. Dann fragt er: „Warum antwortest du mir nicht? Ich will doch nur die Uhrzeit wissen, und ich sehe, dass du eine Uhr anhast." Daraufhin sagt der andere: „Das will ich dir erklären: Wenn ich dir die Uhrzeit sage, werden wir uns begrüßen und uns einander vorstellen. Wir werden uns unterhalten, und du wirst mich fragen, wo ich wohne, und ich werde dir sagen, wo ich aussteige. Dann wirst du mich der Höflichkeit halber bis zu meinem Haus begleiten, und ich werde dich der Höflichkeit halber auf einen Tee in mein Haus einladen. Dort wirst du meiner Tochter begegnen, und sie wird dir gefallen. Du wirst mich fragen, ob du meine Tochter heiraten darfst – und ich möchte nicht, dass meine Tochter jemanden heiratet, der keine Uhr hat."

Folgende Logik steckt hinter dieser Geschichte: Der arabische Herr weiß, dass die Begrüßung des anderen einen Dominoeffekt auslösen würde, und das käme ihm in diesem Fall nicht entgegen. Dieser Handlungsverlauf entspricht jedoch nicht dem kulturellen Verständnis von einem Erstkontakt in Deutschland. Hierzulande geht ein Kennenlernen erfahrungsgemäß viel unverbindlicher vonstatten und eine solche Kettenreaktion erscheint unvorstellbar.

▶ **Praxistipp** Nutzen Sie unbedingt die Chance, die Begrüßungs*phase* verstärkt „auszuschmücken", auch wenn dies Ihre Geduld und Ihr Zeitbudget über Gebühr strapaziert. Der Begriff „Phase" ist hierbei wörtlich als ein längerer Zeitabschnitt zu verstehen. Er setzt ein Zeichen für die Weichenstellung im Miteinander. Kürzen Sie dieses Ritual daher nicht ab, sondern richten Sie sich nach Ihrem arabischen Gesprächspartner, wenn Sie möchten, dass er sich wohlfühlt. Das gilt für jede Begrüßung, auch wenn man sich schon lange kennt.

In meiner Familie gibt es ein Credo für gute Kontakte, mit dem ich von jeher gut fahre: Bei einer Essenseinladung ist es mir wichtiger, dass du mich mit offenen Armen empfängst, als dass mir dein Essen schmeckt. Und das, obwohl im arabischen Raum das Essen einen wirklich hohen Stellenwert hat. Also widme ich jedem Erstkontakt eine Extraportion Aufmerksamkeit.

Hinsichtlich der Anrede gibt es bei der Begrüßung ebenfalls einige Dinge zu beachten. Arabische Namen setzen sich häufig aus mehreren Bestandteilen zusammen. Traditionell enthalten sie den Stammbaum väterlicherseits des Trägers bis zu drei Generationen zurück und bestehen daher aus mehreren Teilen. Im Zuge der Modernisierung wurden – wie es auch Ihnen vertraut ist – *ein* Vorname und *ein* Nachname eingeführt. Letzterer wird allerdings willkürlich und individuell unterschiedlich festgelegt. Der Name kann Informationen über die gesellschaftliche oder religiöse Herkunft enthalten. Lassen Sie sich nicht verwirren. Wenn Sie sich hinsichtlich der korrekten Anrede nicht sicher sind, können Sie den Nachnamen oder den Vornamen formell verwenden, indem Sie Mrs./Miss/Mr./Dr. oder Ähnliches voranstellen. Auf die Nennung von Titeln und Berufsbezeichnungen – wie Arzt, Ingenieur oder Anwalt – wird in aller Regel Wert gelegt.

▶ **Praxistipps**

- Die jüngere arabische Generation ist informeller geworden, dennoch empfiehlt es sich, lieber zu formell als zu salopp zu sein.

3.2 Ahmed, das arabische Pendant zu Otto

- Mrs., Miss, Mr. sowie sämtliche Titel bitte nicht weglassen.
- Sie können den Nachnamen oder, wenn dieser nicht klar ersichtlich oder schwer auszusprechen ist, auch den Vornamen formell verwenden. Heißt Ihre Gesprächspartnerin mit Vornamen Farida und mit Nachnamen Ibrahim Hassan, so können Sie die Dame im Zweifel mit Mrs. oder Miss Ibrahim, mit Mrs. oder Miss Hassan oder auch mit Mrs. oder Miss Farida anreden. Hat sie einen Doktortitel, so wird auf dessen Nennung Wert gelegt; er kann ebenfalls mit jedem Namensbestandteil kombiniert werden.
- Im Zweifel oder bei Interesse fragen Sie einfach nach. Dann ergibt sich oft ein interessantes Gespräch über die Familiengeschichte, was wiederum ein hervorragendes Thema für einen gelungenen Small Talk unter „arabischen Vorzeichen" ist.
- Die Schreibweise des Namens in lateinischen Buchstaben wird aus dem arabischen Alphabet abgeleitet und ist daher nicht genau festgelegt. Viele Araber sehen es nicht so eng, ob etwa Laila oder Leyla, Ahmed oder Ahmad, Zuhair oder Zuheir geschrieben wird. Daher ist Vorsicht geboten, wenn es um E-Mail-Adressen oder behördliche Fragen geht. In diesen Fällen ist es ratsam, die Schreibweise genau mit den offiziellen Dokumenten abzugleichen, um sich unnötige und aufwendige Verzögerungen zu ersparen.

Die Begrüßung bildet den fließenden Übergang in einen gelungenen Small Talk. Dieser findet auf einer sehr persönlichen, fast freundschaftlichen Ebene statt. Geeignet sind die gängigen positiv besetzten Themen. Komplimente über das Land Ihres Gesprächspartners, seine Geschichte, Kultur, Sehenswürdigkeiten, die hervorragende Küche oder die Herzlichkeit der Menschen werden gerne entgegengenommen. Tabu sind dagegen sensible politische und religiöse Themen des arabischen Raums. Atheismus sowie für das dortige Verständnis unkonventionelle Lebensformen – wie beispielsweise wilde Ehen oder gleichgeschlechtliche Beziehungen – lösen in der arabischen Welt häufig Befremden aus. Halten Sie sich mit derlei Gesprächsstoff daher lieber zurück. Es wäre auch kontraproduktiv, darüber „bekehrende" Grundsatzdiskussionen zu führen. Freizügige Bemerkungen oder Anzüglichkeiten sind unangebracht. Ebenfalls unangemessen ist die an eine Dame oder ältere Person gerichtete Frage nach ihrem Alter. Das könnte als unhöflich verstanden werden.

IBM und die Unbekümmertheit im sprachlichen Umgang
Ein arabisches Sprichwort sagt, dass Worte keinen Zollvorschriften unterliegen. Grundsätzlich nehmen Araber das Leben nämlich leicht. Das zeigt sich auch in ihrem mündlichen Ausdruck. Legen daher auch Sie nicht jedes Wort auf die Goldwaage. Exemplarisch sei dies an den nachstehenden drei Worten hinter IBM veranschaulicht. Ihre Bedeutung ist dehnbar, der Interpretationsspielraum recht flexibel.

- Das „I": Im arabischen Raum ist kaum eine Situation denkbar, in der sich die Menschen nicht auf die Hilfe Gottes verlassen. Das drückt sich verbal durch das Wort *Insha' Allah* (so Gott will) aus und hat seinen Ursprung in dem Glauben, dass immer noch etwas dazwischenkommen kann. Durch diesen Ausspruch haftet der Gesprächssituation häufig ein gewisses Maß an Unverbindlichkeit an. *Insha' Allah* eignet sich auch als diplomatische Ablehnung, denn ein direktes Nein gilt als unhöflich. Aber auch bei echter Zustimmung wird *Insha' Allah* gesagt. Es ist nicht immer klar, in welcher Bedeutung es benutzt wird, sodass manchmal bis zum Schluss offenbleibt, ob etwas aus einer Sache wird oder nicht.
- Das „B": *Boukra* heißt auf Arabisch „morgen" und wird sehr gern benutzt, wenn es darum geht, Verpflichtungen und Ähnliches aufzuschieben. Dabei kann es sich auf morgen hinauszögern, aber auch durchaus auf irgendwann.
- Das „M": Sehr gut geeignet ist das Wort *Malesh,* wenn es darum geht, ein unangenehmes Thema im Keim zu ersticken. Es lässt sich nicht eindeutig übersetzen, bedeutet aber so viel wie „Ist nicht schlimm", „Macht nichts" oder „Nichts für ungut". *Malesh* ist eine Art Zauberwort, zumal es von jeder in das Problem involvierten Person geäußert werden kann. Etwa bei Unpünktlichkeit, bei Schwierigkeiten mit Flug-, Hotel- oder Restaurantreservierungen oder auch bei größeren Meinungsverschiedenheiten – also bei so ziemlich allen Umständen, die die Stimmung trüben können. Liegt ein Fehler bei Ihnen, können Sie sich damit – wie durch einen Airbag – selbst schützen. Auch Ihr arabischer Gesprächspartner wird häufig seinem Bedauern damit Ausdruck verleihen. Als sprachlicher Puffer wirkt *Malesh* gewissermaßen entwaffnend und hat einen optimistischen und versöhnlichen Unterton. Gern wird es nach derartigen Vorfällen auch als abschließende Floskel von jeder der betroffenen Personen eingesetzt, und man geht in Frieden auseinander. Dennoch ist hier Vorsicht geboten: Geht es um Wesentliches, könnte Ihr arabischer Gesprächspartner versuchen, damit auch eigentlich Unentschuldbares zu entschuldigen und auf diese Weise ausschließlich sein eigenes Interesse durchzusetzen. In diesem

3.2 Ahmed, das arabische Pendant zu Otto

Fall bedienen Sie sich ebenfalls der arabischen Unverbindlichkeit, ruhig auch locker mit *Malesh*. Belassen Sie es aber nicht dabei und beginnen Sie – wie im nachstehenden Fall – erneut damit, Ihr Anliegen vorzubringen.

Malesh – aber nicht um jeden Preis
Max Wagner aus Deutschland ist seit geraumer Zeit Niederlassungsleiter eines Automobilkonzerns in Kairo. Er lebt in einer kleinen Wohnung und hat bereits einige Erfahrungen mit der ägyptischen Mentalität gemacht. Nun beschließt er, eine Immobilie in Maadi, einer wohlhabenden Wohngegend im Süden der ägyptischen Hauptstadt, zu erwerben. Dazu sucht er sich mithilfe von ägyptischen Kollegen einen seriösen Immobilienmakler. Khalid Abdelrahman übernimmt diesen Job und findet eine adäquate Immobilie. Die beiden Herren einigen sich auf einen angemessenen Preis. Bei der Vertragsunterzeichnung wenige Wochen später liegt die Summe überraschenderweise um fünf Prozent höher als vereinbart. Herr Wagner soll nämlich noch für die Renovierung des Badezimmers zur Kasse gebeten werden. Er hakt nach. Herr Abdelrahman sagt: „*Malesh*, ich hatte vergessen, dieses Detail zu erwähnen." Herr Wagner ist auf der Hut, denn er weiß um die Bedeutung des magischen Wörtchens. Er sagt seinerseits „*Malesh*", klopft dabei dem Immobilienmakler freundlich auf die Schulter und schließt den Vertrag ab, ohne die zusätzliche Summe zu zahlen.

▶ **Praxistipps**

- Auch wenn Sie sich mit einem Araber auf Englisch oder Deutsch verständigen, werden Sie diese Worte gelegentlich hören. Sie können sie ebenfalls nach Belieben aus Ihrem „mentalen Werkzeugkasten" nehmen und in Ihrem Sinne einsetzen.
- Beachten Sie, dass die beschriebene Grundeinstellung auch dann vorhanden sein kann, wenn die Worte *Insha' Allah*, *Boukra* und *Malesh* nicht explizit fallen.

Kommunikative Besonderheiten – unzählige Möglichkeiten, nicht auf den Punkt zu kommen

Während man es in Deutschland gewohnt ist, das Kernthema unmissverständlich zu benennen und Wünsche, Anregungen, Fragen oder Antworten direkt einzubringen, ist im arabischen Raum genau das Gegenteil der Fall. Die relevanten

Themen werden über Umwege geäußert. Frei nach dem Motto „Ausweichend ist zielführend" ist hierbei nicht das Was, sondern das Wie erfolgversprechend. Dieses Um-den-heißen-Brei-Herumreden betrifft auch problematische Situationen. Viele arabische Menschen reagieren sehr empfindlich auf Kritik. Die typisch deutsche Art des Umgangs mit konstruktiver Kritik wäre im arabischen Raum für die persönliche Beziehung destruktiv.

Araber gelten als diplomatisch und nutzen dabei auch die Kunst des indirekten Sprechens in ihrem Sinne. Ein „Ja" muss nicht zwangsläufig eine wahre Zustimmung oder Zusage bedeuten. Immerhin gilt ein Nein als unhöflich, verletzend und beeinträchtigend für die Beziehung. Es klar auszusprechen, wäre somit unklug. Die folgende Richtschnur eignet sich als Orientierung, um die wahre Bedeutung des Gesagten zu entschlüsseln:

Sagt der diplomatische Araber „ja", meint er „vielleicht". Sagt er „vielleicht", meint er „nein". Sagt er „nein", ist er nicht diplomatisch. Und ist er nicht diplomatisch, dann ist er kein Araber!

▶   **Praxistipp** „Ja" kann „ja" oder „vielleicht" oder ein höflich verpacktes „Nein" bedeuten. Immerhin besagt eine arabische Weisheit: „Willst du Sicherheit im Leben, so sage immer: ich weiß nicht."

Bildhaft und ziemlich überschwänglich

Die mündliche Kommunikation hat für Araber einen hohen Stellenwert. Sie sprechen in reichen Bildern, mit dem Herzen und bedienen sich vieler Metaphern, Umschreibungen und Vergleiche. Aus sachlich-präziser, deutscher Sicht haftet ihrem Ausdruck bisweilen eine Tendenz zum Theatralischen an. Es wird zumindest gern in Extremen gesprochen. So wird aus „gut" gelegentlich „hervorragend" und aus „schlecht" auch schon mal „entsetzlich".

Während man in Deutschland gern mit wenigen Worten und einer exakten Sprache punktet, regiert bei den Arabern im verbalen Ausdruck verstärkt die Liebe zum verspielten Detail. Dies gilt als eloquent und rhetorisch gewandt. Nicht umsonst sagt man über Araber, dass sie gute Geschichtenerzähler seien. Bedenken Sie das bei dem, was gesagt wird.

Vorsicht ist auch bei großen Zahlen geboten. Um in diesem Buch für den arglosen arabischen Umgang mit Zahlen zu sensibilisieren, hat mir der Nahostexperte Ulrich Kienzle die folgende „Formel" scherzhaft mit auf den Weg gegeben: Eine Null streichen und den Rest durch zwei teilen. Zum Beispiel: 50.000 Personen wurden verletzt. Eine Null streichen: also 5000. Den Rest durch zwei teilen, ergibt: 2500 Personen wurden verletzt.

3.2 Ahmed, das arabische Pendant zu Otto

Araber legen viel Wert auf gutes Benehmen und kultiviertes Auftreten. In der arabischen Sprache finden sich daher zahlreiche Floskeln, mit denen ein Höchstmaß an Zuvorkommenheit ausgedrückt werden kann und in denen sich die galante orientalische Mentalität widerspiegelt. Auch wenn die Menschen in einer anderen Sprache sprechen, unterstreichen sie durch entsprechende Redewendungen den höflichen Grundton. Umgekehrt können auch Sie durch einen entsprechenden Ausdruck Pluspunkte sammeln.

Der arabische Körper spricht eine lebhafte Sprache
Die Lebhaftigkeit vieler Araber drückt sich auch in ihrer Körpersprache aus. Sie neigen dazu, unterschiedlich stark zu gestikulieren, begleitet von einer ausgeprägten Mimik, insbesondere im Augenbereich. Damit geht eine starke Modulation der Stimme einher.

Im Folgenden finden Sie einige nonverbale Orientierungshilfen, vor allem um Ihren arabischen Kommunikationspartner besser zu verstehen. Es kommt dem Kontakt aber auch zugute, wenn Sie die eine oder andere nonverbale Verhaltensweise dosiert und für Ihre eigene Person charakteristisch einsetzen. Achten Sie dabei darauf, die genannten Stolpersteine zu vermeiden.

- Das Zurückwerfen des Kopfes bei hochgezogenen Augenbrauen kann „nein" bedeuten. Dabei wird zur Verstärkung auch mit der Zunge geschnalzt. Diese Geste gilt nicht als sonderlich vornehm, kommt aber vor. Manchmal wird unterstreichend der Zeigefinger von links nach rechts gewedelt. Die Geste mit dem Zeigefinder steht auch allein für eine Ablehnung. Überhaupt sind hochgezogene Augenbrauen ein Warnzeichen, sie können tendenziell als Verneinung oder auch als kritische Reaktion interpretiert werden.
- Bittet man einen Araber um einen Gefallen und er zeigt mit dem Zeigefinger in Richtung seiner Augen, so steht das für: Deine Wünsche sind mir wichtig und ich werde sie „von meinen Augen gern" – also von Herzen gern – erfüllen. Ein Araber könnte auch entsprechend mit dieser Geste reagieren, wenn Sie sich bei ihm für einen Gefallen bedanken.
- Eine nach oben gehaltene Handinnenfläche mit zusammengelegten Fingerspitzen und einer leichten Auf- und Ab-Bewegung aus dem Handgelenk steht für: „Hab Geduld, langsam, Ruhe bewahren". In Streitgesprächen wird diese Geste auch in versöhnender Absicht eingesetzt.
- Eine nach oben gehaltene, leicht geöffnete Hand steht für: „Warum? Was ist passiert?"
- Mit der Handfläche nach unten winkt man, wenn man eine Person auffordert, näher heranzutreten. Dies entspricht der Ihnen geläufigen Bewegung mit der

Handfläche nach oben, die aber in arabischen Ländern als abwertend empfunden werden kann.
- Eine „verscheuchende" Bewegung mit der Handfläche nach unten – steht für: „Lass es bleiben, nicht wichtig, widmen wir uns etwas anderem."
- Drehende, spiralförmige Bewegungen mit dem waagerechten Zeigefinger an der Schläfe stehen für: „Du spinnst." Hierzulande wäre die geläufige Geste dafür, sich mit dem Zeigefinger an die Stirn zu tippen.
- Wird der Daumen an den Zeigefinger, kurz unterhalb der Zeigefingerspitze gelegt, bedeutet das: „Es ist klein, ein kleines Stück oder ganz wenig". Letzteres zum Beispiel, wenn man nur eine Prise Pfeffer aus der Mühle haben möchte. Dies ist analog zum klein gezeigten Abstand zwischen zwei Fingern, der Ihnen in Deutschland vertraut ist. Das Gegenstück dazu ist der groß gezeigte Abstand, indem man den rechten Arm nach vorn ausstreckt, wobei die Handinnenfläche nach oben gerichtet ist, und mit der anderen Hand die entsprechende Größe mit einer gewissen Entfernung auf Höhe der Armbeuge oder des Oberarms anzeigt. In Deutschland hält man dazu die Hände etwa einen halben Meter auseinander.
- Mit dem Handrücken nach oben ein einzelnes Mal schnell waagerecht durch die Luft streichen bedeutet: die Hälfte. Wenn zum Beispiel ein Stück Kuchen angeboten wird, heißt die Geste: „Ich nehme die Hälfte davon." Diese Handbewegung gilt auch bei Zahlen. Will man beispielsweise eine Lieferzeit von zweieinhalb Wochen signalisieren, zeigt man das mit Zeige- und Mittelfinger plus der beschriebenen Geste.
- Die Hand wird in verschiedenen Situationen zum eigenen Herzen geführt, etwa bei einer herzlichen Begrüßung oder Verabschiedung, als Dank oder wenn man sich entschuldigt.
- Ein schwacher Händedruck wird im arabischen Raum, wie bereits erwähnt, als angemessen und angenehm empfunden. Ein schwungvoller und fester Handschlag, der in Deutschland für selbstbewusste Persönlichkeiten steht, wird von Arabern als zu dominant erlebt.
- Freundschaftliche Umarmungen und Küsse auf beide Wangen bei der Begrüßung und der Verabschiedung zwischen gleichgeschlechtlichen Personen, die sich kennen, sind Ausdruck von Warmherzigkeit. Manchmal lässt sich das auch bei arabischen Politikern beobachten.
- Enger Körperkontakt bis hin zu alltäglichen Berührungen zwischen Mann/Mann oder Frau/Frau sind gängig und kein Zeichen für eine gleichgeschlechtliche Liebesbeziehung.
- Wenn uns hierzulande jemand – auch unseres eigenen Geschlechts – zu nahe kommt, weichen wir automatisch zurück. Das wird von Arabern als ein

Zeichen von Abneigung interpretiert. Machen Sie sich das rechtzeitig bewusst und versuchen Sie, diesen Reflex möglichst zu unterbinden.
- Für die Körperdistanz zwischen Mann und Frau gilt das andere Extrem. Hier ist eher körperlicher Abstand angesagt. Dies variiert allerdings, je nachdem wie gut man sich kennt und auch je nach Ausprägung der Religiosität. Der Austausch von Zärtlichkeiten in der Öffentlichkeit ist – selbst bei Ehepaaren – verpönt.
- Blickt eine Frau einem traditionellen arabischen Mann zu direkt in die Augen, könnte dieser das als persönliche Interessensbekundung der Frau verstehen. Vor allem selbstbewusste weibliche Fach- und Führungskräfte sollten sich dessen bewusst sein.

Zeit ist geduldig – Abwarten und Tee trinken!
In aller Regel leben Araber nach einem polychronen Zeitverständnis. Sie haben demnach – im Unterschied zur deutschen monochronen Zeitkultur – eine schwach ausgeprägte Zeitorientierung. Das bedeutet, dass sie mehrere Arbeiten nebeneinander erledigen, Pläne schnell umstoßen und Terminkalender oder sonstige Zeitvorgaben als einengend empfinden. Langfristige Planungen und Festlegungen, wie sie in Deutschland üblich sind, gelten als unflexibel, denn es kann immer etwas dazwischenkommen.

Pünktlichkeit gehört folglich nicht zu den Stärken von Arabern. Sie messen zeitlichen Verpflichtungen einfach keine große Bedeutung bei. Hier darf Ihr Geduldsfaden auf keinen Fall reißen. Formulierungen wie „Ich habe keine Zeit" oder „Mein Folgetermin drängt" werden aus der Sicht vieler Araber als beleidigend erlebt. Immerhin ist morgen – *Boukra* – auch noch ein Tag.

▶ **Praxistipp** Sehen Sie über Unpünktlichkeit großzügig hinweg, auch wenn sie sich wiederholt. Sie ist weit verbreitet und kein Zeichen mangelnden Respekts. Ratsam ist es allerdings, dass Sie Ihrerseits der deutschen Tugend Pünktlichkeit treu bleiben, schließlich ist Deutschland dafür weltbekannt.

Die Priorisierung von Gesprächsthemen wird im arabischen Raum anders gehandhabt als in Deutschland. Während Deutsche diese nach abnehmender Wichtigkeit festlegen, stellen Araber unwichtige Inhalte an den Anfang. Erst am Ende werden Kernthemen angesprochen.

Das folgende Fallbeispiel soll Sie davor schützen, unvorbereitet in eine solche Situation zu geraten.

Das „dicke Ende" im Dialog
Der Rechtsanwalt Philipp Fischer erhält einen Anruf von seinem tunesischen Mandanten Adel Shafi. Es ist ein turbulenter Tag in der Kanzlei und Herr Fischer steht unter großem Zeitdruck. Während Herr Shafi über Familie, Urlaub, Wetter und andere scheinbare Belanglosigkeiten spricht, blickt Herr Fischer immer wieder unruhig auf die Uhr und sucht nach einem geeigneten Moment, um das Telefongespräch höflich zu beenden. Nach fast 20 min sieht er sich kurz vor seinem Ziel und denkt „Endlich ...", als Herr Shafi ihn völlig unerwartet bittet, ob er ihn in einer wichtigen Angelegenheit unterstützen könne. Sein Sohn muss am Folgetag seine Bewerbungsunterlagen einreichen und benötigt dringend Unterstützung bei der Formulierung eines komplexen Schreibens. Herr Fischer sieht keinen anderen Ausweg, als die Bitte freundlich, aber kategorisch abzulehnen, und begründet das mit seinem dichten Zeitplan. Der gerade noch so freundlich redselige Herr Shafi ändert daraufhin schlagartig seine Tonlage und reagiert völlig erstaunt und irritiert.

Grundsätzlich benötigen Sie mit arabischen Partnern eine flexiblere Zeitplanung. Eine große Portion Zeit gepaart mit Geduld zahlt sich aus. Sollten Sie, wie Herr Fischer im gerade beschriebenen Fall, bereits wissen, dass Sie dem überraschenden Anrufer nicht die nötige Zeit und ungeteilte Aufmerksamkeit widmen können, ist es in vorausschauender Absicht besser, an solch einem Tag erst gar nicht persönlich erreichbar zu sein. Der dichte Zeitplan ist keine geeignete Entschuldigung, um die Bitte von Herrn Shafi abzuschlagen. Notfalls wird die Begründung durch eigene familiäre Verpflichtungen eher akzeptiert. Diese sollten Sie möglichst konkret und menschlich beschreiben. Beispielsweise könnten Sie erzählen, dass Ihr Kind erkrankt sei oder Ihre Mutter überraschend ins Krankenhaus müsse.

▶ **Praxistipp** Zeit und ungeteilte Aufmerksamkeit sind aus arabischer Sicht unverzichtbare Tugenden.

Mit Geduld werden Sie in der Beziehung zu Ihrem arabischen Geschäftspartner weit kommen. Ohne geht es nicht. Wie unerlässlich diese Tugend im arabischen Raum ist, wird in den folgenden Sprichwörtern deutlich.

- „Die Geduld ist schön." *(El sabr gamil.)*
- „Die Geduld ist Gold wert." *(El sabr men dahab.)*
- „Die Geduld ist der Schlüssel zur Freude." *(El sabr moftah el farag.)*

Beziehungsorientiert, gefühlsbetont, spontan – typisch orientalische Tugenden

Araber sind in der Regel Familienmenschen. Sie fühlen sich ihren Angehörigen und Freunden zugehörig und sind abhängiger Teil ihres Kollektivs. Im Umgang mit anderen Menschen legen sie Wert auf eine persönliche Verbindung. Eine erfolgreiche Geschäftsbeziehung mit Menschen aus dem arabischen Kulturkreis ist dementsprechend erst möglich, wenn man sich besser kennen gelernt hat und eine tragfähige Vertrauensbasis aufbauen konnte. Dafür braucht es wie gesagt Geduld. Zwischen privatem und beruflichem Leben wird nicht getrennt, und beides ist eingebettet in ein Geflecht privater Beziehungen.

„Arbeitszeit ist Lebenszeit": Dieser Satz wird im arabischen Raum wörtlich genommen. Berufliche Belange unterliegen somit nicht einer beruflichen, sondern einer sehr persönlichen Grundlage. Die Familie hat einen ausgesprochen hohen Stellenwert und genießt jederzeit Vorrang. Strikte Planungen werden daher gern privaten Interessen untergeordnet. So kann es etwa sein, dass auch das wichtigste Meeting aus familiären Gründen ohne weiteres unterbrochen wird. Der Feierabend verschiebt sich dann so weit nach hinten, wie die Situation es erfordert.

Der überwiegende Teil der Araber ist extrovertiert, temperamentvoll und lebensfroh, was sich sowohl im beruflichen als auch im privaten Leben bemerkbar macht. Die Menschen leben ihre Emotionen offen aus – Freude ebenso wie Mitgefühl. Meistens verstehen sie viel Spaß. Humor, Heiterkeit und herzliches Lachen sind für viele bereichernde Begleiter. Stellen Sie sich daher insgesamt auf einen höheren Lautstärkepegel ein, der für Araber normal ist. Deutsche mit ihrer Auffassung von Rücksichtnahme können hier schnell überfordert sein.

Humor wird mit Freude aufgenommen und erwidert. Die Menschen der arabischen Welt halten sich gerne mit Witzen, auch mit Selbstironie, gegenseitig bei Laune. Ägyptische Witze sind dabei Spitzenreiter. Die legendären Witze über die Bewohner Oberägyptens – die Saidis – sind mit den deutschen Ostfriesenwitzen vergleichbar.

▶ **Praxistipp** Nutzen Sie diese Chance, um Ihren Sympathiewert zu erhöhen, und setzen Sie Ihren Humor ein. Gefühle der Freude, aber auch des Mitgefühls eignen sich, um die Beziehung zu Ihrem arabischen Partner aufzubauen, zu fördern und zu stabilisieren.

Viele arabische Menschen haben eine fatalistische Grundeinstellung. Sie nehmen die Dinge so, wie sie sich ihnen bieten. Häufig entscheiden sie ganz spontan und intuitiv, wie sie sich verhalten wollen. Geschäftliche Besprechungsrunden gehen für deutsche Verhältnisse entsprechend ungeordnet vonstatten. Das kann folgendermaßen aussehen: Verschiedene Menschen gehen ein und aus, Telefonate werden geführt, Gesprächsbeiträge der Beteiligten werden unterbrochen und müssen wiederholt werden, Fragen werden unstrukturiert gestellt. Es laufen also verschiedene Aktionen gleichzeitig ab, was Ihrem Empfinden nach einer vertraulichen Atmosphäre nicht gerade zuträglich sein wird. Die Meetings ziehen sich – aus Ihrer Sicht vermutlich unnötig – in die Länge. Araber sind Genießer und betrachten das als gesellschaftliches Zusammentreffen, bei dem man neben der Arbeit auch Spaß hat.

▶ **Praxistipp** In diesen Momenten sind Sie gut beraten, der Devise zu folgen: „Arbeite, um zu leben. Lebe nicht, um zu arbeiten." Bleiben Sie gelassen und bei guter Laune. Lassen Sie sich auf diese ganz eigene Atmosphäre ein.

Sesam, öffne dich – Vitamin W
Vitamin W ist benannt nach dem ersten der magischen fünf Buchstaben *Wasta*. Dieses arabische Wort umschreibt die Verbindungen, über die man im arabischen Raum innerhalb seines Beziehungsnetzwerks verfügt. Immer wieder zeigt sich, dass bei einem Vitamin-W-Mangel kaum etwas läuft. *Wasta* ist in vielen Situationen – fast wie ein Generalschlüssel – der perfekte Türöffner für die Bewältigung gesellschaftlicher Herausforderungen. Horizontal über viele Bereiche hinweg und vertikal auf sämtlichen Ebenen: von gängigen Verwaltungsangelegenheiten, über die Verwirklichung beruflicher und privater Interessen bis hin zur Schlichtung in Konfliktsituationen. Im letzteren Fall fungiert die Person aus dem Beziehungsnetzwerk als Mediator, was im Unterkap. 3.5 „Schwierige Situationen richtig einschätzen und meistern" näher erläutert wird.

Arabische Menschen gehören bereits per Geburt ihrem engsten Netzwerk an, nämlich der eigenen Familie, die häufig eine Großfamilie ist. Im Laufe des Lebens weiten sich die Netzwerke in ihrer Anzahl und Wertigkeit aus. Letztendlich lässt es sich auf einen einfachen Grundsatz bringen: Man vertraut auf den Rückhalt der eigenen Familie sowie von Freunden oder Bekannten und ist auch selbst bereit, diesen Menschen mit Rat und Tat zur Seite zu stehen.

Der nachfolgende Fall verdeutlicht, wie die richtigen informellen Kontakte zur wichtigsten Referenz werden und entscheidender sind als die eigene Leistung.

Auf Empfehlung: Mit Rückenwind zum Top-Job
Ein Unternehmen aus Katar mit Sitz in Doha sucht einen Maschinenbauingenieur für eine sehr gut bezahlte Vollzeitstelle. Drei von vielen

3.2 Ahmed, das arabische Pendant zu Otto

> Bewerbern sind in die engere Wahl gekommen. Der Unternehmensdirektor Ali Khalifa führt gerade das Interview mit dem ersten Kandidaten, als die Sekretärin ins Zimmer eilt und das Gespräch unterbricht. Sie flüstert Herrn Khalifa etwas ins Ohr und reicht ihm ein Schreiben. Der Direktor überfliegt die Zeilen, in denen ein guter Freund einen mit ihm verwandten Ingenieur empfiehlt. Herr Khalifa entschuldigt sich bei dem jungen Bewerber in seinem Büro und beendet das Gespräch mit einer Absage. Ohne zu zögern und ohne nach den Bewerbungsunterlagen des Verwandten seines Freundes zu fragen, entscheidet er sich für den empfohlenen Ingenieur und sagt ihm die Stelle zu.

Es gilt also das Prinzip: Bevorzugung vor Verdienst. Dabei ist zu bedenken, dass im arabischen Raum häufig ein großes Machtgefälle herrscht. Kontakte zu einflussreichen Personen sind daher erstrebenswert. Den Namen einer hochgestellten Person zu erwähnen, kann eine signifikante Wirkung haben. Araber setzen daher gerne das Mittel des Namedropping ein, indem sie im Gespräch Namen von angesehenen Persönlichkeiten „fallen" lassen. Das ist in vielen Fällen beeindruckend. Auch Ihnen kann die Bekanntschaft mit solchen Personen helfen, Ihre Ziele besser zu erreichen.

▶ **Praxistipps**

- Planen Sie größere Zeitfenster zum Aufbau neuer Kontakte ein.
- Lehnen Sie möglichst keine Einladung ab. Auf Veranstaltungen, bei Empfängen, beim Essen et cetera lernt man Menschen kennen und schätzen.
- Gehen Sie mit Offenheit und echtem Interesse auf arabische Menschen zu, teilen Sie sich gegenseitig Ihre Lebensumstände mit und haben Sie Freude dabei. Das ist die beste Grundlage für den Aufbau von Beziehungen.
- Seien Sie vorausschauend: Bilden und pflegen Sie Kontakte, bevor Sie sie für sich benötigen.
- Achten Sie entsprechend Ihrer individuellen Situation auf die Art Ihrer Kontakte. Horizontale Kontakte bedienen eine große Bandbreite. Vertikale Kontakte helfen Ihnen beispielsweise in der Kommunikation innerhalb eines Unternehmens; so werden Sie im besten Fall an die oberste Chefebene empfohlen, die Sie nach und nach bis an Ihr Ziel begleitet. Bedenken Sie dabei, dass im

arabischen Raum einflussreiche Familiennamen wirkungsvoller sein können als eine hohe Führungsebene in einer Firma.
- Vertrauen aufbauen und das Erreichen eines Zusammengehörigkeitsgefühls kennt keine Bedingungen. Der positive Effekt lässt sich nicht in Zahlen ermitteln. Seien Sie freigiebig. Haben Sie aber auch umgekehrt keinen falschen Stolz, wenn Sie selbst von gut gemeintem Vitamin W profitieren könnten.
- Bei einer soliden Vertrauensbasis sind Sie bei Ihren eigenen Anliegen gut beraten, aktiv und gezielt um Ihre persönliche Ration Vitamin W zu bitten. Beispielsweise können Sie sagen „Ich brauche XY. Kennst du jemanden, der mir dabei helfen kann? Ich zähle auf dich."
- Ich kenne jemanden, der jemanden kennt, der wiederum einen anderen kennt: In der Realität können es Vermittlungen „über viele Ecken" sein. Scheuen Sie sich also nicht vor Kontakten, die über mehrere Stationen zustande gekommen sind. Sie sind üblich und effektiv.

Schäme dich – Schäme dich nicht
Wer sich schämt, möchte am liebsten „im Erdboden versinken", so hört man es oft. Man fühlt sich dann schuldig und hat ein schlechtes Gewissen. Ein Schuldeingeständnis beruhigt das schlechte Gewissen. Diese Reue wird von anderen Menschen häufig als Wiedergutmachung akzeptiert. So ist es im deutschsprachigen Raum, der zu den sogenannten Schuldkulturen zählt, weit verbreitet.

Im arabischen Raum, der zu den sogenannten Schamkulturen gehört, wird solch ein aufrichtiger Umgang mit Fehlern weniger praktiziert, weil seine Folgen gefürchtet werden. Die öffentliche Wertschätzung hat einen hohen Stellenwert, sie ist „der Maßstab". Man würde etwas Beschämendes eher nicht nach außen tragen, sondern lieber den Schein wahren, um den eigenen Ruf zu schützen. Dazu ist es notwendig, bei entsprechenden „Fehlern" nicht erwischt zu werden. Damit wird die reale Schuld, also die Wahrheit, vertuscht, um das viel wichtigere Prestige gegenüber anderen aufrecht zu erhalten. Es wird also etwas überspielt, um den gewünschten Eindruck bei den anderen zu sichern.

Die Umstände, die zu Scham führen können, sind sehr vielfältig. Dazu gehören zum Beispiel eigene Fehler, nicht erreichte berufliche Ziele, Verfehlungen im persönlichen Bereich und alles, was die eigene Reputation und soziale Anerkennung gefährden könnte. Im arabischen Raum herrschen für westliche Maßstäbe strenge moralische, religiöse und gesellschaftliche Normen. Werden diese verletzt, stehen viele arabische Menschen nicht zu ihren Einstellungen,

3.2 Ahmed, das arabische Pendant zu Otto

Denkmustern und Verhaltensweisen. Daher empfehle ich Ihnen, dieses Spiel mitzuspielen und der betreffenden Person immer wieder eine goldene Brücke zu bauen.

▶ **Praxistipp** Schein über Sein: Verhalten Sie sich achtsam. Sobald Sie ein Signal wahrnehmen, dass einem arabischen Kontaktpartner etwas unangenehm ist, spielen Sie mit. Helfen Sie ihm dabei, dass er aus seiner Sicht nicht vor anderen bloßgestellt wird, auch wenn Sie – gemessen an Ihren Maßstäben – sein Anliegen nicht als beschämend ansehen.

Diese Thematik ist in arabischen Ländern besonders sensibel, wenn es um Respekt gegenüber den eigenen Eltern, betagten Menschen oder grauen Eminenzen geht. Der älteren Generation, Personen höherer Rangordnung und Respektspersonen in der Familie und dem Unternehmen begegnet man mit besonderer Hochachtung. Hier herrschen größere Empfindlichkeiten und Hemmschwellen aufgrund der kulturellen Standards. Beispielsweise würde sich eine erwachsene Tochter schämen, vor den Augen der eigenen Eltern zu rauchen. Selbst wenn die Eltern wissen, dass die Tochter raucht, weil sie beispielsweise den Rauch riechen, wird der Schein gewahrt – selbst dann, wenn der Tochter eigentlich klar ist, dass ihre Eltern längst im Bilde sind.

Der nachfolgende Praxisfall zeigt, wie man als Außenstehender dieser Besonderheit Rechnung tragen kann.

> **Hoch die Tassen! Klammheimlich weinselig über den Wolken**
> Die Vielfliegerin Salwa Farrag betritt gemeinsam mit ihrem gebrechlichen Vater und ihren zwei jugendlichen Kindern das Flugzeug nach Dubai. Die Familie reist in der Ersten Klasse und wird von einer erfahrenen Flugbegleiterin betreut. Recht schnell erzählt die attraktive und modern gekleidete Frau Farrag der Flugbegleiterin, dass sie die Tochter einer deutschen Mutter und eines arabischen Vaters sei und gerade ihre Familie mütterlicherseits in Deutschland besucht habe. Sie gibt der Flugbegleiterin freundlich zu verstehen, dass sie während des Fluges gerne das eine oder andere alkoholische Getränk zu sich nehmen möchte, ohne dass ihr Vater, der direkt neben ihr sitzt, etwas davon mitbekommen soll. „Bitte lassen Sie sich etwas einfallen", appelliert sie an die Flugbegleiterin, die zunächst etwas ratlos ist.

Dann lässt sich die Flugbegleiterin durch die deutsche Redensart „Hoch die Tassen!" inspirieren und verständigt sich von da an auf diskrete Weise mit Frau Farrag. Hinter dem von ihr als „Schwarzer Tee" servierten Getränk verbirgt sich in Wirklichkeit hochwertiger Whiskey. In der Tasse mit dem Früchtetee wartet der Rotwein und der „Kaffee mit Milch" ist in Wirklichkeit Baileys auf Eis. Die Stimmung der ganzen Familie ist entspannt, alle sind am Ende begeistert von der hervorragenden Betreuung an Bord. Und die Flugbegleiterin freut sich, dass sie die Erwartungen ihrer Gäste übertroffen hat.

In solchen Fällen ist es ratsam, sich einzig und allein auf die Erwartungen der arabischen Kontaktpersonen einzulassen und mögliche eigene Bewertungen unbeachtet zu lassen. Seien Sie in vergleichbaren Szenarien der beruflichen Kommunikation von sich aus diskret und tasten Sie sich vorsichtig vor, zum Beispiel in Hotels oder Restaurants, bei Empfängen oder Einladungen sowie bei Kongressen und Meetings. Das gilt nicht nur in Bezug auf alkoholische Getränke, sondern auch wenn andere religiöse Normen einzuhalten sind. Weitere Anregungen dazu finden sich im Unterkap. 3.4 „Glaubensrichtungen – Orientierungen für kommunikative Situationen".

Das vorliegende Unterkapitel beschäftigt sich mit den grundlegenden charakteristischen Merkmalen der arabischen Gesellschaft. Diese Merkmale beeinflussen das Miteinander und werden unter dem jeweiligen Fokus in den folgenden Unterkapiteln thematisch entsprechend aufgegriffen. Die Tab. 3.1 fasst die wesentlichen Punkte kurz und übersichtlich zusammen.

Tab. 3.1 Der deutsche Otto und der arabische Ahmed im Vergleich

Der deutsche Otto	Der arabische Ahmed
1. braucht beim Erstkontakt eine Aufwärmphase und ist reserviert bis distanziert.	1. will ein beidseitiges Willkommensgefühl, ist emotional und nahbar.
2. wählt seine Worte mit Bedacht, ist direkt und verbindlich.	2. bedenkt nicht immer die Bedeutung seiner Worte, ist indirekt und legt sich nicht fest.
3. bevorzugt eine sachliche und präzise Sprache.	3. bevorzugt eine dynamische und fantasiereiche Sprache.
4. kommuniziert mit wenig Gestik und Mimik.	4. kommuniziert mit ausdrucksstarkem Körper, vor allem in der Mimik.
5. ist zeitbewusst, plant langfristig und solide.	5. ist weniger zeitbewusst, entscheidet kurzfristig und spontan.

(Fortsetzung)

Tab. 3.1 (Fortsetzung)

Der deutsche Otto	Der arabische Ahmed
6. stellt wichtige Punkte an den Anfang und arbeitet sich systematisch durch.	6. stellt wichtige Themen häufig an das Ende und hat keine klare Agenda.
7. sieht Geduld als Zeitverschwendung an.	7. sieht Geduld als Tugend an.
8. schätzt Disziplin, Ordnung und Effizienz – erst kommt die Arbeit, dann das Privatleben.	8. hat weniger strenge Normen in Bezug auf Ordnung und Produktivität, schätzt einen lockeren Arbeitsstil. Die Familie genießt jederzeit Vorrang.
9. verlässt sich auf seine Eigenständigkeit und Leistung.	9. verlässt sich auf seine Gruppe, ihre Verbindungen und ihre Unterstützung.
10. ist bereit, Fehler einzugestehen, um sein Gewissen zu entlasten. Steht zu seinen Ecken und Kanten und setzt auf freizügiges Denken.	10. fürchtet sich vor den Folgen eines Schuldeingeständnisses oder dergleichen und wahrt daher den Schein. Ist aus Gründen der Moral, der Ehre und der Loyalität zu stolz, um sich – für alle sichtbar – zu schämen.

3.3 Arabische Gastfreundschaft: die hohe Kunst des Gebens und Nehmens

Gastfreundschaft ist eine alte arabische Tugend, die tief in der Kultur verwurzelt ist und weit über gemeinsames Essen und Trinken hinausgeht. Die arabische Gastfreundschaft hat einen besonders hohen Standard, schließlich handelt es sich dabei um eine „Philosophie", die in engem Zusammenhang mit weiteren positiven Eigenschaften steht. Schon bei den Beduinen galt es als „heilige Pflicht", sich anderen gegenüber gastfreundlich zu verhalten. Wichtige Grundsätze der Gastfreundschaft sind gutes Benehmen und kultiviertes Auftreten, Anstand, Höflichkeit, Charme, Respekt und Großzügigkeit in jeglicher Hinsicht. Es handelt sich dabei um eine einzigartige Komposition. Gastfreundschaft in diesem höheren Sinne stärkt die Beziehung zwischen Gast und Gastgeber, zwischen Ihnen und Ihrem Geschäftspartner.

Nicht nur materielle Großzügigkeit, sondern menschliche Größe
Arabischen Menschen ist es wichtig, als überaus freigiebig wahrgenommen zu werden. Knauserigkeit gilt als wesentlicher Makel. Nicht umsonst lautet ein arabisches Sprichwort: „Wenn du viel hast, gib von deinem Reichtum. Hast du wenig, gib von deinem Herzen." Und ein anderes aus *Tausendundeine Nacht*:

„Der Geiz ist das schlechteste Gewand eines Menschen." Denn noch der Ärmste der Armen teilt hier bereitwillig das Wenige, was er hat.

Haben mehrere Menschen gemeinsam in einem Restaurant gegessen, können sich bei der Rechnungsbegleichung beinahe bühnenreife Szenen abspielen. Man „streitet" sich darum, die Rechnung zu übernehmen, auch wenn man ausdrücklich vom anderen eingeladen wurde. Der eine reißt dann beispielsweise dem anderen die Rechnung aus der Hand, und das kann ein paar Mal so hin und her gehen. Dabei werden nicht selten emotionale Reden geschwungen wie: „Du bezahlst auf keinen Fall, nie im Leben werde ich das zulassen, ich gehe sonst nie wieder mit dir essen …". Dies ist natürlich nicht wörtlich zu nehmen.

▶ **Praxistipps**

- Wenn Sie mit Ihrer arabischen Kontaktperson in ein Lokal gehen, zeigen Sie ebenfalls Ihre Bereitschaft, die Rechnung zu übernehmen. Hat Ihr arabischer Partner Sie eingeladen, dann sind Sie beim folgenden Treffen mit der Einladung an der Reihe. Es ist sehr gut möglich, dass Ihr arabischer Partner dann erneut zu seinem Portemonnaie greift. In diesem Fall sollten Sie konsequent gegenhalten und bezahlen.
- Eine Rechnung zu teilen, wäre ein Fauxpas sondergleichen.

Es geht hier nicht einfach nur um das Materielle. Vielmehr ist es eine Frage der grundsätzlichen Einstellung und Haltung. Ein Araber wird im Sinne der großzügigen Höflichkeit einen anderen Araber mit den Worten „Bitte nach dir" meist vorlassen. Da der andere Araber aber ebenso über Charakter verfügt, möchte er das ebenfalls zeigen und wird seinerseits erwidern „Nein, bitte nach dir". Dieser sich im Kreis drehende Dialog, bei dem jeder seine guten Manieren unter Beweis stellen möchte, dauert so lange, bis schließlich einer von beiden nachgibt. Das kann aus deutscher Sicht als Zeitvergeudung angesehen werden, gehört aber dazu.

Im nachstehenden Beispiel steht der arabische Herr nicht mit einem anderen Araber, sondern mit einem Deutschen im Austausch.

Geben ist häufig seliger als Nehmen
Die Fluggäste steigen in ihre Maschine, die bis auf den letzten Platz ausgebucht ist. Der deutsch-marokkanische Passagier Maher Hamid hat auf seiner Bordkarte einen Gangplatz ausgewiesen, den er sich auch gewünscht

hat. Er setzt sich neben Peter Manger aus Frankfurt, der nur noch den unbeliebten Mittelplatz bekommen konnte. Herr Manger ist sichtlich unzufrieden, spricht dezidiert die Flugbegleiterin an und fragt, ob sie ihm nicht doch noch einen besseren Platz organisieren könne. In diesem Moment steht Herr Hamid lächelnd auf und sagt zu seinem Sitznachbarn: „Bitte schön, ich nehme gern den Platz, auf dem Sie nicht sitzen möchten." Sowohl Herr Manger als auch die Flugbegleiterin sind sichtlich überrascht.

Herr Manger hat in dieser Situation von einer unerwarteten Geste profitiert, obwohl die beiden Herren sich nicht kannten.

▶ **Praxistipp** Stehen Sie in einem geschäftlichen oder privaten Verhältnis zu Arabern, dann lösen Sie sich ein wenig von der in Deutschland vorherrschenden Devise „Das steht mir zu, das nehme ich mir", solange es keine schwerwiegenden Folgen für Sie hat.

Meins ist deins
Die arabische Sprache verfügt über zahlreiche Floskeln und Redewendungen, mit denen man das beschriebene Höchstmaß an Großzügigkeit ausdrückt. Das kann sogar so weit gehen, dass Einladungen höflichkeitshalber ausgesprochen oder Dinge anstandshalber offeriert werden, obwohl es in der Situation unrealistisch ist. Dass sich das Gegenüber gewürdigt und wohlfühlt, hat oberste Priorität. Da kann auch schon mal der Wunsch arabischer Menschen Vater des Gedankens sein, der dann symbolisch geäußert wird, jedoch manchmal nicht umsetzbar ist.

Das oft ausgesprochene arabische Wort *etfaddalu* (Plural) – *etfaddali* (feminin) – *etfaddal* (maskulin) möge diese Grundeinstellung verdeutlichen, auch wenn Araber in einer westlichen Sprache kommunizieren. Es lässt sich nicht genau übersetzen und bedeutet je nach Situation so viel wie „Bitte schön ...", „Nehmt alles, was euch gefällt ...", „Fühlt euch wie zu Hause". Das kann oftmals durchaus ernst gemeint sein, wenn man zum Beispiel als Gast bei einem Araber zu Hause empfangen und zu Tisch gebeten wird. Es gibt aber auch Situationen, in denen es einfach nur eine freundliche Redensart ohne direkte Konsequenz ist.

Die folgende ägyptische Anekdote soll Ihnen einen anschaulichen Eindruck davon vermitteln.

1001 arabische Weisheiten
Die traditionellen Feluken-Segelboote fahren auf dem Nil hin und her. Ein Kapitän steuert sein Boot sanft den Fluss entlang. Er hat Freude an seinen Gästen, die sich an Bord entspannen, trinken und essen. Auf der Fahrt kreuzt er ein anderes Boot. Die beiden Kapitäne rufen sich gegenseitig begeistert und begleitet von großen, einladenden Gesten *etfaddalu* zu. Also: „Bitte schön, kommt rüber, bedient euch …". Da beide Boote auf dem Nil entlangschippern und in entgegengesetzte Richtungen unterwegs sind, ist diese Einladung völlig unrealistisch und bleibt somit folgenlos.

Diese Anekdote steht für die Variante, wenn *etfaddalu* als Floskel zu verstehen ist. Man nennt sie auf Arabisch, angelehnt an obige Anekdote, „Einladung der Schifffahrer". In realen Situationen ist diese Eindeutigkeit nicht immer gegeben, egal ob das Wort *etfaddalu* explizit fällt oder nicht. Wenn zum Beispiel der arabische Kellner Ihnen sagt, dass er kein Geld möchte, wird er im Normalfall erwarten, dass Sie insistieren und sein Geld dann doch noch kassieren. Sind Sie hingegen mehrfach in diesem Lokal zu Gast gewesen, haben bei den letzten Malen schon reichlich verzehrt und gutes Trinkgeld bezahlt, dann könnte diese Geste tatsächlich beabsichtigt sein. Ähnlich kann es Ihnen auch in Geschäften oder bei Taxifahrten ergehen. Hier ist es wichtig, bei einer falschen Einladung Ihre arabische Kontaktperson nicht in Verlegenheit zu bringen, indem Sie zu schnell annehmen. Gleichzeitig darf eine ehrlich gemeinte Offerte nicht abgelehnt werden, denn das würde einen Araber kränken. Derlei Situationen sind daher mit besonderer Sensibilität zu behandeln.

▶ **Praxistipp** Nehmen Sie solche Einladungen nicht sofort an, sondern halten Sie sich zunächst höflich zurück und sagen Sie dankend und lächelnd, dass Sie das nicht annehmen können. Geben Sie Ihrem arabischen Gegenüber mehrfach die Möglichkeit, darauf zu bestehen. Als Richtwert hat es sich bewährt, etwa drei Mal abzulehnen. Dabei werden Sie selbst merken, ob Ihrem arabischen Gegenüber die Einladung tatsächlich ein echtes Anliegen ist oder nicht. Das mehrfache höfliche Ablehnen ist also eine gute Art, die Ernsthaftigkeit des Angebots zu überprüfen.

Das folgende Beispiel treibt die Situation bis zum Äußersten.

3.3 Arabische Gastfreundschaft: die hohe Kunst des Gebens und Nehmens

Unverhältnismäßig oder akzeptabel?
Die beiden Ehepaare Aziz und Grundmann feiern einen Geschäftsabschluss der Ehemänner bei einem Abendessen im Restaurant. Die Damen sind elegant gekleidet. Frau Aziz trägt einen auffälligen, teuren Ring am Finger, der den Blick von Frau Grundmann auf sich zieht. Die Deutsche macht ihr ein Kompliment und betont mehrfach, wie sehr ihr das Schmuckstück gefällt. Nach dem orientalischen „*etfaddali*-Brauch", sagt Frau Aziz „*etfaddali* – bitte schön" und greift nach ihrem Ring, als wolle sie ihn ausziehen, um ihn Frau Grundmann zu geben. Diese ist nur die direkte deutsche Art gewöhnt und denkt, das Angebot sei ernst gemeint. Freudig, aber auch verblüfft schaut sie ihren Mann an. Herr Grundmann erkennt, dass Frau Aziz verlegen und überrumpelt wirkt. Er rettet die Situation, indem er sagt: „Vielen Dank, Frau Aziz, das ist wirklich zu liebenswürdig von Ihnen." Dann blickt er zu seiner Frau: „Liebling, ich werde dir so einen Ring kaufen."

Dieser Fall ist ein wenig zugespitzt, hat aber einen wahren Kern. Die Überschrift „Unverhältnismäßig oder akzeptabel?" kann Ihnen in vergleichbaren Situationen als Schnellcheck dienen, um angemessen zu reagieren. Ein hochwertiger Ring wäre ein völlig unverhältnismäßiges Geschenk. Auch wenn er Ihnen angeboten wird, sollten Sie ihn daher nicht annehmen.

▶ **Praxistipp** Vorsicht bei zu viel Bewunderung von schönen Dingen bei Ihrem arabischen Gegenüber. Er wird sich verpflichtet fühlen, es Ihnen anzubieten. Tut er es tatsächlich, dann greifen Sie nicht zu. Häufig ist es eine leere Geste.

All diese Floskeln dürfen jedoch nicht darüber hinwegtäuschen, wie wichtig den Arabern das menschliche Miteinander ist und wie ehrlich bemüht sie darum sind.

Gast und Gastgeber – Etikette für ein wahrhaft königliches Aufeinandertreffen
Der Gastgeber legt größten Wert darauf, dass sein Gast mehr als ausreichend zu Essen und zu Trinken bekommt und dass er sich insgesamt bestens aufgehoben fühlt. Dieser leitende Grundsatz gilt sowohl für Restaurantbesuche als auch für private Einladungen nach Hause, wobei Letzteres als besondere Anerkennung anzusehen ist.

Jeder Gast ist ein VIP *par excellence* und erhält grundsätzlich nur das Allerbeste. Man erweist ihm alle Ehre, und zwar in jeglicher Hinsicht. Dabei kann aus deutscher Sicht durchaus das Gefühl aufkommen, übertrieben umsorgt zu werden. Man wird fast wie ein unmündiges Kind behandelt. Der arabische Gastgeber wird Ihnen immer wieder nachlegen, nachschenken und Sie auffordern, noch mehr zu sich zu nehmen.

Der syrisch-deutsche Schriftsteller und begnadete Erzähler Rafik Schami beschreibt in seiner Geschichte „Nudelsalat" (2011), dass der Gast nicht einfach nur behaupten kann, das Essen würde ihm schmecken, er müsse es beweisen. Das bedeutet, dass er Unmengen davon vertilgen muss, was an Körperverletzung grenzt.

Aus Sicht eines deutschen Besuchers kann diese Art der überschwänglichen Fürsorge mitunter erdrückend wirken. Ich habe schon deutsche Gäste erlebt, die sich ab einem gewissen Punkt genervte Sätze wie „Ich melde mich schon selbst, wenn ich etwas möchte" nicht verkneifen konnten. Das wird vom arabischen Gastgeber allerdings als beleidigend erlebt, denn er sieht es als seine Pflicht an, dem hohen Anspruch an die Gastgeberrolle mehr als gerecht zu werden.

Damit die Atmosphäre nicht leidet, ist es ratsam, dem Gastgeber die Rolle des „Beschützers" zuzugestehen, es geschehen zu lassen und mitzuspielen.

▶ **Praxistipps**

- Verletzen Sie niemals das hohe Gebot der Gastfreundschaft. Das wäre aus arabischer Sicht ein Affront. Es zählt die Geste des Annehmens. Bietet Ihnen jemand beispielsweise ein Stück Schokolade an, sagen Sie nicht nein, sondern nehmen Sie es an und legen es – falls Sie es nicht essen möchten – für später weg.
- Loben Sie ausdrücklich die Speisen und Getränke, auch wenn Sie etwas von dem Angebotenen prinzipiell nicht mögen.
- Eine Besonderheit arabischen Formulierens besteht darin, dass Angebotenes mehrmals ausgesprochen wird. Diese Wiederholungen sind Ausdruck von Gastfreundschaft und Höflichkeit. Als Gast ermöglichen Sie dem Gastgeber das mehrfache Insistieren, indem Sie nicht bei der ersten ausgesprochenen Aufforderung zugreifen. Das würde auch als gierig wahrgenommen werden. Warten Sie lieber ein paar Aufforderungen – ruhig bis zu drei – ab.
- Möchten Sie Ihrem arabischen Gastgeber signalisieren, dass Sie nun genug zu sich genommen haben und nichts mehr wünschen, sagen Sie ihm, dass er sehr gut für Sie gesorgt habe und Sie jetzt

3.3 Arabische Gastfreundschaft: die hohe Kunst des Gebens und Nehmens

mehr als gesättigt seien. Besteht Ihr Gastgeber weiterhin darauf, dass Sie noch mehr verzehren, dann wiederholen Sie den obigen Satz zwei oder drei Mal.
- Notfalls können Sie ergänzen, dass Sie vielleicht nach einer kleinen Pause noch etwas zu sich nehmen.
- Im Gegensatz zu deutschen Tischsitten bedeutet eine komplett verzehrte Speise, dass der Gast noch hungrig ist und nicht genug bekommen hat. Ein Rest auf dem Teller hingegen signalisiert: Ich bin gesättigt.
- Passen Sie Ihre Essgeschwindigkeit möglichst der des Gastgebers an. Ein aufmerksamer arabischer Gastgeber wird nicht mehr weiteressen, wenn Sie fertig sind. Essen Sie daher so langsam, dass Ihr Gastgeber in aller Ruhe seine Mahlzeit genießen kann.
- Die linke Hand gilt für viele Araber als unrein. Achten Sie beim Anreichen und Annehmen – so gut Sie können – darauf.
- Zeigen Sie Anwesenden nie Ihre Fußsohlen, etwa beim Überkreuzen der Beine. Das wird häufig als Beleidigung gewertet. Der Schuh wird im arabischen Raum mit Unreinheit und Schmutz gleichgesetzt und gilt als Zeichen der Verachtung.
- Sollten Sie die Toilette suchen, fragen Sie vorzugsweise eine Personen Ihres Geschlechts danach. Ist dies nicht möglich, dann können Sie die diskrete Frageweise nutzen: „Ich möchte mir gern die Hände waschen. Wo würde das gehen?" Der letzte Teil der Nachfrage braucht normalerweise gar nicht ausgesprochen zu werden.
- Beachte: *Bakschisch* – Trinkgeld ist im arabischen Raum eine Pflicht. Im Bereich der Dienstleistung wird das Verhalten der Mitarbeiter durch die Höhe des Trinkgelds häufig entscheidend beeinflusst.

Das Abendessen beginnt in den arabischen Ländern tendenziell spät. Stellen Sie sich darauf ein, dass viele Personen eingeladen sein könnten, auch welche, die Sie nicht kennen. Stößt jemand noch später dazu, dann stehen Sie zur Begrüßung auf. Richten Sie sich dabei im Zweifel nach den anderen.

Ein Gastgeschenk wird gern gesehen. Grundsätzlich erfreuen sich deutsche Mitbringsel großer Beliebtheit. Bringen Sie bei Einladungen nach Hause aber auf keinen Fall etwas Essbares oder gar etwas selbst Gekochtes mit, das wäre eine Beleidigung für den Gastgeber, der selbst für das leibliche Wohl sorgen möchte. Eine Ausnahme sind Süßigkeiten, vorzugsweise aus Deutschland. Sie eignen sich immer für eine nette Geste. Berücksichtigen Sie bei Ihren Geschenken mögliche religiöse Regeln, auf die es im nächsten Unterkapitel Hinweise gibt. Beispielsweise würde sich ein muslimischer Gastgeber bei Marzipanschweinen als Symbol für Glück vermutlich nicht so glücklich zeigen.

Während des gemeinsamen Essens herrscht heitere Stimmung, wie bei einem Fest. Es ist ein gesellschaftliches Erlebnis, bei dem die Beziehung zueinander gestärkt wird. Geschäftliche Themen werden am Tisch eher nicht angesprochen. Stattdessen wird fröhlich gelacht und erzählt. Araber sind dabei emotional; sie gestikulieren, sprechen laut und durcheinander. Bei einem Abendessen sagte mal ein Deutscher zu seinen libanesischen Freunden: „Ihr redet ja alle auf einmal und fallt euch gegenseitig ins Wort. Bei uns in Deutschland sagt man, es können zwar alle gemeinsam singen, aber nicht alle auf einmal reden."

Nachdem Kaffee oder Tee serviert wurden, ist es Zeit für die Verabschiedung. Der arabische Gastgeber wird Sie auch hier mehrfach auffordern, noch zu bleiben. Dieses freundliche „Beharren" ist Teil der Höflichkeit. Verabschieden Sie sich herzlich und in einer Form, die dem Gastgeber echte Dankbarkeit signalisiert. Es gehört außerdem zum guten Ton als Eingeladener eine Gegeneinladung auszusprechen.

Sind Sie als Deutscher Ihrerseits Gastgeber arabischer Gäste, ist es ebenfalls sinnvoll die obigen Ausführungen des arabischen Gastgebers als Orientierung im Hinterkopf zu haben, ohne sich dabei selbst zu verbiegen. Beispielsweise sollten Sie dafür sorgen, dass es Ihrem arabischen Gast an nichts fehlt und ihn ausdrücklich und wiederholt auffordern, sich Speisen und Getränke zu nehmen.

Die genannten Richtlinien im Umgang mit Gästen aus dem arabischen Raum sind ebenfalls von großer Bedeutung, wenn Sie als Hotelier, Restaurantbesitzer oder anderes Dienstleistungsunternehmen arabische Gäste empfangen. Auch die folgenden Praxistipps eignen sich sowohl für private deutsche Gastgeber als auch für Dienstleister.

▶ **Praxistipps**

- Arabische Gäste können durchaus unpünktlich erscheinen.
- Seien Sie darauf vorbereitet, dass sie manchmal spontan mehr Begleitpersonen mitbringen, als ursprünglich geplant.
- Gastfreundschaft wird als Gastgeber ausgiebig gelebt und auch als Gast genauso erwartet.
- Araber sind eine Spitzenküche gewohnt. Dabei sind sowohl Qualität als auch Quantität wichtige Kriterien. Es wird gern in privaten Haushalten und in guten Restaurants gespeist.

- Beliebt sind auch Buffets renommierter Hotelketten. Dies ist gerade bei Besuchen muslimischer Gäste in Deutschland hilfreich, wenn bestimmte Speisevorschriften befolgt werden.
- Sind Araber selbst Kunden, etwa in Hotels, Restaurants oder auf Flugreisen, können sie durchaus recht fordernd auftreten.
- Vermeiden Sie unbedingt ein klares Nein bei nicht erfüllbaren Wünschen. Signalisieren Sie zumindest die Bereitschaft, ihnen nachzukommen.

Arabische Familien sind häufig kinderreich. Zeigen Sie Toleranz gegenüber und Geduld mit den temperamentvollen Sprösslingen. Weisen Sie die Kinder niemals selbst zurecht, sondern gehen Sie behutsam vor. Sprechen Sie am besten die Eltern oder ältere Familienangehörige freundlich und indirekt an. Nehmen wir ein Beispiel: An Bord eines Fluges sind zwei kleine Kinder sehr laut, was andere Passagiere als störend empfinden. In diesem Fall ist es ratsam, die Eltern freundlich darauf hinzuweisen, dass einige Mitreisende schlafen oder arbeiten wollen, damit sie mäßigend auf ihre Kinder einwirken. Die Kinder direkt anzusprechen, könnte zu einer Überreaktion der Kleinen führen und die Eltern verärgern.

Eine feine Geste ist es von jedem Geladenen, also sowohl vom deutschen als auch vom arabischen Gast, sich als Nachklapp zur Einladung überschwänglich beim Gastgeber zu bedanken. Hier darf von der jeweils betreffenden Seite auch gern erneut an die Gegeneinladung erinnert werden. Der Austausch sollte entsprechend nachdrücklich und mitreißend sein. Es ist daher ratsam, dass dies vorzugsweise persönlich am Telefon geschieht.

3.4 Glaubensrichtungen – Orientierungen für kommunikative Situationen

Bei Begegnungen mit arabischen Menschen stoßen Sie früher oder später auf das Thema Religion, da sie das Leben in arabischen Ländern wesentlich prägt. Dieses Unterkapitel konzentriert sich auf ausgewählte Aspekte, die für eine gelungene Kommunikation relevant sind.

In arabischen Ländern existieren zwei Weltreligionen: der Islam und das Christentum. Ersterer dominiert deutlich und ist im gesamten arabischen Raum verbreitet. Beide Religionen unterteilen sich jeweils in verschiedene Untergruppen, auf die im Rahmen dieser Publikation nicht weiter eingegangen wird.

Sowohl Angehörige des Islam als auch des Christentums sind in arabischen Ländern häufig sehr gläubig. Die Wahrscheinlichkeit, einen arabischen Muslim oder Christen anzutreffen, der – wie es in Deutschland passieren kann – die Existenz Gottes verneint, ist eher unwahrscheinlich. Ein Bekenntnis Ihrerseits zum Atheismus würde daher auf Unverständnis stoßen. Halten Sie sich in solch einem Fall besser zurück.

Bereits bei der Begrüßung gibt es Formulierungen, die von Menschen beider Religionen verwendet werden und die den Glauben nach außen tragen. So antwortet man auf die Frage „Wie geht es dir?" meist mit „Gott sei Dank" – *elhamdulillah*. Das „gut" wird dabei nicht explizit ausgesprochen. Genau diese Formulierung gehört wie selbstverständlich zum Sprachgebrauch in vielen verschiedenen Alltagssituationen. In Unterkap. 3.2 „Ahmed, das arabische Pendant zu Otto" wurde bereits beschrieben, wie man sich immer wieder auf die Hilfe Gottes beruft, und so wird der Ausspruch *Insha' Allah* ebenfalls von allen Arabern genutzt. Auch fühlen sich Angehörige beider Glaubensgemeinschaften zumeist den Normen und Werten der arabischen Kultur verpflichtet und bleiben ihren Traditionen treu, sodass die bisherigen Ausführungen für die meisten arabischen Menschen – egal welcher Religion – gültig sind.

Unter Muslimen herrscht eine große Solidarität und auch Christen halten fest zusammen. Während Menschen auf dem Standesamt in Deutschland unter den gängigen Voraussetzungen jeden anderen Menschen heiraten können, ist es im arabischen Raum üblich, dass Muslime und Christen meist innerhalb ihrer eigenen Glaubensgemeinschaft den Bund der Ehe schließen.

Ob Ihr Gegenüber ein muslimischer oder christlicher Araber ist, erkennen Sie meist schon am Namen, der einen typisch muslimischen oder christlichen Bezug hat. Demnach deuten beispielsweise Mohammed, Ahmed, Ali, Hassan – als männlicher Vor- sowie als Nachname möglich – auf einen muslimischen Mann hin. Weibliche muslimische Vornamen sind zum Beispiel Aisha oder Fatma. Christen erkennt man häufig am Vornamen: etwa Mary, Magdalena oder Michel. Auch der Nachname kann auf biblische Figuren zurückgehen, etwa Mikhail. Es ist nicht immer eindeutig einer Religion zuzuordnen, aber tendenziell klingen muslimische Namen für Ihr Ohr exotischer. Christliche Namen erscheinen dagegen oft westlicher und ähneln eher den Namen, die ein Deutscher kennt.

Relevante Aspekte des Islam

Das Leben vieler muslimischer Menschen ist durch eine tiefe Religiosität geprägt. Diese gläubigen Muslime möchten nach den islamischen Vorschriften leben und befürchten beim Kontakt mit westlichen Angeboten, dass diese Regeln verletzt werden könnten. Sie bewerten daher deutsche Kontaktpersonen und

3.4 Glaubensrichtungen – Orientierungen für kommunikative Situationen

ihre Angebote auch nach religiösen Gesichtspunkten. Aus deutscher Sicht sind Sie also gut beraten, dieses sensible Thema zusätzlich zu berücksichtigen. Religiös orientierte muslimische Menschen wünschen sich, dass Sie ihnen helfen, das islamrechtlich Verbotene *(haram)* nicht zu begehen, denn das wäre im Islam eine Sünde, und dass Sie ihnen das islamrechtlich Erlaubte *(halal)* ermöglichen. Der Koran ist die heilige Offenbarungsschrift und enthält alle Glaubensbekenntnisse und Bestimmungen des Islam. Diese Heilige Schrift wurde in arabischer Sprache offenbart, was den besonderen Stellenwert von Arabisch in diesen Ländern erklärt. Der Freitag entspricht im Islam dem Sonntag bei den Christen. In arabischen Ländern ist er der wöchentliche Feiertag, und Muslims gehen zum Freitagsgebet in die Moschee.

Die Grundpflicht eines Muslims ist die Einhaltung der fünf Säulen des Islam 1) Das Glaubensbekenntnis, welches öffentlich ausgesprochen wird. 2) Das Gebet fünfmal am Tag. 3) Das etwa 30-tägige Fasten während des Ramadan, bei dem von Tagesanbruch bis zum Sonnenuntergang vor allem auf Essen, Trinken und Rauchen gänzlich verzichtet wird. Bestimmte Personengruppen wie Reisende, Kranke oder Schwangere sind davon ausgenommen, entscheiden aber selbst darüber, ob sie fasten möchten. 4) Die soziale Pflichtabgabe zur Unterstützung der Bedürftigen. 5) Die Pilgerfahrt nach Mekka einmal im Leben.

Sind Sie sich in einer Situation nicht sicher, inwieweit Ihr Gegenüber mit dem Islam verwurzelt ist, dann reagieren Sie, statt zu agieren. Schauen und hören Sie aufmerksam zu, überlegen Sie kurz, und handeln Sie erst dann.

Die folgenden Praxistipps helfen Ihnen beim Umgang mit Muslimen allgemein.

▶ **Praxistipps**

- Vermeiden Sie unbedingt die Bezeichnung „Mohammedaner", denn Mohammed war ein Prophet und nicht der Sohn Gottes. Sagen Sie stattdessen Muslime (Plural) – Muslima (feminin) Muslim (maskulin).
- Achten Sie auf im Islam grundsätzlich verbotene Nahrungs- und Genussmittel. Schweinefleisch oder Fleisch, das nicht *halal* ist, sowie Alkohol gehören dazu. Notfalls sind Sie mit Hühnchen und vegetarischen Speisen auf der sicheren Seite. Normale Gummibärchen enthalten übrigens Schweinegelatine und sind daher nicht *halal*. Auf gemischten Buffets von manchen großen Hotels werden diese Speisen entsprechend gekennzeichnet. Hinweis: Nikotin ist nicht verboten, nur beim Fasten.

- Weisen Sie gern auf erlaubte Speisen hin, noch bevor Sie gefragt werden.
- Nicht jeder Muslim verzichtet auf Alkohol. Bieten Sie von sich aus jedoch besser keinen Alkohol an, denn nicht jeder möchte öffentlich machen, wenn er welchen trinkt. Auch hier gilt es, diskret zu reagieren, falls der Gast explizit oder auch andeutungsweise Alkohol wünscht.
- Möchte jemand beten, so ermöglichen Sie das und zeigen Sie Verständnis, auch wenn dadurch beispielsweise ein Meeting unterbrochen wird. Bieten Sie eine entsprechende Rückzugsmöglichkeit und eine Decke als Unterlage an. Gebetet wird in Richtung Mekka. Manche Menschen erkundigen sich nach der entsprechenden Himmelsrichtung. Stören Sie den Betenden nicht und gehen Sie während des Gebets nicht vor seinem Kopf entlang.
- Zeigen Sie Verständnis, wenn Sie um Unterstützung bei der Geschlechtertrennung gebeten werden, und ermöglichen Sie der Person beispielsweise einen Sitzplatzwechsel, etwa im Restaurant oder in öffentlichen Verkehrsmitteln.
- Berühren Sie einen Menschen des anderen Geschlechts nicht, wenn dies nicht erwünscht ist.
- Die islamische Lehre zu kritisieren oder kontrovers zu diskutieren, wäre ein grobes Fehlverhalten.

Der Ramadan-Monat ist für viele Muslime sehr wichtig. Erfahren Sie, dass jemand währenddessen fastet, dann bieten Sie dieser Person zwischen der Morgendämmerung und dem Sonnenuntergang keine Speisen, keine Getränke und keine Zigaretten an. Zeigen Sie in diesem Fall Ihre Gastfreundschaft und Ihren Anstand durch nicht-gastronomische Zuwendungen, etwa indem Sie sich respektvoll verhalten und nicht selbst genussvoll vor den Augen Ihres fastenden Geschäftspartners essen oder trinken. Das gilt übrigens auch für das Kauen von Kaugummi. Die klassische Gastfreundschaft verschiebt sich um einige Stunden auf die Zeit nach dem abendlichen Fastenbrechen.

Während des Fastenmonats Ramadan ändert sich der gesamte Tagesablauf in den arabischen Ländern, und die Nacht wird zum Tag. Abends wird gemeinsam gegessen. Die Menschen besinnen sich und genießen die Atmosphäre im Kreis ihrer Vertrauten. In dieser Zeit des Jahres sind die Möglichkeiten für Geschäftliches entsprechend eingeschränkt.

Die folgenden Praxistipps beziehen sich auf den Fastenmonat Ramadan.

3.4 Glaubensrichtungen – Orientierungen für kommunikative Situationen

▶ **Praxistipps**

- Haben Sie Verständnis für die veränderten und häufig verkürzten Arbeitszeiten während des Fastenmonats. Das gilt für sämtliche, auch öffentliche, Bereiche.
- Respektieren Sie offensichtlich fastende Personen und bieten Sie ihnen nichts zum Verzehr an.
- Wundern Sie sich nicht, wenn auch Personen, die sich sonst weniger religiös geben, den Fastenmonat ernst nehmen.
- Haben Sie im Blick, dass fastende Personen durch den veränderten Tag-Nacht-Rhythmus und die fehlende Nahrungs- und Flüssigkeitsaufnahme während des Tages geistig und körperlich erschöpft sein können. Zeigen Sie sich tolerant.
- Bieten Sie an, wichtige Meetings in den späteren Vormittag zu legen, sodass Ihr fastender Geschäftspartner nach seiner letzten Mahlzeit vor dem Sonnenaufgang ausreichend schlafen kann und noch nicht allzu hungrig und durstig ist.
- Eine Besprechung bei Kaffee und Kuchen oder bei einem Erfrischungsgetränk scheidet aus.
- Es kommt gut an, wenn Sie aus Achtung für Ihren fastenden Partner – entgegen sonstiger Gewohnheiten – das Angebot nach Erfrischungen ebenfalls höflich ablehnen. Das gilt auch, wenn Ihr arabischer Partner Verständnis zeigt. Essen und trinken Sie möglichst diskret im Hintergrund.
- Sollten Sie feststellen, dass jemand nicht fastet, das aber in Anwesenheit seiner Begleitpersonen nicht offen zeigen möchte, dann unterstützen Sie ihn, indem Sie möglichst diskret damit umgehen (siehe auch Abschn. 3.2 „Schäme dich – schäme dich nicht).
- Es bietet sich zur Beziehungspflege an, Ramadan-Glückwünsche zu übermitteln. Zu Beginn des Ramadan wünscht man alles Gute für die Fastenzeit und am Ende ein glückliches Fest des Fastenbrechens *Eid al Fitr*. Orientieren Sie sich bei den Formulierungen ruhig an den deutschen Gebräuchen zu Weihnachten oder Ostern. Die Glückwünsche können schriftlich über die digitalen Medien, per Postkarte und ganz besonders über den beliebten persönlichen telefonischen Weg erfolgen.

Weitere wichtige Feiertage, zu denen Sie Ihren muslimischen Partner mit Glückwünschen erfreuen, sind das Opferfest und das islamische Neujahr. Zum westlichen Silvester und Neujahr wünscht man sich üblicherweise gegenseitig alles Gute.

Die geheimnisvolle Welt des weiblichen Orients
Es gibt das traditionelle Bild der arabischen Frau, die eingeengt und unterdrückt leben muss. In einer vom Islam geprägten Tradition wird dieser Frau ihre individuelle Entfaltung verboten, und sie kann niemals über die Rolle der Tochter, Verlobten, Ehefrau, Mutter und Großmutter hinauswachsen. Dies ist für manche arabische Frauen tatsächlich Realität, es ist aber ein einseitiges und vergangenheitsorientiertes Frauenbild. Daher gilt es, diese einseitige Perspektive zu erweitern, um ein differenziertes Bild der Situation arabischer Frauen zu erhalten. Die Lebensform der Araberin ist nicht statisch, sondern in einem Veränderungsprozess begriffen. Art und Tempo dieser Veränderung können sich jedoch in verschiedenen Ländern und individuellen Situationen stark unterscheiden.

Dieses differenzierte Bild belegt, wie vielfältig der arabische Raum tatsächlich ist. Man ist gut beraten, seine Kenntnisse auf eine breite Basis zu stellen, um nicht in einseitige Klischees zu verfallen.

Es gibt die arabische Frau, die ...

- sich den Entscheidungen ihrer Eltern und später ihres Ehemannes kampflos beugen muss, ungebildet ist und bleibt und sich nur um die Kinder kümmert.
- sich weigert, im Flugzeug neben einem Mann zu sitzen.
- als professionelle Bauchtänzerin ihrem Beruf aus künstlerischer Überzeugung nachgeht.
- ihre Position als Firmenchefin professionell ausfüllt.
- als Journalistin selbstbewusst das Wort ergreift.
- sich mit Kompetenz und Engagement für die Rechte arabischer Frauen einsetzt.
- sich von ihrem Verlobten trennt, weil er sie mit Kopftuch nicht dulden würde.
- sinnlich-exotisch aussieht und in Fragen von Mode und Ästhetik kaum eine Konkurrentin kennt.
- das Kopftuch und religiöse Ambitionen ablehnt.
- in Europa oder den USA studiert.
- ihren Mann davon überzeugt, auszuwandern.

Immer mehr Frauen in der arabischen Welt lassen die patriarchalischen Traditionen hinter sich und schaffen den Ausbruch aus der unterdrückten Gesellschaft. Die Rede ist von denjenigen, die aufgeweckt, gebildet, berufstätig, modern und

3.4 Glaubensrichtungen – Orientierungen für kommunikative Situationen

elegant sind und die beweisen, dass die Wortkombination „Araberin und Erfolg" kein Widerspruch sein muss.

Die folgenden Praxistipps richten sich an westliche Männer, die mit arabischen Frauen im Austausch stehen. Meine Ratschläge beruhen hauptsächlich auf eigener Erfahrung und sind nicht allzu streng in Bezug auf eine dezidierte Geschlechtertrennung. Saudi-Arabien hat eigene strikte Regeln.

▶ **Praxistipps**

- Verhalten Sie sich als Mann ganz normal gegenüber einer arabischen Frau, also höflich, korrekt und respektvoll.
- Treten Sie auch äußerlich klassisch-seriös auf: Anzug und Krawatte im Beruf, etwas legerer in der Freizeit, keinen Schmuck mit Ausnahme einer guten Uhr und des Eherings.
- Achten Sie darauf, ob die Frau Ihnen zur Begrüßung freiwillig die Hand reicht, ansonsten belassen Sie es bei einem freundlichen Kopfnicken mit einem Lächeln.
- Der Herr schaut der Dame normal, allerdings nicht zu intensiv in die Augen.
- Wahren Sie eine angemessene körperliche Distanz. Das bedeutet nicht, dass Sie sich wegdrehen sollen. Es ist erwünscht, dass Sie zugewandt sind.
- Lassen Sie sich bei Ihrer Einschätzung, wie traditionell oder modern jemand ist, nicht nur durch das Äußere leiten. Das Erscheinungsbild kann irreführend sein, denn es gibt auch Frauen, die gebildet und modern geprägt sind, aber trotzdem eine Kopfbedeckung tragen wollen.
- Scheuen Sie sich nicht, arabische Frauen direkt anzusprechen. Viele beherrschen westliche Sprachen fließend und es steht einer angenehmen Unterhaltung nichts im Wege.
- Zweideutige saloppe Bemerkungen oder entsprechende Witze können als mangelnder Respekt erlebt werden. Seien Sie während des Gesprächs sachlich und verbindlich.

An dieser Stelle bietet es sich an, auch deutschen Frauen ein paar spezielle Tipps für ihre Kontakte zu Arabern mit auf den Weg zu geben. Diese Empfehlungen gehen über die allgemeingültigen Ratschläge für deutsche Geschäftsleute hinaus und können bei Reisen in arabische Länder und auch im Kontakt mit Arabern in Deutschland hilfreich sein.

Als deutsche Frau respektiert

Arabische Gastfreundschaft, Warmherzigkeit und Hilfsbereitschaft erfährt man auch und gerade als westliche Frau. Trotzdem gibt es immer wieder Berichte von westlichen Frauen, die arabische Männer als aufdringlich empfinden oder sich sogar belästigt fühlen. Das Spektrum reicht von Blicken über Pfiffe und Sprüche bis hin zu sehr unangenehmen Vorfällen. Oft wird rege darüber diskutiert, ob man als Frau selbst dafür verantwortlich sei, wie arabische Männer einen behandeln. Unabhängig davon sind Sie gut beraten, sich bewusst zu machen, dass es Verhaltensweisen gibt, die man als Frau in westlichen Ländern für selbstverständlich hält, die aber im arabischen Raum zu Irritationen führen können oder gar verboten sind. Die folgenden Praxistipps richten sich an westliche Frauen, die mit arabischen Männern zu tun haben.

▶ **Praxistipps**

- Dezente konservativ-klassische Kleidung signalisiert Seriosität und wird von Arabern geschätzt. Frauen wird empfohlen, sich nicht zu freizügig oder körperbetont zu kleiden. Schultern und Oberschenkel sollten bedeckt sein. In Saudi-Arabien müssen Frauen – auch aus Selbstschutz – die lokalen Kleidervorschriften beachten.
- Im Business ist ein Kostüm mit normalem Rock und Strumpfhose oder ein Hosenanzug angemessen.
- Status und Prestige werden gerne zur Schau gestellt. In den wohlhabenden arabischen Ländern schätzen die Einheimischen jede Art von Luxus. Kleider machen daher auch hier Leute: Kostbarer Schmuck, teure Accessoires und Kosmetik sind sehr beliebt. Tätowierungen oder Piercings dagegen sind nicht gerne gesehen.
- Schauen Sie Ihrem männlichen Gegenüber nicht zu intensiv in die Augen.
- Halten auch Sie in Gesprächen einen Anstandsabstand zueinander, ohne sich dabei abzuwenden.
- Unterhalten Sie sich über unverfängliche Themen wie Land, Leute und Kultur. Zeigen Sie Interesse dafür.
- Bildung, Fachkompetenz und Ihre berufliche Stellung verschaffen Ihnen Respekt. Treten Sie selbstbewusst, aber höflich auf.
- Wenn Sie nicht verheiratet sind, tragen Sie dennoch einen Ring oder betonen Sie die Zugehörigkeit zu Ihrer Familie sprachlich, etwa indem Sie sagen: „Mein Bruder sagt ..." oder „Ich möchte mei-

ner Nichte etwas kaufen ...". Junge Frauen haben es hier schwerer und sollten ihre Seriosität in jeder Hinsicht unterstreichen.
- Seien Sie bei besonders charmantem Entgegenkommen nicht zu gutgläubig. Eine gesunde Portion höfliches Misstrauen wird nicht negativ gewertet. Hat Ihr arabisches Gegenüber es tatsächlich ehrenwert gemeint, wird er Ihre Zurückhaltung einzuordnen wissen.
- Vermeiden Sie es, Alkohol oder Zigaretten in der Öffentlichkeit zu konsumieren. Dieser Rat relativiert sich, wenn man Sie bereits kennt und Sie sich in einem sicheren Umfeld befinden.
- Wenn Sie bei Aufenthalten in arabischen Ländern Taxi fahren, nehmen Sie sicherheitshalber hinten Platz und verhalten Sie sich dem Taxifahrer gegenüber distanziert, auch in der Kommunikation. Das verringert die Wahrscheinlichkeit, belästigt zu werden.
- Geben Sie bei Belästigungen Ihrem Unmut deutlich Ausdruck, sodass Ihr Gegenüber sich schämt.
- Ein paar arabische Worte in Ihrem Repertoire sind sicherlich hilfreich.
- Nutzen Sie ruhig „männlichen Schutz", wenn er sich anbietet, etwa durch Ihre Kollegen oder Gastgeber.

Relevante Aspekte des Christentums

Arabische Christen gibt es beispielsweise in den Ländern Ägypten, Libanon, Syrien, Jordanien, Palästina und im Irak. In all diesen Ländern sind sie in der Minderheit. Sie haben Arabisch als ihre Sprache übernommen. Ein Großteil ist ausgewandert und lebt in vielen Ländern der Welt, etwa in Nord- und Südamerika oder in Europa. Vermeiden Sie es auch hier, kontrovers diskutierte gesellschaftlich-religiöse Inhalte zu thematisieren.

Zahlreiche Christen der arabischen Welt leben ihren Glauben offen und stolz aus. Häufig betonen sie ihre Glaubensrichtung im Gespräch. Manche tragen sie auch durch christliche Symbole wie das Kreuz, Bilder oder Ikonen nach außen. Diese Menschen sind sehr traditionsverbunden, gehen sonntags in die Kirche und nehmen es häufig mit dem christlichen Fasten in Form von eingeschränkter Nahrungsaufnahme sehr ernst. Insbesondere wird vor Ostern über einen Monat lang durchgehend auf Fleisch, Süßigkeiten sowie Alkohol verzichtet und manchmal auch auf weitere tierische Nahrungsmittel wie Milchprodukte oder Eier sowie andere beliebte Speisen und Getränke. Diese Rituale sind auch christlich geprägten Deutschen geläufig.

Arabische Menschen christlichen Glaubens freuen sich, wenn ihre religiösen Wurzeln anerkannt und respektiert werden. Außerhalb der Fastenzeit gibt es keine weiteren Einschränkungen zu berücksichtigen, auch Alkohol ist erlaubt. Die

Menschen sind westlich orientiert. Besondere Kleidervorschriften gibt es nicht, man kleidet sich jedoch dezent. Einige besonders Gläubige behalten ihre Fastenregeln an jedem Mittwoch und Freitag des gesamten Jahres bei.

Zur Beziehungspflege bieten sich Glückwünsche anlässlich der großen christlichen Feste Ostern und Weihnachten an. Die Jahreswende wird analog zum Westen gefeiert.

Es sei darauf hingewiesen, dass die ägyptischen Kopten eine für den arabischen Raum relativ große christliche Gemeinschaft darstellen. Diese hat eine leicht veränderte Feiertradition und orientiert sich nicht am gregorianischen, sondern an ihrem eigenen koptischen Kalender. Demnach feiern Kopten Weihnachten in der Nacht vom 6. auf den 7. Januar und auch das Osterfest kann zeitlich um einige Wochen abweichen. Ihr koptischer Geschäftspartner dürfte es als wertschätzend erleben und sehr positiv reagieren, wenn Sie zu diesen Terminen Ihre Glückwünsche – möglichst auf dem direkten Weg – übermitteln.

3.5 Schwierige Situationen richtig einschätzen und meistern

Die bisherigen Ausführungen zum arabischen Kulturkreis bieten Ihnen bereits Hilfestellungen für das Gelingen Ihrer Kommunikation mit Arabern. Das schließt das Vorbeugen kritischer Situationen mit ein. Dennoch kann es zu Begegnungen kommen, die nicht ganz reibungslos ablaufen. Das vorliegende Unterkapitel bietet Ihnen Ansatzpunkte und praktische Methoden, um diese erfolgreich zu bewältigen.

Ihre grundlegende Haltung gegenüber Ihrem arabischen Partner ist dabei ganz wesentlich. Die folgenden Fragen helfen Ihnen, sich immer wieder zu reflektieren: Respektieren und berücksichtigen Sie die speziellen gesellschaftlichen, kulturellen und religiösen Besonderheiten der arabischen Welt? Haben Sie die Empfindlichkeiten und ihre Folgen bei sachbezogener Kritik im Blick? Sind Ihnen die Interpretationsspielräume der Sprache bewusst? Investieren Sie ausreichend in die persönlichen Kontakte und den Vertrauensaufbau zu Ihrem arabischen Partner? In diesen Fragen und ihren Antworten finden sich ausschlaggebende Faktoren für den gelungenen Umgang mit Konflikten.

Stolpersteine aus arabischer Sicht

Deutschland, deutsche Menschen, deutsche Produkte und was sonst noch alles deutsch ist, findet gerade in der arabischen Welt großen Anklang. Heikel wird es meist dann, wenn typisch deutsche Gewohnheiten auf typisch arabische prallen.

3.5 Schwierige Situationen richtig einschätzen und meistern

In diesem Abschnitt werden exemplarisch relevante Konfliktfelder vor allem aus der arabischen Perspektive aufgezeigt, um es Ihnen zu erleichtern, derartige Situationen zu erkennen und damit umzugehen beziehungsweise sie zu umschiffen.

Ohne den Aufbau einer vertrauensvollen Beziehung mit allem, was dazugehört, ist mit Menschen aus dem arabischen Raum keine Zusammenarbeit möglich. Diese Verbindung zu Arabern bedarf einer entsprechend positiven Einstellung und eines solidarischen Zusammenhalts. Dazu ist eine Interaktion auch außerhalb der beruflichen Berührungspunkte unbedingt erforderlich. Deutschen Geschäftspartnern, die sich zumeist stark auf das Sachliche konzentrieren, ist die Wichtigkeit dieser Voraussetzungen nicht immer bewusst.

Araber wissen, dass deutsche Fach- und Führungskräfte über die entsprechende berufliche Kompetenz verfügen. Sie fühlen sich zuweilen durch die demonstrierte fachliche Überlegenheit brüskiert und wünschen sich mehr Einfühlungsvermögen und Geduld. Letzteres gilt vor allem, wenn es um das Nichteinhalten von Zeitabsprachen und Vereinbarungen geht. Aus arabischer Sicht werden diese Aspekte von Deutschen überbewertet.

Ein immer wieder brisanter und zu Irritationen führender Punkt ist die viel zu direkt vorgebrachte Kritik. Deutsche bringen Probleme sachlich klar auf den Tisch, um sie dann „aus dem Weg zu räumen". Das funktioniert bei Arabern nicht. Sie erleben das als mangelnden Respekt vor ihrer Person und ihrem Status, fühlen sich blamiert und in ihrer Ehre verletzt. Dadurch wird das Problem, das zunächst rein sachlicher Natur war, viel größer, denn das Zwischenmenschliche ist nun zusätzlich tangiert. „Im Sinne der Sache" ist eine Formulierung, die in der arabischen Welt nicht zum Erfolg führt. Sie muss zum Gegenstück modifiziert werden und lautet danach: „Im Sinne des Menschen", auch wenn Sie die Sache weiterhin im Blick behalten.

Arabische Geschäftsleute können nicht nachvollziehen, dass familiäre Belange in Deutschland strikt vom beruflichen Leben getrennt werden und dort keinen Platz finden. „Dienst ist Dienst" können sie nicht praktizieren, und so werden dienstliche Aktivitäten wie selbstverständlich von privaten begleitet. Auch die arabischen Normen und Werte sowie die religiösen Pflichten sind jederzeit präsent und werden mit dem Beruflichen vermischt. Wird dies nicht toleriert und berücksichtigt, kann es zu Schwierigkeiten kommen.

Seien Sie sich dieser Spannungsfelder bewusst, lassen Sie sich auf die Menschen und ihre Belange ein, und machen Sie sich klar: Was für Sie kein Problem ist, kann für den Araber eins sein. Dieser Satz dürfte in vielen Fällen auch umgekehrt gelten (siehe auch Unterkap. 3.2, vor allem unter dem Abschnitt „Beziehungsorientiert, gefühlsbetont, spontan – typisch orientalische Tugenden").

Starke Antennen für kritische Signale des arabischen Gesprächspartners
Nach den möglichen Konfliktfeldern geht es in diesem Abschnitt darum, Ihnen Anhaltspunkte zu geben, anhand derer Sie erkennen können, dass ein Konflikt besteht. Die möglichen Signale sind mit zunehmender Intensität aufgeführt; von unauffälligen Andeutungen bis hin zu offensichtlicher Empörung. Es geht hierbei nicht darum, wer im Recht oder Unrecht ist, sondern um Zeichen, die auf möglichen Unmut Ihres arabischen Partners hinweisen könnten. Dabei kann es durchaus auch um eine von Ihnen angesprochene Sache gehen, die ihre Berechtigung hat, wenn zum Beispiel eine zeitliche Vereinbarung nicht eingehalten wurde, Ihr arabisches Gegenüber sich aber auf der emotionalen Ebene getroffen fühlt.

Nach einer – vielleicht nicht zu seiner Zufriedenheit gelösten – Situation lenkt Ihr arabischer Partner auf ein anderes Thema. Zwar bleibt er höflich, geht jedoch dem Sachthema aus dem Weg. Er lenkt durch Formulierungen ab, wie: „Beim nächsten Mal" oder „später". Es können auch verallgemeinernde Sätze fallen, wie: „Deutsche Produkte, deutsche Firmen und deutsche Fahrzeuge sind bekannt für beste Qualität …", während er seine restlichen, möglicherweise negativen Gedanken nicht ausspricht. Womöglich formuliert er eine Lösungsmöglichkeit als gemeinsames Ziel, etwa: „Vielleicht könnten wir so vorgehen, dass wir …". Er könnte auch deutlicher werden, es aber dennoch auf der allgemeinen Ebene belassen, beispielsweise: „Es gehört sich nicht, dass man sich so verhält, das ist mir noch nie passiert".

Deutsche benötigen hier Sensibilität für diese nicht immer konkreten Zeichen. In gravierenderen Fällen kann es passieren, dass der Araber unmissverständlich klar wird und sein schauspielerisches Talent einsetzt, um seinem Ärger Ausdruck zu verleihen. Das kann sich in wütenden Äußerungen oder auch in sturem Schweigen bemerkbar machen. Im ersten Fall sendet Ihr Gegenüber entsprechend temperamentvolle körpersprachliche Signale, und in der Mimik zeigt sich die Entrüstung in besonders hitziger Weise. Wenn Ihr arabischer Partner hingegen nicht mehr spricht, setzt er häufig ein entsprechend „verstimmtes" Gesicht auf und verdeutlicht dadurch, dass er beleidigt ist und ihm die Situation sichtlich missfällt.

Die Crux mit der deutschen Direktheit
Der indirekte Kommunikationsstil und die Unverbindlichkeit der arabischen Sprache wirken sich aus arabischer Sicht positiv auf die persönliche Beziehung aus, egal worum es geht. In der deutschen Kultur hingegen wird ein sachliches Thema losgelöst von den beteiligten Personen betrachtet. Man redet nicht lange drum herum, ist effizient und zweckmäßig.

3.5 Schwierige Situationen richtig einschätzen und meistern

Der nachstehende Fall veranschaulicht das Aufeinandertreffen von deutscher Direktheit und arabischer Indirektheit. Dabei ist bewusst ein Beispiel gewählt, bei dem kein Konflikt vorliegt. Dies soll verdeutlichen, dass durch die kulturellen Unterschiede bereits im Vorfeld von Konfliktsituationen latente Spannungen und Störungen bestehen können.

Ergebnisloses Gerede aus deutscher Sicht – kaltherzige Ergebnisse aus arabischer Sicht
Melanie Ferber hat Schwierigkeiten bei einem drängenden bürokratischen Thema. Sie denkt, dass ihr jordanischer Bekannter Hashem Salah ihr in dieser Angelegenheit helfen könnte und ruft ihn an. Dieser erkennt sofort, dass weder er noch andere in seinem Umkreis in diesem Fall Unterstützung leisten können. Dennoch bleibt er am Apparat und redet mit viel Verständnis und Engagement weiter über das Thema. Frau Ferber steht unter Zeitdruck, führt das Telefonat zu Ende und sucht danach anderweitig nach Hilfe.

Ein paar Minuten später ruft Herr Salah wieder an. In der Annahme, dass er doch eine Idee in der Sache hat, nimmt Frau Ferber erwartungsvoll den Hörer ab. Allerdings wird sie enttäuscht, da wieder sprachliche Schleifen gedreht werden, die zu keiner Lösung führen. Sie ist ziemlich entnervt und sagt: „Ich stehe unter Druck, wenn du eine konkrete Hilfe hast, dann ruf mich an."

Hier liegt wohlgemerkt in der Ausgangssituation noch kein Konflikt vor. Herr Salah kann in der Sache nicht helfen, möchte aber seine Bekannte nicht vor ein klares „Nein" stellen und zeigt aus seiner Sicht Einfühlungsvermögen und Anteilnahme. Genau das empfindet Frau Ferber in diesem bestimmten Moment aber nicht nur als unproduktiv, sondern als störend. Ihre Reaktion dürfte Herr Salah als Ablehnung seiner Person gewertet haben. Die anfangs friedliche Situation schaukelt sich allein aufgrund der unterschiedlichen Kommunikationsstile hoch. Um Herrn Salah nicht vor den Kopf zu stoßen, hätte Frau Ferber etwa folgendermaßen reagieren können: „Es ist ganz lieb von dir, dass du dich kümmerst und dir Sorgen machst. Ich schaue, dass ich das löse und gebe dir Bescheid. Mach dir bitte keine Gedanken."

Handelt es sich nun um einen Fall, bei dem schon von Anfang an ein Konflikt vorliegt, kann sich die kritische Situation zuspitzen.

Machen Sie sich immer wieder klar, dass Araber die Sache, um die es geht, nicht vom Menschen trennen. „In dieser Sache haben wir ein Problem" kann für den Araber verstanden werden als „Mit dir habe ich ein Problem". Im obigen Beispiel hat sich der Araber so verhalten, wie er es sich ebenfalls von anderen wünscht. Oder mit anderen Worten: Er hat das vermieden, was er selbst nicht erleben möchte. Werden Sie nicht arabisch, aber lockern Sie den typisch deutschen direktiven Sprachstil etwas auf.

▶ **Praxistipps**

- Trennen auch Sie nicht die Sache vom Menschen, und stellen Sie Letzteren sogar in den Vordergrund.
- Vermeiden Sie ein klares „Nein". Das geht auch, ohne die Unwahrheit zu sagen, etwa mit Formulierungen wie: „Ich schaue, was sich machen lässt" oder „Die Situation ist komplex, ich gebe mein Bestes".
- Umgehen Sie die direkte Konfrontation, indem Sie Ihre Wortwahl stets überdenken. Packen Sie Ihre Sätze lieber in zu viel als in zu wenig Watte, um nicht anzuecken.
- Halten Sie die Konversation in Gang und unternehmen Sie alles, um Ihren Sympathiewert nicht zu gefährden.
- Werden zur Erklärung schwierig-komplexer Themen simple Verschwörungstheorien von Ihrem arabischen Gegenüber ins Spiel gebracht, sind Sie gut beraten, diese Dinge diplomatisch zu überhören.
- Gerade unter Zeitdruck neigt man in Deutschland dazu, kurz angebunden zu sein. Vermeiden Sie direkte Sätze wie „Ich habe gerade keine Zeit". Wie beim obigen Rat an Frau Ferber, ist es in solchen Situationen wertschätzend, mit einer anerkennenden Formulierung, das Gespräch zu beenden. Gehen Sie nicht aus der Situation, ohne dabei die Tür für später offen zu halten.
- Denken Sie daran, dass auch umgekehrt ein arabisches „Ja" nicht immer verbindlich ist und auch andere Aussagen nicht unbedingt in Stein gemeißelt sind. Erinnern Sie sich an die Bedeutungen von *Insha' Allah*, *Boukra* und *Malesh*.
- Vergessen Sie nicht, dass die Körpersprache des Arabers Ihnen manchmal mehr Aufschluss gibt als sein gesprochenes Wort.

Haben Sie Ihr sachliches Ziel vor Augen, aber wählen Sie den entsprechenden Weg, also die kulturelle Brücke, um Ihren arabischen Partner menschlich zu erreichen. Nur dann haben Sie eine Chance, auch das sachliche Interesse durchzusetzen.

Das folgende Beispiel beschreibt eine Konfliktsituation, in der ein indirekt-diplomatischer Weg aus der schwierigen Situation herausführt. Dabei wird dem zwischenmenschlichen Aspekt ebenso wie dem sachlichen Ziel Rechnung getragen.

Kein Problem zur Lösung suchen, sondern die richtige Lösung für das Problem

Hamad Sherif aus Kuwait und seine Frau checken in einem Hotel der gehobenen Klasse in München ein. Ein paar Stunden später beschwert sich Herr Sherif bei der deutsch-ägyptischen Hotelmitarbeiterin Mona Hegazy an der Rezeption über die Lautstärke seiner Zimmernachbarn. Frau Hegazy spricht mit ihrem Chef, der sich entschuldigt, umgehend ein anderes Zimmer organisiert und einen Preisnachlass anbietet. Aufgrund der angespannten Situation bietet er Herrn Sherif außerdem ein Essen für zwei Personen am Abendbuffet an und zieht sich danach aus der Situation zurück.

Doch Herr Sherif gibt sich damit nicht zufrieden. Er fordert gegenüber Frau Hegazy ein Upgrade in die höchste Zimmerkategorie. Diese geht Rat suchend abermals zu ihrem Chef, der Folgendes erwidert: „Sag ihm: Wenn er bei einer Autovermietung einen Mercedes der C-Klasse mietet und bezahlt, kann er auch nicht erwarten, dass er einen Luxuswagen der S-Klasse bekommt, nur weil er einen Kratzer am Außenlack entdeckt hat. Wir haben uns in der Angelegenheit mehr als großzügig gezeigt. Damit muss es gut sein."

Frau Hegazy überzeugt daraufhin ihren Chef, dass diese logische Argumentation für einen Araber einem Schlag ins Gesicht gleichkomme, selbst wenn er überzogene Ansprüche stelle. Sie erklärt sodann Herrn Sherif, dass das Hotelteam ihm sehr gerne helfen würde, ein Upgrade für die kommende Nacht allerdings leider nicht möglich sei. Am Folgetag würde sie sehr gerne schauen, ob sie dann vielleicht etwas für ihn und seine Frau tun könne, um ihren Aufenthalt so angenehm wie möglich zu gestalten.

Frau Hegazy hat eine unverbindliche Lösungsstrategie gewählt. Sie hat nicht gelogen und sich nicht festgelegt. Stattdessen hat sie sich zurückgehalten und dadurch genau das erreicht, was ihr Chef wollte. Dieser dachte, dass seine Lösungsstrategie mit dem direkten sachlichen Vergleich ehrlich, klar und überzeugend wäre. Wie von Frau Hegazy vorausschauend erkannt, hätte der emotionsgeladene Herr Sherif das als extrem unhöflich und beleidigend erlebt. Der Konflikt hätte sich zugespitzt und das Hotel hätte vermutlich Herrn Sherif als Kunden verloren.

Temperament, Sturheit, Ehre – das zähe Bohren dicker Bretter
Mit dem lebhaften arabischen Temperament, impulsiven Unterbrechungen, einer lauten Sprache und entsprechend erregten Gesten können Sie auch in Streitsituationen konfrontiert werden. Solch ein exaltiertes Auftreten gehört dazu und kann ebenso ins gegenteilige sture Schweigen umschlagen. Letzteres wird dann vom weiter oben beschriebenen höchst „verstimmten" Gesichtsausdruck begleitet. Der arabische Partner wird möglicherweise seine unversöhnliche Haltung eine Weile beibehalten. Er möchte dann aus der Reserve gelockt und mit mehr Wertschätzung und Herzlichkeit behandelt werden. Hier hilft die Vorstellung „Im Beleidigten spielt das trotzige Kind". Gehen Sie in solch einem Fall gnädig und großzügig mit Ihrem bockigen Gegenüber um. Seien Sie in Ihrem Auftreten, Ihren Worten und Sätzen sowie in Ihrer Körpersprache versöhnlich, um überhaupt erst die Grundlage für ein Gespräch zu schaffen.

Nicht umsonst nehmen sich die Ägypter mit entsprechenden Witzen über ihre eigene Sturheit selbst auf die Schippe. In verschiedenen Nationen übernimmt eine bestimmte Bevölkerungsgruppe die Hauptrolle bei Witzen, in denen Aspekte der jeweiligen Gesellschaft aufgegriffen werden. In Ägypten sind das, wie bereits zuvor erwähnt, die Saidis aus Oberägypten, denen eine gewisse Eigensinnigkeit nachgesagt wird. So hört man unter Ägyptern oft die Bemerkung „Stur wie ein Saidi", und manchmal wird auch ein passender Witz erzählt.

Der Araber ist ein ehrenwerter Mann. Sein Selbstwertgefühl dürfen Sie niemals verletzen, da sind Araber im Allgemeinen ganz besonders empfindlich. Hier sei insbesondere der Begriff der Männlichkeit angesprochen. Es gibt auch eine weibliche Ehre, die sich auf ehrenhaftes Verhalten der Frau innerhalb ihrer Familie bezieht. Vom Mann hingegen werden Stärke, Durchsetzungsvermögen und Kompromisslosigkeit erwartet, wenn seine Ehre in irgendeiner Weise bedroht ist. Dann muss er in aller Regel im Stande sein, hart durchzugreifen und darf sich nicht nachgiebig zeigen. Das reicht vom bedingungslosen Schutz seiner Familie bis hin zur Verteidigung seiner eigenen Person. Er sieht in solchen Fällen keine Alternative, als hart und kompromisslos darauf zu reagieren. An dieser Stelle möchte ich Sie für Empfindlichkeiten sensibilisieren, um den arabischen Mann nicht in diese unumkehrbare Situation zu bringen, die auch zu unberechenbarem Verhalten führen kann.

Jeder Fußballinteressierte wird sich wohl noch an das prominente Kopfstoß-Szenario von Zinédine Zidane im WM-Finale 2006 von Berlin erinnern, mit dem er den italienischen Spieler Marco Materazzi zu Fall brachte. Das war die Reaktion des französischen Fußballers mit algerischen Wurzeln auf eine anzüglich-beleidigende Bemerkung des Italieners über die Schwester von Zidane. Zidane erhielt die rote Karte und flog vom Platz, was nach Expertenmeinung spielentscheidend war. So verlor Frankreich das Finale, und Zidanes aktive Karriere endete unrühmlich.

In Algerien erhielt Zidane danach einen Staatsempfang. Der ehemalige Präsident Algeriens Abdelaziz Bouteflika nannte den Kopfstoß „die Tat eines Ehrenmannes" und inszenierte den Besuch Zidanes als „Heimkehr eines Stars". Ein paar Jahre später sagte Zidane der spanischen Zeitung *El País:* „Ich bitte den Fußball, seine Fans und die Mannschaft um Verzeihung, aber niemals Materazzi. Das würde mich entehren. Lieber würde ich sterben."

Daher lauert Gefahr bei unüberlegten Sprüchen, schlagfertigen Reaktionen oder dergleichen. Zeigen Sie keine wütende Ironie oder Aggression. Alles, was für den Araber zu einer peinlichen Situation führen könnte, ist gefährlich, auch wenn Sie das aus Ihrer Sicht völlig anders bewerten. Das ist ein ganz entscheidender Punkt; was in Deutschland völlig normal ist, kann von Arabern als Demütigung empfunden werden. Die Empfindlichkeitsschwelle ist hier bei arabischen Menschen häufig ungleich niedriger. Haben Sie hierzu auch unbedingt meine Ausführungen zur Schamkultur im Abschn. 3.2 „Schäme dich – schäme dich nicht" im Blick. Diese helfen Ihnen zusätzlich, die Ehre arabischer Menschen zu wahren. Die Tipps für den Umgang mit Frauen im Abschn. 3.3 „Die geheimnisvolle Welt des weiblichen Orients" bieten Ihnen zusätzlichen Schutz.

Es sind auch anderweitige Verletzungen der Ehre denkbar, die von Arabern als so gewaltig erlebt werden, dass sie nicht mehr in der Lage sind, die gegebenen Umstände gelassen zu betrachten.

Nachstehend wird der Verlauf einer solchen Situation beschrieben, die Ihnen – auf den ersten Blick – so erscheinen dürfte, als wäre sie idealtypisch gelöst worden.

Kein Pardon
Mustafa Osman aus dem Oman ist in Begleitung zweier arabischer Herren auf einer Flugreise unterwegs. Die Gruppe sitzt zusammen und ist fröhlich. Herr Osman tritt gegenüber seinen Begleitpersonen und auch im Kontakt zu den Flugbegleitern selbstbewusst und gut gelaunt auf. Es herrscht eine angenehme Atmosphäre an Bord. Nach dem Mittagessen möchte Herr Osman mehrere teure Artikel aus dem zollfreien Bordverkauf erwerben. Die betreuende Flugbegleiterin Nina Baumgärtner stellt alles Erwünschte zusammen, gibt Herrn Osman die Artikel und nennt ihm den finalen hohen Preis. Ohne mit der Wimper zu zucken, reicht dieser ihr mit großer Geste seine Kreditkarte. Frau Baumgärtner stellt fest, dass die Kreditkarte nicht unterschrieben ist. Um sich abzusichern, ist sie angehalten, die Identität des Kreditkarteninhabers zu prüfen. Sie geht wieder zu Herrn Osman, der sich noch immer angeregt mit seinen Sitznachbarn unterhält, erläutert ihm den Sachverhalt höflich und bittet ihn, seine Kreditkarte gemäß den Vorgaben zu unterschreiben. Herr Osman reagiert umgehend, allerdings folgendermaßen: Er unterschreibt auf der Kreditkarte, zeigt Frau Baumgärtner seinen Reisepass und gibt ihr alle Artikel mit erzürntem Blick und ohne ein Wort zurück. Sie unternimmt ihr Bestes, kann ihn aber bis zum Ende des Fluges nicht mehr umstimmen, geschweige denn von ihren guten Absichten überzeugen.

In derartigen Situationen ist besonderes Fingerspitzengefühl gefragt. Frau Baumgärtner hat sich aus ihrer Sicht völlig korrekt verhalten. Sie konnte nicht ahnen, dass ihr gut gemeinter Auftritt derartigen Konfliktstoff beinhalten könnte und die Stimmung von Herrn Osman sich um 180° drehen würde. Bei Themen, die auch nur annähernd jemanden als „nicht korrekt", „nicht aufrichtig", eben „nicht ehrenhaft" erscheinen lassen könnten, ist der Samthandschuh angesagt. Zunächst dürfen Anwesende nichts davon mitbekommen. Frau Baumgärtner wäre besser beraten gewesen, einen Moment unter vier Augen abzupassen. Dann hätte sie den Sachverhalt in die zwischenmenschliche Komponente einbetten sollen, etwa so: „Herr Osman, wir haben einen sehr schönen Flug mit Ihnen und Ihren Begleitern an Bord, und es ist mir sehr unangenehm. Bitte verstehen Sie, dass ich als Mitarbeiterin einhalten muss, was mein Unternehmen mir vorgibt. Vermutlich haben Sie noch nicht daran gedacht, Ihre Kreditkarte zu unterschreiben. Ich wäre Ihnen sehr dankbar dafür, dann könnte ich Ihre Artikel jetzt abrechnen."

3.5 Schwierige Situationen richtig einschätzen und meistern

Diese Art des Vorgehens gilt auch, wenn beispielsweise an Zahlungen erinnert werden soll. Das persönliche oder offizielle Anmahnen wäre eine grobe Beleidigung, die die Beziehung sehr belasten oder sogar beenden könnte. Ein ehrenwerter Mann steht zu seinem Wort – „ein Mann, ein Wort". Er erwartet, dass man ihm vertraut. Erfahrungsgemäß besiegeln Araber gern Geschäftsabschlüsse per Handschlag. Sie messen dem eine größere Bedeutung zu als einem schriftlichen Vertrag. Das *Gentleman's Agreement* gilt als eine Vereinbarung auf Treu und Glauben. Sie basiert auf gegenseitigem Vertrauen. Man betrachtet sein Gegenüber als Freund, als einen Vertrauten. Moralisch gesehen ist der Handschlag bindend, er hat aber keine rechtliche Grundlage. Deswegen dürfte es in den allermeisten Fällen einem Deutschen wichtig sein, das Geschäft vertraglich zu fixieren. Genau an dieser Stelle ist höchste Vorsicht geboten. Gehen Sie hier nicht wie in Deutschland vor, wo über sachlich-bürokratische Zusammenhänge entsprechend nüchtern verhandelt und gesprochen wird. Sprechen Sie vielmehr wie zu einem Freund, auf dessen Wort Sie vertrauen. Beschreiben Sie es sprachlich so, dass der Handschlag für Sie das Entscheidende ist, Sie diese Geste befürworten und das Schriftliche lediglich eine Formalität darstellt, die Ihr Unternehmen von Ihnen erwartet. Zum Beispiel könnten Sie sagen: „Der Handschlag zählt und steht für uns – als Vertraute – verbindlich im Vordergrund. Es gibt da nur noch eine Kleinigkeit, an der ich allerdings in meinem Unternehmen gemessen werde. Ich muss aus formal-organisatorischen Gründen ein gültiges Papier vorlegen. Deswegen wäre ich dankbar, wenn wir uns da verständigen könnten." Durch die sprachliche Aufwertung des Handschlags und der Beziehung schaffen Sie die richtigen Voraussetzungen. Gleichzeitig sorgen Sie dafür, dass der sachliche Vertrag in seiner – vom Araber – wahrgenommenen Bedeutung als oberflächliche Kleinigkeit gesehen wird. Insgesamt tragen Sie dadurch dem emotionalen Bedürfnis des Arabers Rechnung und Sie holen sich in der Regel problemlos grünes Licht für eine schriftliche Fixierung.

▶ **Praxistipp** Arabische Männer fühlen sich gekränkt und reagieren extrem empfindlich, wenn sie auch nur andeutungsweise das Gefühl haben, dass zum Beispiel

- ihre Familie beleidigt wird,
- man sich über sie lustig macht (nicht zu verwechseln mit Humor),
- ihre Integrität, Seriosität oder gar Ehrlichkeit angezweifelt werden,
- sie abgewertet werden,
- sie bloßgestellt werden, insbesondere vor ihrer Gruppe,
- ihre männliche Ehre in Zweifel gezogen wird.

Abrundende und zusammenfassende Hilfen zur Konfliktlösung
Saint-John Perse sagte einmal: „Diplomatie ist die Kunst, mit hundert Worten zu verschweigen, was man mit einem einzigen Wort sagen könnte." Gerade im arabischen Raum sollte Diplomatie stets die führende Maxime aus Ihrer Sicht sein. Sie entschärfen einen Konflikt im Vorfeld, indem Sie bei entscheidenden Situationen Ihre eigene Kultur im Abgleich zur arabischen reflektieren und vorausschauend agieren.

Ist es in einer Situation tatsächlich erforderlich oder förderlich, ein Problem anzusprechen, so empfiehlt sich eine Vorgehensweise nach dem folgenden bewährten Dreischritt, der sogenannten Sandwich-Methode. Sie rahmen Ihren Kritikpunkt vorn und hinten mit weichen Worten ein. So puffern Sie ab, deeskalieren und vermeiden die harsche Wirkung Ihrer negativen Äußerung. Verwenden Sie aufwertende und herzliche Formulierungen, machen Sie Komplimente und betonen Sie Gemeinsamkeiten:

1. Beginnen Sie das Gespräch mit Anerkennung und Respekt für den Gesprächspartner.
2. Bringen Sie dann Ihre Kritik kurz und möglichst ohne Wertung an.
3. Lassen Sie das Gespräch positiv ausklingen, im Sinne von *Malesh* – nichts für ungut.

Die persönliche Ebene in den Vordergrund zu stellen, bedeutet auch, dass beide Seiten nicht verbissen nach den Ursachen für einen Konflikt suchen. Der Betroffene muss nicht unbedingt klar und unausweichlich mit seinem Fehler konfrontiert werden, wenn damit keine bedrohlichen Konsequenzen verbunden sind, wie etwa bei Sicherheitsfragen. Verhalten Sie sich gesichtswahrend. Nicht alles, was zu Ihrer schlüssigen Argumentationskette gehört, muss ausdiskutiert werden. Es dient dem großen Ganzen, wenn Sie die Dinge „im Sande verlaufen lassen".

In größeren Fällen ist die Schlichtung durch einen neutralen Dritten – einen Mittelsmann – eine bewährte Strategie im arabischen Raum. Dieser hat eine Mediatorfunktion und ist in der Lage, mäßigend auf die Streitparteien und ihre Positionen einzugehen, zu schlichten und nicht zu richten. Dadurch trägt er zur Deeskalation bei. Es zeigt sich hier, welche Bedeutung der Zugehörigkeit zu einer Gruppe zukommt und wie man sich auf einen entsprechenden Rückhalt verlässt, denn die schlichtenden Personen gehören meist zum Beziehungsnetzwerk. Es gibt Mittelsmänner, bei denen alle Beteiligten bereits im Vorfeld latent wissen, dass es zu einer erfolgreichen Schlichtung kommen wird. Das hängt häufig mit dem Alter, der Hierarchie oder dem Status des Mittelsmanns zusammen. Kennen

3.5 Schwierige Situationen richtig einschätzen und meistern

die Beteiligten eine entsprechend angesehene Person, so kann dieser Weg eine probate Konfliktlösungsmöglichkeit sein.

▶ **Praxistipps**

- Araber werfen Deutschen manchmal vor, sie würden die Kommunikation rein auf das Geschäftliche reduzieren. Beweisen Sie das Gegenteil, das erleichtert vieles.
- Wahren Sie die Ehre und das Gesicht Ihres Gegenübers: Keine Aussprache in Anwesenheit der Gruppe!
- Bestehen Sie nicht auf einer finalen inhaltlichen Klärung und darauf, Ihren arabischen Partner von seinem Fehler zu überzeugen. Würde er sich überzeugt zeigen, könnte das für ihn eine Bloßstellung bedeuten. Das gilt auch für kritische und einengende Fragen.
- Es kann sinnvoll sein, nicht immer ein sachliches Optimum zu erzielen. Gehen Sie daher Kompromisse ein und haben Sie das gemeinsame Interesse im Blick.
- Beißen Sie sich nach einem weitestgehend gelösten Konflikt nicht am Problem fest, sondern lassen Sie locker, sobald Sie merken, dass das Miteinander wieder funktioniert. Araber neigen dazu, Konflikten aus dem Weg zu gehen. Verzichten Sie daher auch unbedingt auf „Erziehungsmaßnahmen" im Sinne von: Der muss das jetzt verstehen, damit uns das beim nächsten Mal nicht wieder passiert.
- Nutzen Sie symbolische entgegenkommende und versöhnende Gesten, auch über Ihre Körpersprache. Schulterklopfen oder Umarmungen sind bei gleichgeschlechtlichen Kontaktpersonen angebracht.
- Großzügige Gesten, wie kulante Kompensationen, sind das Mittel der Wahl, gerade auch wenn ein Fehler bei Ihnen liegt. Nutzen Sie Ihren Spielraum, das gilt insbesondere im Servicebereich.
- Rufen Sie lieber persönlich an, als immer nur E-Mails zu schreiben. In der arabischen Mentalität ist das gesprochene Wort häufig beliebter.
- Komplimente über Kultur, Kunst, Sehenswürdigkeiten oder auch über die Herzlichkeit der Menschen und die gute arabische Küche sind typische Small-Talk-Themen, die sich aber auch gerade im Rahmen und vor allem im Anschluss an eine Konfliktbewältigung eignen.
- Das Zauberwort *Malesh*: Akzeptieren Sie es von Ihrem Gegenüber und nutzen Sie es Ihrerseits zur Versöhnung.

An dieser Stelle möchte ich einige allgemeine kommunikative Hinweise zu den Besonderheiten des Handelns und Verhandelns in täglichen Situationen geben. Man könnte auch von „*Arabic Bargaining*" sprechen, und die Formulierung würde nicht umsonst diesen Kulturraum explizit beinhalten. Tipps zu preislichen Verhandlungen oder zum Handeln und Feilschen, welches in der arabischen Welt ehrgeizig betrieben wird, klammere ich in dieser Publikation aus. Beim Ritual des so verstandenen „*Arabic Bargaining*" – ob in größeren Verhandlungen oder einfach auf dem Markt – finden die in diesem Kapitel genannten kommunikativen Grundlagen und Hilfestellungen ebenfalls Anwendung:

- die Stärkung der Beziehung zwischen Käufer und Verkäufer,
- der hohe Zeitbedarf,
- das sich Berufen auf andere Personen, um den Preis zu drücken,
- der situative Einsatz von Warmherzigkeit und Entrüstung in bühnenreifem Wechsel von einem Extrem zum anderen,
- die laute, dynamische und flexible Sprache: von lobenden Worten bis hin zu negativen Äußerungen,
- die theatralische Körpersprache,
- gastfreundschaftliche Gesten, etwa das Anbieten von Tee,
- die Achtung vor dem anderen,
- die Preisverhandlung endet mit einem – für beide Seiten – erfreulichen Ergebnis,
- ein versöhnlicher Abschluss mit freundschaftlicher Nachwirkung.

Wenn Sie Ihren arabischen Gesprächspartner zusätzlich mit einem Mini-Vokabular in seiner Sprache erfreuen, erlangen Sie zusätzliche Wertschätzung bei ihm, was Ihnen auch in herausfordernden Situationen zugutekommt. Es ist aus diesem Grund lohnend, sich ein paar Redewendungen anzueignen, die Sie vereinzelt in Ihre englische, französische oder deutsche Konversation einstreuen können, auch wenn Ihre Aussprache nicht ganz perfekt sein sollte. Worte wie *Insha' Allah, Boukra* und *Malesh* mögen beispielhaft dafür stehen. Die Kenntnis arabischer Begriffe bringt Ihnen außerdem die Mentalität der Araber und somit wichtige Einflussfaktoren für ihre kulturellen Prägungen näher.

3.5 Schwierige Situationen richtig einschätzen und meistern

„Humor und Geduld sind zwei Kamele, mit denen du durch jede Wüste kommst." Arabische Weisheit
„Wer allein arbeitet, addiert; wer zusammenarbeitet, multipliziert." Arabische Weisheit
„Bleib weg von Ärger und sing dazu." Arabische Weisheit

Bei der Verabschiedung bedankt man sich und drückt sein Bedauern über den Abschied aus, man artikuliert die Vorfreude auf ein Wiedersehen. Belassen Sie es im Anschluss auf keinen Fall nur bei der Kontaktaufnahme zu Ihren gemeinsamen beruflichen Themen. Zeigen Sie darüber hinaus stets Interesse am persönlichen Hintergrund Ihres arabischen Geschäftspartners. Hier sei auch an die islamischen und christlichen Feiertage erinnert. Vermeiden Sie bei Ihrer Korrespondenz allzu nüchterne Formulierungen, so auch im Schriftverkehr, zum Beispiel „Mit freundlichen Grüßen". Nutzen Sie stattdessen – so gut Sie es mit Ihrer

Art vereinbaren können – eine ausdrucksstärkere Sprache. Etwa so: „Bitte akzeptieren Sie meinen großen Respekt für unsere hervorragende Zusammenarbeit. Auf unseren nächsten Kontakt freue ich mich von Herzen." Nutzen Sie möglichst zusätzlich zum Schriftverkehr den mündlichen, notfalls auch den fernmündlichen Austausch.

Nun wünsche ich Ihnen in jeder Hinsicht eine spannende und gelungene „Reise in die arabische Welt", sei es als Gast oder Gastgeber, in Deutschland oder den arabischen Ländern. Ich bin sicher, dass Sie die Begegnungen mit Menschen aus diesem Kulturkreis als sehr bereichernd empfinden werden, und hoffe, dass meine Ausführungen Sie dabei begleiten und Ihnen so manche Hilfestellung geben können. Viel Freude und Erfolg dabei.

Literatur

Schami, R. (2011). Eine deutsche Leidenschaft namens Nudelsalat und andere seltsame Geschichten. München: dtv Verlag.

Weiterführende Literatur

Kiehling, H. (2008). Arabien-Knigge. München: De Gruyter Oldenbourg Verlag.
Kratochwil, G. (2011). Business-Knigge: Arabische Welt. Erfolgreich kommunizieren mit arabischen Geschäftspartnern. Zürich: Orell Füssli Verlag.
Kratochwil, G. (2012). Die neuen arabischen Frauen. Erfolgsgeschichten aus einer Welt im Aufbruch. Zürich: Orell Füssli Verlag.
Matar, Z. (2015). Geschäftskultur Arabische Golfstaaten kompakt. Wie Sie mit golfarabischen Geschäftspartnern, Kollegen und Mitarbeitern erfolgreich zusammenarbeiten (Geschäftskultur kompakt). Neuss: CONBOOK Verlag.
Reimer-Conrads, T. und Thomas, A. (2009). Beruflich in den arabischen Golfstaaten. Trainingsprogramm für Manager, Fach- und Führungskräfte (Handlungskompetenz im Ausland). Göttingen: Vandenhoeck & Ruprecht Verlage.

Nordamerikanische Kultur – Keep It Short and Simple (KISS) 4

Zusammenfassung

Das Akronym KISS lässt sich auf unterschiedliche Arten ausschreiben. Eine Möglichkeit lautet: *Keep It Short and Simple* (Mach es kurz und einfach). Damit sind entscheidende kommunikative Besonderheiten der nordamerikanischen Kultur, die im vorliegenden Kapitel behandelt werden, zusammengefasst.

4.1 Wo Visionen Wirklichkeit werden

Die Vereinigten Staaten von Amerika nehmen einen Großteil von Nordamerika ein.[1] Da sie außerdem international als führende Wirtschaftsmacht gelten, ist das Hauptaugenmerk des vorliegenden Kapitels auf sie gerichtet. Die Handlungsempfehlungen lassen sich mit einigen Einschränkungen auch auf Kanada übertragen. Soweit es in Einzelfällen grundlegende Abweichungen zwischen den USA

---

[1]Im Folgenden werden die Begriffe Vereinigte Staaten von Amerika (USA) und Amerika sowie US-Amerikaner und Amerikaner jeweils synonym verwendet.

und Kanada gibt, weise ich an der entsprechenden Stelle darauf hin. Gleichwohl sei betont, dass jede der beiden Nationen ihre eigene Identität lebt und stolz darauf ist. Kanadier sehen sich nicht gern im Schatten ihres Bruders USA und betonen daher stets ihre Eigenständigkeit.

Seit Ende des Zweiten Weltkriegs sind die deutsch-amerikanischen Beziehungen eine wichtige Säule der Außenpolitik beider Länder. In der Wirtschaft gibt es ebenfalls zahlreiche Kooperationen und Projekte zwischen deutschen und amerikanischen Unternehmen. Die USA sind einer von Deutschlands wichtigsten Absatzmärkten.

Sowohl die USA als auch Kanada sind bedeutende Einwanderungsländer. Menschen unterschiedlichster Herkunft haben sich in diesen beiden Nationen zusammengefunden, sie durch ihre mannigfaltigen Kulturen geprägt und neu definiert.

Typische amerikanische Erfolgsgeschichten bestätigen immer wieder, dass die Suche nach Glück und Aufstieg aussichtsreich ist. Hier glauben die Menschen daran, dass alle die gleichen Chancen haben. Beharrliche Zielstrebigkeit kann den Einzelnen von ganz unten nach ganz oben bringen. Kleine Wunder lassen sich aus eigener Kraft und mit Souveränität verwirklichen. Nicht umsonst gilt Amerika als das Land der Träume und ihrer Realisierung schlechthin.

Globaler Einfluss Amerikas
Englisch ist fraglos die Weltsprache der heutigen Zeit und die meisten Englisch-Muttersprachler leben in den USA. Kanada steht an dritter Stelle und hat – neben Englisch – noch die Amtssprache Französisch.

Das amerikanische Spektrum erscheint in jeder Hinsicht grenzenlos. Eine gewisse Amerikanisierung hat weit über die Landesgrenzen hinweg auch in anderen Nationen stattgefunden, wie beispielsweise bei uns in Deutschland. Amerika ist omnipräsent: Von McDonald's und Starbucks, über die Film- und Fernsehkultur bis hin zu den Big Techs GAFA (Google, Amazon, Facebook und Apple). Vieles erscheint uns so ähnlich und vertraut. Diese Tendenz verleitet zu dem Kurzschluss, dass wir unsere Verhaltensstandards 1:1 auf die amerikanische Mentalität übertragen können. Gemeinsamkeiten gibt es in der Tat, und diese werden uns in aller Regel keine Schwierigkeiten bereiten. Die Gefahr besteht darin, gedankenlos auf potenzielle Stolpersteine zuzulaufen, sie aber erst wahrzunehmen, wenn man über sie fällt. Daher ist es lohnend, die – auf den ersten Blick – nicht erkennbaren Stolpersteine aufzuzeigen, damit Sie sie geschickt umgehen können.

Doch kein Mini-Amerika

Lassen Sie sich also nicht dazu verleiten, zu glauben, dass wir in Deutschland so ticken wie die Menschen auf der anderen Seite des „großen Teichs", auch wenn wir der amerikanischen Einwirkung nicht entkommen und die Schnittmenge beträchtlich ist. Es bleiben dennoch zahlreiche, häufig versteckte Unterschiede, die Sie durchaus direkt betreffen können.

Der ehemalige Botschafter der Vereinigten Staaten in Deutschland Richard Burt brachte seinerzeit die Unterschiede zwischen Deutschland und den USA anschaulich zum Ausdruck. Über den US-amerikanischen Diplomaten wurde damals in der *Zeit* geschrieben:

> „Warum, fragt der amerikanische Patriot, bekennen sich die Bundesbürger nicht mit Stolz zu ihrem Gemeinwesen? Burts Verwunderung belegt gleichzeitig seine These, daß Amerika und die Bundesrepublik zwar Freunde, aber wahrlich keine Zwillinge sind. Seine Definition der nationalen Unterschiede kommt dann auch aus dem Herzen und trifft beinahe ins Schwarze: Hier ‚die geordnete und weniger mobile deutsche Gesellschaft, (die) ein Gefühl der Gemeinschaft und Zusammengehörigkeit fördert', dort ein ‚sozial, wirtschaftlich und politisch … wesentlich raueres Klima' und eine Gesellschaft, ‚die die Betonung auf die Möglichkeiten' für jedermann legt." (Buhl 1988).

Fragt man Deutsche, was typisch amerikanisch sei, so hört man einerseits Einschätzungen mit eher positiver Tendenz, wie etwa: Erfolg zählt, individualistisch, risikobereit, flexibel, kontaktfreudig, aufgeschlossen, höflich, patriotisch, ansteckende Dynamik, bewundernswerter Elan. Es gibt andererseits aber auch Aussagen mit negativer Neigung, wie etwa: oberflächlich, ungeduldig, zu sehr auf Äußerlichkeiten bedacht, überheblich, verrückt, naiv, zu positiv denkend, mangelnde geistige und künstlerische Tiefe.

Wie bei anderen Charakteristika auch handelt es sich hierbei häufig um zwei Seiten einer Medaille. Im Folgenden werden wir diese näher unter die Lupe nehmen.

4.2 Lebensgefühl und Lebensart der Amerikaner

In diesem Unterkapitel werden grundlegende gesellschaftliche Werte thematisiert. Wann immer Menschen auf andere Menschen treffen, gibt es im Miteinander unterschiedliche Charaktere. Ich möchte daher auch an dieser Stelle vor Verallgemeinerungen warnen. Hinzu kommt, dass sowohl die USA als auch

Kanada eine sehr große Fläche einnehmen. So macht es beispielsweise schon einen gewaltigen Unterschied, ob Sie es mit Menschen von der US-amerikanischen Ostküste, von der Westküste oder aus dem Süden zu tun haben. Auch innerhalb Kanadas gibt es Abweichungen, wie etwa zwischen der anglophonen und der frankophonen Bevölkerung. Außerdem sind beide Nationen wegen ihrer langen Geschichte der Einwanderung von unterschiedlichsten Kulturen aus der gesamten Welt geprägt. Gleichwohl gibt es bestimmte kommunikative Methoden, Verhaltensweisen und Sitten, die Ihnen als Leitlinien für Ihren Auftritt dienen können. Diese greifen ineinander und ergeben einen amerikanischen Grund-Spirit.

Begrüßung – *Hi, how are you?*
Das landestypische „*How are you?*" ist eine gängige Grußformel. Wortwörtlich würde man sie zwar mit „Wie geht es?" übersetzen, sie wird hier aber gewohnheitsmäßig schlicht als Begrüßung verwendet wie „Hallo", „Guten Tag" oder „Guten Abend". Es ist daher wichtig, nicht weiter über eine passende Antwort oder gar über das eigene psychische oder physische Befinden nachzudenken. Die Entgegnung bewegt sich inhaltlich in einem eng abgesteckten Spielraum und sollte in der Regel etwa folgendermaßen lauten: „*Fine, thanks for asking, how are you?*" oder „*Thanks, great, how are you?*". Negative Nachrichten sind an dieser Stelle nicht erwünscht und auch nicht angebracht. Der Tonfall ist vorzugsweise zwanglos. Es kommt durchaus vor, dass ein Fremder beispielsweise den Fahrstuhl mit einem „*Hi, how are you?*" betritt oder Sie diese Frage irgendwo im Vorbeigehen hören. Das sind Szenarien, die auch unabhängig von einer klassischen Begrüßung auftreten können.

Kommen wir nun zur eigentlichen Begrüßung, wie sie zwischen Gast und Gastgeber oder zwischen Geschäftspartnern erfolgt. Der Einstieg – „*Hi, how are you?*" – bleibt obligatorisch. Begrüßen Sie sich mit einem kurzen und festen Händedruck, und schauen Sie Ihrem Gegenüber dabei mit einem freundlichen Gesichtsausdruck in die Augen. Es herrscht ein informeller Umgangsstil, der sich auch in der Anrede zeigt. So ist es üblich, schnell zu den Vornamen oder sogar zum Spitznamen überzugehen. Ansonsten gilt „*Mrs. Cooper/Madam*" und „*Mr. Cooper/Sir*". Das formlose Miteinander fällt insbesondere dadurch leicht, dass das unkomplizierte „*you*" nicht zwischen „Sie" und „du" unterscheidet. US Amerikaner legen zudem bei der Anrede meist keinen großen Wert auf Titel. All dies gilt unabhängig von Altersunterschieden oder Hierarchieebenen. Letztere sind auf den ersten Blick nicht immer erkennbar. Dennoch herrscht ein großes Bewusstsein dafür, wer der Chef ist.

▶ **Praxistipp** Ist es Ihnen wichtig, dass Ihr Gegenüber einen vorhandenen Titel wahrnimmt, so empfehle ich Ihnen, in einer zurückhaltenden Weise lediglich Kompetenzsignale zu senden, ohne dass Ihr Sympathiewert darunter leidet. Das kann zum Beispiel beiläufig im Rahmen der Vorstellung des eigenen Aufgabengebietes, des beruflichen Werdegangs wie Studium, Spezialisierungen oder auch durch eine kurze Beschreibung von Referenzprojekten geschehen.

Bei den anglophonen Kanadiern stimmt der Übergang zum Vornamen prinzipiell mit dem Verhalten der US-amerikanischen Nachbarn überein, auch wenn hier zuweilen ein wenig mehr Zurückhaltung angesagt ist. Bei den frankophonen Kanadiern hingegen wird sprachlich zwischen dem formellen „*vous*" und dem informellen „*tu*" unterschieden, wobei Letzteres – also das „Du" – in aller Regel nicht so schnell angeboten wird.

Überschätzen Sie das vertraut wirkende „*you*" nicht zu sehr, schließlich bietet die englische Sprache die formelle Variante gar nicht erst. Ihr Gegenüber hat Ihnen also nicht bewusst das Du angeboten. Es ist interessant zu beobachten, dass bei US-amerikanischen Filmen in der deutschen Synchronisation zu Beginn die Unterscheidung zwischen „Sie" und „du" existiert und der Übergang zur informellen Anrede – je nach Handlung – ebenfalls erst nach dem näheren Kennenlernen geschieht.

Trotz eines möglicherweise raschen Übergangs zu den Vornamen sollten Sie nicht gleich von Vertrautheit ausgehen. Ihr Gegenüber möchte einfach nur nett zu Ihnen sein und für eine freundliche Grundstimmung sorgen. Im Dienstleistungsbereich oder bei flüchtigen Begegnungen ist es darüber hinaus in der englischsprachigen Welt durchaus üblich, verstärkende verbale Zusätze einzubauen wie „*sweetheart*", „*love*" oder „*honey*". Dadurch werden Sie aber nicht in Sekundenschnelle tatsächlich zum „Herzblatt" der Kellnerin oder des Kellners, der Verkäuferin oder des Verkäufers. Diese liebevoll klingenden Nettigkeiten gehören mancherorts zum guten Ton. Freuen Sie sich darüber, aber nehmen Sie solche Koseworte nicht wortwörtlich. Im geschäftlichen Bereich verwendet man sie ohnehin nicht.

Werden Sie durch Ihren amerikanischen Geschäftskontakt einer dritten Person in kürzester Zeit als „*my friend Heinrich*" vorgestellt, trifft auch hier die wörtliche Übersetzung ins Deutsche inhaltlich nicht zu. Sie gehören dadurch noch nicht zum Kreis der Freunde, und es bestehen keine gegenseitigen Verpflichtungen. Amerikaner benutzen einfach das Wort „Bekannter" *(acquaintance)* eher nicht.

4.2 Lebensgefühl und Lebensart der Amerikaner

▶ **Praxistipp** Worte wirken! Seien Sie sich dessen bewusst. Sprache hat die Macht, Gefühle zu erzeugen. Amerikaner setzen meist schon zu Beginn eines Gespräches entsprechende Formulierungen in der guten Absicht ein, eine angenehme Atmosphäre und positive Verbindung zum anderen aufzubauen. Erwidern Sie das auf eine Art, die Sie vertreten können. Haben Sie dabei im Blick, dass dies keine Freundschaftsbekundungen sind.

Gekonnt plaudern mit den Small-Talk-Weltmeistern

Für jede Anfangssituation des beruflichen und privaten Lebens gilt es, die Eintrittskarte des Small Talks zu beherrschen und einzusetzen. Alles andere würde in der Regel als unhöfliches Überrumpeln erlebt werden. Das gilt auch, wenn Sie als Kunde ein Geschäft betreten und gezielt nach etwas Bestimmtem suchen. Ohnehin nutzen Amerikaner den heimischen Small Talk nicht nur im Rahmen der Begrüßung, sondern in jeder Alltagssituation, wie etwa in der Warteschlange an der Supermarktkasse oder in öffentlichen Waschräumen. Bei der Begrüßung wird das Ritual der kleinen Konversation, die dem eigentlichen Gespräch vorgeschaltet ist, als „Eisbrecher" *(icebreaker)* betrachtet, mit dem eine gemeinsame Gesprächsebene geschaffen wird. Hierbei zeigt man auch seine partnerschaftliche Seite und knüpft Kontakte *(socializing)*.

Der Small Talk stellt die Weichen für das weitere Miteinander. Er ist spontan, unstrukturiert, unkompliziert und humorvoll. Betrachten Sie ihn als leichtes Geplänkel, bei dem Sie sich von Ihrer besten Seite zeigen und alle Beteiligten sich wohlfühlen. Gute Themen sind etwa die sportlichen Vorlieben der Amerikaner wie Football oder Baseball, deutsche und amerikanische Statussymbole, gemeinsame Interessen, die unmittelbare Umgebung, Ihre Herkunft, die Anreise, Lob und Anerkennung sowie zahlreiche andere unverfängliche Themen.

Ungeeignet für Small Talk sind Politik, Religion, Hautfarbe, Sexualität, Krankheiten und sämtliche negativ besetzten Themen. Auch Kritik am Patriotismus der Amerikaner, am amerikanischen Waffenrecht oder an der Todesstrafe sollten gemieden werden. Der Nationalstolz der US-Amerikaner wird von uns gelegentlich als überhöht erlebt. Will man aber mit Amerikanern gut auskommen, empfiehlt es sich, diese Liebe zur eigenen Nation nicht als irritierend anzusehen, sondern zu akzeptieren, dass sie wirklich von Herzen kommt. Beim Small Talk mischt man sich normalerweise nicht in die Belange der anderen ein. Daher sind die Fragen Ihres Gegenübers nicht als Neugier zu verstehen. Auch Sie sind gut beraten, Ihre Sprachbeiträge daran anzupassen und beispielsweise keine indiskreten Fragen zu stellen.

▶ **Praxistipps**

- Vermeiden Sie während des Small Talks überlange Pausen und peinliches Schweigen. Amerikaner fühlen sich dabei unwohl. Daher gilt in dieser Phase: Immer weiterreden.
- Normalerweise fällt es leicht, den Small Talk so zu gestalten, dass sich ein symmetrisches Miteinander entwickelt. Sollten Sie hierbei Schwierigkeiten haben, können offene Fragen und aktives Zuhören Sie dabei unterstützen, das Gespräch in Gang zu halten, ohne dass Sie permanent der aktive Part sein müssen.
- Außerdem bietet es sich an, die Fragen Ihres amerikanischen Gesprächspartners kurz zu beantworten und dann zurückzufragen, indem Sie seine Frage wiederholen.

Egal, worum es geht, es ist günstig, sich eine Brücke zum eigentlichen Thema zu bauen. Prüfen Sie in der Situation selbst, wie Sie mit Ihrem Gesprächspartner am besten auf die gleiche Wellenlänge kommen.

Kommunikative Besonderheiten – klare Sprache und positiver Grundtenor
Nur in seltenen Fällen wird Ihr amerikanischer Gesprächspartner Deutsch sprechen. Das bedeutet für Ihre Gespräche, dass er, anders als Sie, in seiner Muttersprache kommuniziert. Dieser Abschnitt soll Ihnen dabei helfen, mögliche sprachlich-kulturelle Klippen zu umschiffen.

Amerikaner sind in ihren Formulierungen meist sehr klar und zwanglos. Sie kommen ohne Umschweife rasch auf den Punkt, äußern ihre eigene Meinung unmissverständlich, legen couragiert ihren Standpunkt dar und positionieren sich deutlich. Dabei beherrschen sie die Kunst der extrovertierten Kommunikation, gepaart mit rhetorischem Geschick, aus dem Effeff. Mit wenigen ausdrucksstarken Worten und zugespitzten Pointen wird das Gegenüber bestens unterhalten. Redegewandtheit ist aus amerikanischer Sicht eine Schlüsseltugend.

Bei uns hingegen wird gern eine sachliche Sprache gewählt, die neutral und präzise Fakten sowie viele Details vermittelt.

Humor wirkt bei Amerikanern als zusätzlicher rhetorischer Hebel. Sie verfügen über eine treffsichere Schlagfertigkeit und schätzen diese auch bei anderen Menschen sehr. Ein guter Witz wird gern erzählt und gehört. Dabei werden Anzüglichkeiten und Diskriminierungen gemieden.

Im Unterschied zum deutschen sprachlichen Ausdruck verzichten Amerikaner auf typische einschränkende und relativierende Formulierungen, wie „könnte", „sollte" oder „eventuell". Sie bleiben dabei jedoch zuvorkommend. Der amerikanische

4.2 Lebensgefühl und Lebensart der Amerikaner

Sprachgebrauch hat seine eigenen Füllsel, die von Amerikanern selbst vermieden werden sollten. Einige dieser Formulierungen lassen sich allerdings so einsetzen, dass die Klarheit der Position nicht gemindert wird, etwa „*I mean*", „*believe me*" oder „*as you can see*".

▶ **Praxistipps**

- Es ist empfehlenswert, auf schwache Formulierungen zu verzichten. Vermeiden Sie nach Möglichkeit Sätze, die etwa folgendermaßen beginnen: „Wir haben versucht ...", „Vielleicht sehen Sie es anders, aber ich denke ..." oder „Ich bin mir nicht sicher ...".
- Sind Sie von Ihren Inhalten überzeugt, dann ersetzen Sie beispielsweise Aussagen wie „Das sollte gehen" durch „Das wird funktionieren" oder „Ich bin davon überzeugt".
- Richten Sie sich darauf ein, dass auch Fragen gezielt und konsequent gestellt werden, und wählen Sie bei Ihren Antworten eine transparente, sichere und entgegenkommende Sprache.
- Achten Sie auf klar verständliche Botschaften, und stellen Sie Nähe zu Ihrem Gegenüber her.

Direkt, aber bitte sensibel

Der Tonfall einer Aussage erlaubt es, viel zu sagen, ohne dabei als schroff erlebt zu werden. Trotz direkter und fordernder Sprache bleibt ein Amerikaner in der Regel höflich. Seien Sie daher vorsichtig mit der kritisch-nüchternen Sprache, wie sie bei uns üblich ist. Unser deutscher offener und allzu direkter Ausdruck wird von Amerikanern als ungewohnt und verletzend erlebt. Dies liegt in der amerikanischen Erziehung und in der Sehnsucht nach Anerkennung begründet. Selbst bei kleinsten negativen Aussagen wechseln Amerikaner sofort zum positiven Grundton über. Auch bei einer Ablehnung bevorzugen sie die sprachliche Umschreibung. Ein klares „Nein" wird als unhöflich erlebt. Sagen Sie stattdessen lieber „Ich fürchte ...".

▶ **Praxistipps**

- Nehmen wir ein Beispiel: Die Formulierung „Eigentlich geht das nicht" stellt den Gesprächspartner vor vollendete Tatsachen und relativiert sie im selben Atemzug. Die Aussage dürfte halbherzig und kaum überzeugend wirken. Beginnen wir aber die Übersetzung dieses Satzes mit „*Actually ...*" (Eigentlich ...), so schwingt in dem englischen Wort eine angenehm wirkende Pufferung mit. Die Fortsetzung könnte lauten: „*Actually, that might be difficult. What we can do …*". Die amerikanische Kultur und Sprache bieten Ihnen durch einen bejahenden Grundton vielfältige Möglichkeiten, sich einfach und konstruktiv auszudrücken.

- Lösen Sie sich davon, Formulierungen direkt aus dem Deutschen zu übersetzen. Das gilt beispielsweise auch für „Ich möchte bitte …": „*I want*" würde unhöflich klingen, während „*I would like …, please*" die feinere Ausdrucksweise ist.

Hohe sprachliche Sensibilität gebietet auch die „Political Correctness". Beispielsweise dürfen Minderheiten in keiner Weise diskriminiert werden. Daher lautet die kultivierte Bezeichnung für Menschen mit sehr dunkler Hautfarbe „*African Americans*". Personen mit körperlicher Behinderung werden beispielsweise als „*physically challenged*" bezeichnet.

Vorsicht ist auch bei der Formulierung von Themen geboten, die mit „Hygiene" zu tun haben. Hier wird das eigentliche Wort sprachlich ausgeklammert und stattdessen neutral ausgedrückt. Begriffe wie „Toilette" werden so zu „*bathroom*" oder „*restroom*".

Der nachstehende Praxisfall beschreibt, wie es in einer pointierten Situation zu einem peinlichen und geradezu komischen Missverständnis kommen kann.

Unter Druck

Auf einem Flug trifft die junge und unerfahrene deutsche Flugbegleiterin Felicitas Stratmann auf den US-amerikanischen Passagier Anderson Miller. Frau Stratmann hat ihr Englisch in England aufgebessert. Bestimmte amerikanische Begriffe sind ihr noch nicht geläufig. Als Herr Miller sich zu Beginn des Fluges mit den Worten „*Excuse me, where are the restrooms?*" nach den Toiletten erkundigt, versteht sie ihn falsch. Sie denkt, er würde Ruheräume (*to rest* = ruhen) suchen, und erwidert, dass diese an Bord nicht existieren: „*I am sorry Sir, we don't have any restrooms on board.*" Daraufhin wundert sich Herr Miller und fragt: „*What, no restrooms?*". Auch Frau Stratmann ist erstaunt, denn sie versteht nicht, dass ein Gast, der in einer regulären Reiseklasse gebucht hat, Ruheräume in einem Passagierflugzeug erwartet. Sie verstärkt ihre erste Antwort und sagt: „*Sir, I am really very sorry, but there are no restrooms on board.*" Herr Miller wird unruhig, denn er weiß sich nicht zu helfen und fragt: „*But what*

4.2 Lebensgefühl und Lebensart der Amerikaner

> *shall I do?"* Frau Stratmann appelliert an seine Gelassenheit und antwortet: *"Just relax, you'll have to rest in your seat."*
> Natürlich hat sich in den Minuten danach das Verständigungsproblem aufgelöst und beide – Frau Stratmann und Herr Miller – haben herzlich gelacht.

Superlative bei Komplimenten, Dank und Entschuldigung
Der großzügige Umgang mit anerkennenden Worten ist für Amerikaner etwas ganz Alltägliches. Von selbstbewusster Freude bis hin zu großer Begeisterung werden Emotionen überschwänglich zum Ausdruck gebracht. Sie gehen leicht über die Lippen und wirken, denn das bestärkt und motiviert. Typische Worte in diesem Zusammenhang sind beispielsweise *"great"*, *"amazing"*, *"awesome"*, *"outstanding"*, *"excellent"* oder *"wonderful"*. Der Maßstab solcher Wertungen ist anders als bei uns. Hat Ihnen beispielsweise das Essen gut geschmeckt, dann wäre ein einfaches *"good"* eine viel zu durchschnittliche Beurteilung. Berücksichtigen Sie diese Besonderheit aber auch im umgekehrten Fall, nämlich wenn Sie ein Feedback für Ihre Leistungen erhalten. Auch an ausschweifenden Schmeicheleien wie *"I love your country"*, *"I like your earrings"* oder *"You look great"* wird nicht gespart. Wenn Sie schon in näherem Kontakt zueinander stehen, können sich Komplimente auch auf Charaktereigenschaften oder das Miteinander beziehen.

Achtung: Vorsicht vor Komplimenten, die als sexuelle Belästigung empfunden werden könnten. Dieses Thema wird in Amerika sehr ernst genommen. Belassen Sie es notfalls bei Ihrer Anerkennung für eine Leistung.

Deutsche empfinden große Anpreisungen schnell als unglaubwürdig. Ein Kompliment soll ehrlich sein, sonst ist es nur heiße Luft. Es gilt außerdem: Was selten vorkommt, bleibt kostbar. Nicht umsonst existiert hierzulande der Ausspruch „Nicht geschimpft, ist genug gelobt". In der Geschäftswelt neigt man zu dezentem Lob. Von manchen Menschen wird gute Arbeit auch als selbstverständlich angesehen und unkommentiert hingenommen.

▶ **Praxistipps**

- Machen Sie sich bewusst, dass Amerikaner großen Wert auf positive Verstärkung legen. Entfällt diese, könnte Ihre Kontaktperson denken, dass etwas nicht stimmt.
- Suchen Sie nach Möglichkeiten für wertschätzende Kommentare, die auf Ihr Gegenüber abgestimmt sind. Finden Sie also bei der

betreffenden Person eine „Wahrheit", die Sie mit Ihren Worten betonen.
- Wählen Sie ein Vokabular, das zu Ihrem Sprachstil passt.
- Machen Sie sich dabei bewusst, dass Sie die stärkste Wirkung erzielen, wenn Sie die anerkennenden Worte mit einem gewissen Maß an Enthusiasmus verbinden.
- Wenn Sie ein Kompliment bekommen, lassen Sie sich darauf ein, freuen Sie sich darüber und reagieren Sie entsprechend.

Ähnliches gilt für den großzügigen Umgang mit Dank und Entschuldigung. *„Thank you so much"* oder *„I greatly appreciate"* sowie *„I am awfully sorry"* oder *„I deeply apologize"* werden gerne benutzt und gehört. Man bedankt sich schon bei der kleinsten Gefälligkeit, etwa für das Kommen, für das Gespräch oder für die geschenkte Zeit. Es ist auch üblich, sich beim geringsten Anlass, sogar bei simplen alltäglichen Kollisionen, wie etwa einer unbeabsichtigten Berührung, zu entschuldigen. Wenn Sie niesen müssen, ist unmittelbar danach ein *„Excuse me"* angemessen. Passen Sie sich hier möglichst dem amerikanischen Stil an, um nicht als unhöflich aufzufallen, auch wenn es aus Ihrer Sicht kaum gerechtfertigt erscheint.

Selbstbewusste und lässig-legere Körpersprache
Die nonverbale Kommunikation der Amerikaner wirkt auf den ersten Blick unserer recht ähnlich. Hände und Arme werden im Dialog relativ neutral eingesetzt. Der Gesichtsausdruck ist meist lebendig und freundlich. Je nach Situation demonstriert die amerikanische Körpersprache auch großes Selbstvertrauen. Verstärkt wird dies durch zusätzliche Signale der Gelassenheit. Nachstehend finden Sie einige Orientierungen für mögliche stille Botschaften bei Ihrem Kontakt mit Amerikanern. Sie können sich auch danach richten, wenn Sie Ihre eigene Mimik und Gestik gezielter und gleichzeitig auf Ihre persönliche Art kontrollieren möchten.

- Intensiver Blickkontakt während des gesamten Gesprächs signalisiert Interesse und Ernsthaftigkeit.
- Denken Sie an den lebendigen und freundlichen Gesichtsausdruck – *keep smiling!*
- Eine offene Körpersprache weist auf Dialogbereitschaft hin.
- Kopf hoch – in jeder Hinsicht – und ein gerader Rücken demonstrieren Dominanz und Überlegenheit. Ein aufrechter Stand und aufgeschlossene, raumgreifende Gesten verstärken diesen Eindruck und signalisieren Zuversicht.

4.2 Lebensgefühl und Lebensart der Amerikaner

- Tippt man sich mit dem Zeigefinger an die Stirn steht das für „intelligent" oder „clevere Idee". In Deutschland bedeutet diese Geste, dass man jemandem den „Vogel" zeigt.
- Daumen und Zeigefinger zu einem Kreis geformt, steht – wie in Deutschland – für „okay". Das gilt auch für die „Daumen hoch"-Geste.
- Mittel- und Zeigefinger kreuzen *(fingers crossed)* bedeutet „Viel Glück".
- Der nach oben ausgestreckte Zeigefinger steht für die Zahl Eins. Kommt der Mittelfinger hinzu symbolisiert das die Zwei. Zusammen mit dem Ringfinger ist es die Drei. Sollten Sie die deutsche Geste für die Zahl Drei verwenden, also Daumen, Zeige- und Mittelfinger, könnte das für den Amerikaner wie eine Zwei aussehen.
- Eine Hand in der Hosentasche gilt als locker, entspannt und souverän.
- Halten Sie die rechte Hand immer für das Händeschütteln frei. Nehmen Sie also gegebenenfalls das Glas in die linke Hand.
- Der Handschlag ist fest und von kurzer Dauer. Den Handkontakt länger zu halten, um die Herzlichkeit zu betonen, wäre eher unüblich.
- Insgesamt legen Amerikaner wenig Wert auf Protokoll, sie würden auch ihr Jackett ausziehen und die – für sie – bequeme Sitzposition einnehmen.
- Vor der Brust verschränkte Arme werden nicht gern gesehen.
- Das Massieren der Schläfen und der Stirn sowie das Reiben an der Nase könnten als ein Zeichen für Unehrlichkeit oder Irritation gehalten werden.
- Im Miteinander bitte genügend Abstand halten, etwa eine Armlänge.

Die Zeit im Nacken
In Nordamerika herrscht – wie auch in Deutschland – ein monochrones Zeitverständnis. Die Menschen sind extrem zeitbewusst und leben nach dem Leitsatz *„time is money"*, der sich wie ein roter Faden durch ihr Verhalten zieht, vor allem bei den Bewohnern der Ost- und Westküste.

Amerikaner erwarten, dass ihr persönliches Zeitmanagement von anderen respektiert wird. Zeit ist ein knappes Gut und Zeitbewusstsein bis hin zur Zeitersparnis eine wichtige Voraussetzung, um berufliche Ziele zu erreichen. Es besteht Interesse an kurzfristigen Erfolgen und Profit. Leistungs- und Zeitdruck steigen rapide an, wobei Letzterer häufig dominiert.

▶ **Praxistipp** Bedenken Sie stets, dass in einer so schnelllebigen Kultur wie der amerikanischen ein bestmöglicher erster Eindruck das A und O ist. Sollte dieser nicht gut gelingen, gibt es möglicherweise keine zweite Chance, um die Situation zu retten.

Amerikaner vermitteln häufig den Eindruck, die Zeit fest im Griff zu haben. Dies gilt stärker als bei vielen Deutschen und wirkt manchmal fast wie eine Besessenheit. Das kann verschiedene Bereiche des Miteinanders beeinflussen, zum Beispiel das gesellschaftliche und geschäftliche Leben, jede Art der Kommunikation, Spontaneität und Kurzfristigkeit von Terminvereinbarungen, das Tempo bei Entscheidungen, die Qualität der Arbeit, die Begeisterung für Veränderungen oder die angestrebte Dauer der Geschäftsbeziehung. Eine effiziente Abwicklung sämtlicher Aktivitäten ist Amerikanern wichtig. Langatmige Erläuterungen oder allzu zeitintensive Arbeitsschritte können zu Ungeduld und somit zu Irritationen führen. Für die Folgen dieses besonderen Zeitverständnisses gilt es, Kriterien zu formulieren, um gemeinsam bestmöglich die gesteckten Ziele zu erreichen. Im Unterkap. 4.3 „Busy, busy: stets schwer beschäftigt" lernen Sie diese Aspekte kennen.

Bezeichnende „–ismen" in Amerika: Individualismus, Pragmatismus, Optimismus
Amerikaner sind überzeugte Individualisten. Sie verlassen sich auf sich selbst, was sich bis in die Sprache hinein nachverfolgen lässt. So gibt es viele Begriffe, die mit *„self"* beginnen. Hier sei insbesondere auf den *Selfmademan* hingewiesen. Das persönliche Fortkommen steht im Vordergrund. Nach der Idee der Chancengleichheit sind Eigeninitiative und harte Arbeit maßgeblich für den Erfolg. Konkurrenz ist keine Belastung, sondern spornt an, um die eigene Leistung zu beweisen und zu optimieren. Gelingt dies nicht, wird nicht gejammert und geklagt. Das wäre Verschwendung kostbarer Energie- und Zeitressourcen. Dabei hilft den Amerikanern ein gewisser Pragmatismus, um die Dinge so zu nehmen, wie sie sind, und nicht zu hadern: Wer strauchelt, steht direkt wieder auf und macht weiter.

Amerikaner legen in der Regel einen unbändigen Optimismus an den Tag, geprägt von Hoffnung und positiver Energie. Die Möglichkeiten zur Neuorientierung gelten als unbegrenzt. Individuelle Freiheit und Autonomie stehen ganz weit oben und werden gern genutzt, um sich nach den eigenen Vorstellungen zu entfalten. Freie Entscheidungswahl beginnt schon im Alltag, allein bei der gebotenen Vielfalt an Ernährungsmöglichkeiten und den sonstigen XXL-Möglichkeiten. Eng damit verknüpft ist der stark ausgeprägte Wunsch nach Unabhängigkeit. Das erklärt, weshalb jederzeit ein gewisses Gefühl der Unverbindlichkeit mitschwingt. Man möchte anderen nicht zur Last fallen, sich verpflichten oder ihnen einen Gefallen schuldig sein.

Die bisherigen Ausführungen sind Ausdruck wichtiger amerikanischer Ideale. Wie sich diese in der direkten Kommunikation zeigen, habe ich in Tab. 4.1 noch einmal knapp und anschaulich für Sie zusammengefasst.

Tab. 4.1 Die deutsche Sabine und die amerikanische Jane im Vergleich

Die deutsche Sabine	Die amerikanische Jane
1. verhält sich beim Erstkontakt eher reserviert und nutzt eine neutrale Sprache.	1. geht locker und zwanglos in den Erstkontakt und schafft durch eine formlose, freundliche Sprache eine gute Atmosphäre.
2. geht nach der Begrüßung rasch zu ihrem Anliegen über.	2. schaltet ihrem eigentlichen Anliegen einen aufwärmenden Small Talk vor.
3. drückt sich sachlich und akribisch aus und bleibt dabei vorsichtig.	3. drückt sich rhetorisch geschickt und unterhaltsam aus und bezieht dabei eine klare Position.
4. benennt die Sache direkt, offen und in einer zweckmäßigen Sprache beim Namen.	4. spricht das Thema deutlich an und nutzt gleichzeitig „Wohlfühl"-Formulierungen.
5. hält zu viele anerkennende Worte für übertrieben und inhaltsleer.	5. betont ihre positiven Eindrücke durch Superlative.
6. kommuniziert mit einer unauffälligen nonverbalen Sprache.	6. kommuniziert mit einer neutralen Körpersprache und präsentiert sich bei Bedarf selbstbewusst und natürlich.
7. ist zeitbewusst und setzt im Zweifel eher auf „Qualität vor Zeit".	7. ist zeitbewusst und setzt im Zweifel möglicherweise auf „Zeit vor Qualität".
8. verlässt sich auf ihre eigene Person, ist häufig eher skeptisch und sieht verstärkt die Schwierigkeiten.	8. verlässt sich auf ihre eigene Person, ist meist zuversichtlich und sieht vor allem die Chancen.

4.3 Busy, busy: stets schwer beschäftigt

Wer mit Amerikanern und insbesondere mit amerikanischen Geschäftsleuten in Kontakt steht, hat nicht selten den Eindruck, dass „schwer beschäftigt" oder „*busy, busy*" eine Konstante in ihrem rastlosen Lebens- und Arbeitsstil ist. Das gilt zwar auch für uns in Deutschland, aber nicht auf solch einem Niveau. Auch die berufliche Kommunikation wird von diesem Umstand geprägt.

Der folgende Fall beschreibt eine Situation, in der eine deutsche Mitarbeiterin, die selbst sehr eingespannt ist, diesen kulturellen Unterschied recht unsanft zu spüren bekommt.

> **Der feine Unterschied zwischen beschäftigt und *busy, busy***
> Die Eventmanagerin Marion Schröder aus Stuttgart plant und organisiert von ihrer Heimat aus eine Veranstaltung in den USA für einen deutschen Konzern. Das Firmenevent soll in einem Fünf-Sterne-Hotel in New York stattfinden. Frau Schröder hat einen dicht gefüllten Terminkalender und arbeitet ihre Aufgaben gewissenhaft und effizient ab. Drei Luxushotels in Manhattan kommen in die engere Wahl. Die Eventmanagerin greift zum Telefon, ruft in einem der Hotels an und wird an die Sekretärin der Hoteldirektion, Ashley Williams, weitergeleitet. Frau Schröder begrüßt die Gesprächspartnerin am anderen Ende, stellt sich kurz vor und benennt alle notwendigen Eckdaten. Während sie spricht, fällt ihr die Amerikanerin dezidiert ins Wort und sagt: „Zu viele Erklärungen! Was genau ist Ihr Anliegen?" Frau Schröder ist irritiert von der schroffen Art, bringt aber das Telefonat höflich zu Ende. Im Nachhinein ärgert sie sich jedoch über den unschönen Verlauf des Gesprächs. Sie hakt dieses Hotel für sich ab und setzt ihre Arbeit fort. Kurze Zeit später erhält sie eine überaus wertschätzende E-Mail von Frau Williams mit einem punktgenauen Angebot für das geplante Firmenevent.

„*Busy, busy*" bedeutet auch, dass man nicht warten kann, dass von vornherein eine gewisse Ungeduld da ist und ein entsprechender Auslöser den amerikanischen Gesprächspartner endgültig aus der Fassung bringen kann. Frau Schröder hätte diese ungeduldige Reaktion nicht ausgelöst, wenn sie sich an einigen Regeln der kurzen Rede orientiert hätte. Diese Regeln gelten vor allem für die Präsentation von Geschäftsideen, bei Einstellungsgesprächen oder für andere wichtige Wortbeiträge, bei denen der Gesprächspartner überzeugt werden soll.

▶ **Praxistipp** Wundern Sie sich nicht, wenn die typisch amerikanische Lässigkeit *(easy going)* Abstriche erfährt: Werden ungeschriebene Gesetze nicht eingehalten, zeigt sich das scheinbar so unkomplizierte Amerika auch schon mal recht unbequem. Fallen Sie daher nicht auf die spontane Lockerheit herein, dahinter verbirgt sich häufig ein knallharter Geschäftssinn mit höchsten Ansprüchen.

Berufliche Gesprächskultur – kurz und bündig
Geht es um die Arbeit, fällt immer wieder ein zentraler Unterschied zwischen der amerikanischen und der deutschen Kultur auf. Amerikaner sind aktiv, ohne viel

darüber zu reden, bei Deutschen ist es umgekehrt. Hier prallen die Macher aus der neuen und die Denker aus der alten Welt aufeinander. Wenn Deutsche ein Projekt angehen, tragen sie vorab sämtliche Informationen detailliert zusammen, analysieren alle denkbaren Sollbruchstellen und entwickeln einen möglichst konkreten Plan, der danach reibungslos und bei höchsten Qualitätsstandards funktionieren soll. Amerikaner hingegen setzen gern bei einem Zukunftsbild an, das sie sich zum Ziel setzen. Dann wird überlegt, wie dieses Ziel auf dem schnellstmöglichen Weg erreicht werden kann. Dabei verzichten sie auf zu viele Einzelheiten, packen die Sache direkt an und justieren bei Bedarf nach. Stoßen beide Kulturen aufeinander, so empfinden Deutsche die amerikanische Herangehensweise häufig als unüberlegt, spontan und übereilt. Amerikaner hingegen erleben die deutsche Art als eher detailversessen, umständlich und schleppend.

▶ **Praxistipps**

- Machen Sie sich bewusst: Deutsche setzen alles daran, um einen Misserfolg zu vermeiden. Sie gehen mit der nötigen Besonnenheit und Umsicht an ein Projekt heran. Dieser Denkansatz kann lähmend wirken. Er sorgt aber auch für grundlegende Ideen, die bereits im Vorfeld vor möglichen Gefahren schützen und die Qualität sichern.
- Denken Sie gleichzeitig daran: Amerikaner sind furchtloser und risikofreudiger. Sie machen sich meist eifrig und sorglos ans Werk. Das ist eine Herangehensweise, die sich möglicherweise als zu impulsiv erweist. Gefahren können übersehen werden und die Qualität kann darunter leiden. Dieses Vorgehen setzt aber auch Kreativität frei und kann erfrischend sein.
- Die Maximierung der Vorteile beider Kulturen sollte angestrebt werden. Daher sind Sie gut beraten, zwar auf Ihre Stärken zu vertrauen, allerdings nicht ausschließlich. Überlegen Sie in Ihrem eigenen Interesse, wie sich das gemeinsame Potenzial diesseits und jenseits des Atlantiks für eine optimale Lösungsfindung nutzen lässt.
- Dabei ist es erfahrungsgemäß sinnvoll, Ihr amerikanisches Gegenüber sprachlich in seiner Welt abzuholen. Das gelingt Ihnen, wenn Sie sich vorab mit der Frage beschäftigen: Wie lässt sich die lange Rede vermeiden und der kurze Sinn herausfiltern?
- Sollten Sie dennoch wissen, dass Sie bei einem Gespräch mehr Zeit benötigen, dann holen Sie sich bei Ihrem Gesprächspartner besser vorab grünes Licht.

Gerade amerikanische Geschäftsleute bilden sich in kürzester Zeit ihren Eindruck. Eine Fülle von Details und unterfütternder Ausführungen überfordern sie. Als einfache Methode für eine geraffte, prägnante Aussage eignet sich der sogenannte Elevator Pitch. Dieser Aufzugspräsentation liegt die Idee zugrunde, dass Ihnen nur die Zeit einer Fahrt vom Erdgeschoss in die Chefetage zur Verfügung steht, um einen Entscheider von Ihrer Botschaft zu überzeugen. Das entspricht in etwa einem Zeitmaß von 30 bis 60 s. Zwei Schlüsselgedanken stehen hierbei im Zentrum:

1. Knüpfen Sie möglichst am Bedarf Ihres Gegenübers an, für den Sie eine Lösung haben.
2. Beschreiben Sie in wenigen Sätzen, wie Sie diesen Bedarf passgenau lösen werden.

Die folgenden Praxistipps eröffnen Ihnen die besten Chancen, um bei Ihrem Elevator Pitch positiv aufzufallen, einprägsam zu sprechen und überzeugend aufzutreten. Diese Praxistipps beziehen sich auf die Optimierung eines einzelnen Wortbeitrags, also auf den eigentlichen Elevator Pitch.

▶ **Praxistipps**

- Setzen Sie beim Ergebnis an – haben Sie immer das Ziel Ihres Gesprächspartners vor Augen. Stellen Sie den Nutzen heraus, den Ihre Idee ihm bringen soll, was Sie also konkret im Ergebnis verbessern werden. Das gilt insbesondere dann, wenn sich der Nutzen finanziell quantifizieren lässt. Die entscheidende Frage für den amerikanischen Gesprächspartner lautet: Wie profitiere ich davon? *(What's in it for me?)*
- Knüpfen Sie nach Möglichkeit an einem neuralgischen Punkt Ihres Gesprächspartners an, den Sie vorher in Erfahrung gebracht haben. Das könnte beispielsweise auch eine neue Zukunftsentwicklung sein.
- Betonen Sie Ihr Alleinstellungsmerkmal, Ihre USP *(unique selling proposition)*, die Sie und Ihr Angebot einzigartig macht.
- Weniger ist mehr: Formulieren Sie kurz, einfach und vom Sprachniveau her für jedermann leicht verständlich. Stellen Sie sich im Zweifel vor, dass sowohl Senioren als auch Kinder Ihnen folgen können sollten.

- Achten Sie auf die Nachhaltigkeit Ihrer Botschaft. Das erreichen Sie durch eine herausstechende Darstellung, die positive Gefühle erzeugt. Der Erfolg hängt nicht nur von Daten und Fakten ab, sondern ganz entscheidend auch von der emotionalen Ansprache. Eine angenehme Art, eine bildhafte Sprache, eine ansprechende Körpersprache und eine wohltuende Stimme tragen dazu bei.
- Halten Sie die Aufmerksamkeit Ihres Gesprächspartners auf hohem Niveau. Als Merkstütze dazu: Achten Sie bei Ihren Ausführungen darauf, dass er zu keiner Zeit sagt oder denkt: *„So what?"* („Na und, was soll's?"), sondern dass er stattdessen noch mehr von Ihnen hören möchte.

Meine Erfahrung in Seminaren zeigt immer wieder, dass sich deutsche Fach- und Führungskräfte gegen derartige einfache Wortbeiträge sträuben. Sie denken, dass die Qualität ihrer Argumentation darunter leiden würde, und legen Wert auf eine gründliche Analyse. Alles andere halten sie für unprofessionell. An dieser Stelle gilt es jedoch, dem klaren interkulturellen Unterschied Rechnung zu tragen und trotzdem nicht auf die deutschen Stärken zu verzichten, sondern sie viel mehr zielgerichtet im richtigen Moment einzusetzen. Selbst bei großem Hintergrundwissen mit vielen elaborierten Details besteht die Kunst darin, die gesamte Informationsmenge auf seine Essenz herunterzubrechen und die relevanten Inhalte häppchenweise ins Gespräch einzustreuen. Der Grundgedanke des Elevator Pitch hilft Ihnen dabei, Ihre gesättigte Materialkenntnis in kleine Portionen aufzuteilen und nicht alle Details im Ganzen darzulegen. Simplifizieren ist Trumpf.

Wie die Abb. 4.1 zeigt, können Sie beispielsweise Ihre gesamte Informationsmenge modular aufteilen und sie abrufbereit im Kopf haben. In unserem Beispiel stünden Ihnen sechs Module zur Verfügung, die Sie jeweils als Elevator Pitch vorbereitet haben. Der breite waagerechte Pfeil symbolisiert den Gesprächsverlauf mit Ihrem amerikanischen Partner. Dabei integrieren Sie – je nach Entwicklung des Dialogs – zielgerichtet die relevanten Module. Es kommt dem amerikanischen Gesprächsstil entgegen, wenn Sie sich von der Vorstellung lösen, alle Module einbringen zu müssen. Sonst bestünde die Gefahr des „Überverkaufens". Das entscheidende Kriterium ist das Erreichen des Ziels.

4 Nordamerikanische Kultur – Keep It Short and Simple (KISS)

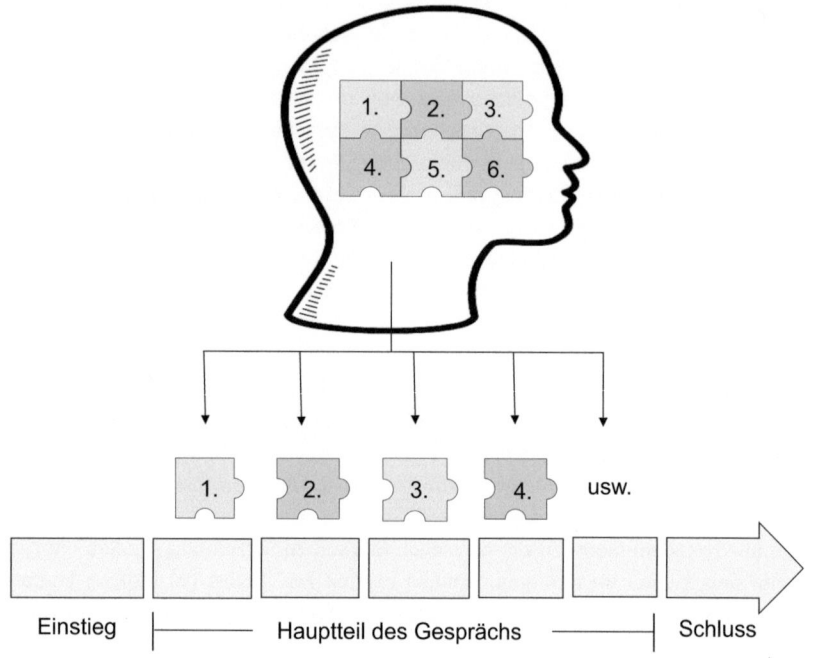

Abb. 4.1 Integration verfügbarer Module in den Gesprächsverlauf

Nachstehend finden Sie Praxistipps, wie Sie im laufenden Gespräch Ihre verschiedenen Wortbeiträge geschickt platzieren.

▶ **Praxistipps**

- Definieren Sie vorab wesentliche Kernpunkte Ihrer Wortbeiträge in Form von etwa einminütigen Modulen, damit Sie jederzeit rasch auf den betreffenden Punkt eingehen können.
- Orientieren Sie sich an den weiter oben beschriebenen Tipps, um den knapp bemessenen Zeithorizont des Amerikaners nicht zu strapazieren.
- Halten Sie Ihre Informationsmodule abrufbar im Kopf bereit und verteilen Sie sie bedarfsgerecht, gezielt und nutzenorientiert auf die verschiedenen Phasen des Gesprächs.
- Formulieren Sie dabei Ihre Wortbeiträge so, dass der letzte Teil Schlüsselaussagen enthält, die eine Nachfrage des Gegenübers

stimulieren. Beispielsweise könnte man zum Schluss eines Statements, ein erfolgreiches Referenzprojekt, in dem die Qualitätsstandards bereits unter Beweis gestellt wurden, kurz anschneiden. Damit geben Sie Ihrem Gesprächspartner den Impuls, eine korrespondierende Folgefrage zu stellen. Auf seine Nachfrage hin bringen Sie dann entsprechende Details.

- Durchdenken Sie bei Ihrer Vorbereitung genau, welche Themen, Fragen und Einwände Ihr Geschäftspartner haben könnte. Hierfür müssen Sie die Perspektive wechseln, die Vor- und Nachteile Ihres Angebots aus der Sicht Ihres Partners betrachten und probate Reaktionsmöglichkeiten bereithalten. Sie sollten die exklusiven Vorzüge Ihres Angebots klar benennen können.
- Seien Sie unverkrampft, zugänglich und in neutraler Weise humorvoll, ruhig auch in Form von Selbstironie. Innere Ruhe ist dabei die beste Basis, um geistesgegenwärtig reagieren zu können.
- Es hat sich bewährt, die eigenen Kernbotschaften an verschiedenen Stellen des Gesprächs kurz zusammenzufassen.
- Schnelle Entscheidungen sind aus amerikanischer Sicht meist erwünscht und werden eingefordert. Setzt ein Zeitziel Sie zu sehr unter Druck, dann verdeutlichen Sie das. Definieren Sie gemeinsam einen – für Sie realistischen – Zeitrahmen. Ein Schritt-für-Schritt-Denken in Form von Teilzielen kann in der Argumentation nützlich sein, bis man das Endziel erreicht.
- Schriftliche Fixierungen und juristische Details, die sämtliche Eventualitäten absichern, gehören in Amerika zum Geschäft. Danach ist alles perfekt – *a deal is a deal*.

Zum Abschluss dieses Abschnitts soll das folgende Zitat von Steve Jobs, Mitgründer und langjähriger CEO von Apple, den hohen Stellenwert der obigen Empfehlungen unterstreichen:

„Zwei meiner Mantras waren schon immer – Fokus und Einfachheit. Einfach kann schwieriger als komplex sein. Ihr müsst hart arbeiten und klare Gedanken haben, um Dinge einfach gestalten zu können."

Engagiert zuhören wie die Amerikaner
Beachten Sie im Dialog eine Besonderheit, wenn Sie Ihre Wortbeiträge darlegen. Viele amerikanische Zuhörer neigen dazu, die Ausführungen ihres Gesprächspartners positiv zu verstärken – verbal als auch non-verbal. Zum Beispiel nicken oder lächeln sie. Wie beim Small Talk darf auch im weiteren Gesprächsverlauf kein peinliches Schweigen aufkommen, deshalb fallen immer wieder

Kommentare wie *„yes"*, *„absolutely"* oder *„I couldn't agree more"*. Amerikaner stellen auch Zwischenfragen. Deutsche Geschäftspartner erleben das mitunter als störend. Nicht immer erscheinen diese Fragen durchdacht. Ihr Zuhörer will Ihnen damit nur zeigen: „Ich bin bei der Sache." Lassen Sie sich davon nicht irritieren, sondern nutzen Sie es für sich und bringen Sie spontan die Informationen unter, die Sie für gewinnbringend halten.

▶ **Praxistipps**

- Seien auch Sie nicht der Zuhörer, der seine Konzentration durch Stille demonstriert.
- Hören Sie möglichst auf die amerikanische Art – also engagiert – zu.
- Bewährt hat sich die Fragemöglichkeit, um Interesse zu zeigen und auch um Verständnisschwierigkeiten auszuräumen.
- Nutzen Sie Verstärker in der Kommunikation, etwa *„sure"*, *„I agree"*, *„that's right"*, *„I see"*. Denken Sie daran, dass diese Formulierungen von Amerikanern auch während des Gesprächs als positives und somit motivierendes Feedback erlebt werden.
- Wenn Ihnen ein Kompliment für den Wortbeitrag oder die Idee Ihres amerikanischen Gegenübers in Form eines Superlativs über die Lippen kommt, beispielsweise *„great"*, ist das sicher von Vorteil.
- Unterstreichen Sie Ihre Worte durch eine zustimmende Mimik und Gestik.

Gehen Sie in diesem Zusammenhang davon aus, dass das eigentliche Thema gewechselt wird, wenn eine Zwischenfrage davon weglenkt. Das Gespräch verläuft nicht immer nach einer geordneten Dramaturgie. Stellen Sie sich bei Ihrer Vorbereitung auf eine gewisse „eingebaute" Flexibilität ein, die es Ihnen erlaubt, sich spontan anzupassen. Flexibilität allein reicht allerdings nicht aus, zumal sie sich auf eine reagierende Kommunikation beschränkt. Noch mehr benötigen Sie sprachliche Agilität, die als höchste Form der Anpassungsfähigkeit gilt, weil man hier bereits vorausschauend aus eigener Initiative agiert. Ein Austausch mit Nordamerikanern kann durchaus zu einem hochkreativen Prozess werden. Lassen Sie sich auf diesen beweglichen Gedankenaustausch ein, und behalten Sie dabei stets Ihre Interessen und Ziele im Blick.

Bleib niemals stehen, denn das Leben geht weiter
Gedanklich in der Vergangenheit verhaftet zu sein, passt natürlich nicht zu einem geschäftigen Berufsleben. Viele Amerikaner sind auf die Gegenwart fokussiert

mit zielgerichtetem Blick in die Zukunft. Ein Geschäft wird der *Win-win*-Strategie folgend meist als singulärer *deal* zu Ende gebracht.

Oftmals gehen Amerikaner bereits mit der Einstellung in eine Geschäftsbeziehung, dass es sich nicht um einen Bund für die Ewigkeit handelt. Eine tiefe Bindung oder gar Identifikation mit Geschäftspartnern oder Arbeitgebern ist zumeist nicht stark ausgeprägt. Es ist durchaus üblich, dass der Kontakt zum Geschäftspartner im Nachgang zum *deal* nicht intensiv und mitunter gar nicht weiter gepflegt wird. Zeichnet sich irgendwann eine neue Aufgabenstellung oder Anfrage ab, wird der Kontakt wie selbstverständlich wieder aufgenommen.

Man sagt Amerikanern daher Oberflächlichkeit nach. Doch damit wird man ihnen nicht gerecht, denn sie haben einen anderen Denkansatz. Ihr Handeln ist vom jeweiligen Einzelfall bestimmt. Sie verhalten sich pragmatisch, was oftmals als oberflächlich erlebt wird. Amerikaner denken und handeln effektiv in zeitdichten Schotten. Sicher gibt es auch langfristige Freundschaften, aber im Beruf bleibt dennoch die amerikanische DNA der schnellen Erfolge und des kurzfristigen *Return on Investment* vordergründig erhalten, was auch ein prägender Faktor bei der emotionalen Beziehung sein kann. Danach gilt: Neues Spiel, neues Glück.

Ein permanenter Druck und die schnell realisierbare Rentabilität bestimmen die Geschäftsbeziehungen. Nicht umsonst dreht sich oftmals das amerikanische Personalkarussell landesweit sehr schnell. Anheuern und feuern – *hire and fire* – ist auf dem harten Arbeitsmarkt Nordamerikas kein Einzelfall. Man wird durchaus schnell entlassen, aber ebenso schnell wieder eingestellt, sodass die umgekehrte Version *fire and hire* gleichermaßen gilt. Eine ganze Reihe berühmter Erfolgsgeschichten beweist, dass ein vermeintliches Fiasko im Berufsleben nicht einschüchtert und ihm auch kein Stigma anhaftet. Stattdessen kann das die Chance zu etwas viel Größerem bedeuten.

Viele Amerikaner haben daher mehr Mut zu Fehlern. Versuch und Irrtum – *trial and error* – ist ein weit verbreiteter Ansatz, um verschiedene Wege auszutesten, bis einer zum Ziel führt. Das ist keineswegs Planlosigkeit. Vielmehr wird der 100 % Sicherheitsanspruch zugunsten von mehr Risikobereitschaft hintenangestellt. Frei nach dem Motto „Wer wagt, gewinnt". Denn: *The winner takes it all*. Als typische „Macher" neigen Amerikaner zu einem experimentellen Vorgehen und legen beherzt los, während Deutsche als klassische „Denker" sich gern besonnen innerhalb festgelegter Bahnen bewegen. Eine Bauchlandung, etwa ein misslungenes Projekt oder eine berufliche Insolvenz, werden daher bei den Amerikanern eher als Ansporn für einen Neustart gesehen, nach der Maxime: Jetzt erst recht. Wenn Plan A nicht funktioniert, hält das Alphabet noch viele weitere und vielleicht geeignetere Buchstaben bereit.

Diese Einstellung spiegelt sich auch in der Sprache wider. Selbst hier gehen Amerikaner ein höheres Risiko ein. Sie treten dynamischer auf und drücken sich gewagter aus. Es kommt dadurch zu überaus überzeugten Statements und vollmundigen Versprechungen. Die Formulierungen klingen optimistisch und ermunternd.

Amerikaner sind eben häufig weniger theoretisch-fundiert und mehr pragmatisch-effizient. Dafür habe ich Ihnen in diesem Unterkapitel Hilfen angeboten. Es gibt darüber hinaus jedoch auch immer wieder Situationen in der geschäftlichen Kommunikation, die von Ihnen differenziertere Ausführungen im Zusammenhang erfordern. Damit Sie auch für diese Fälle gewappnet sind, finden Sie im folgenden Unterkapitel eine Zusammenstellung von Hilfen für eine entsprechend fundierte, informative und gleichzeitig unterhaltsame Präsentation Ihrerseits.

4.4 Business ist Showbusiness

„Business" steht für hartes und profitables Geschäft. Hinter „Showbusiness" verbirgt sich eine bunte und unterhaltsame Darbietung, die das Publikum mitreißen soll. So weit diese zwei Worte in ihrer Bedeutung voneinander entfernt zu sein scheinen, so eng sind sie in Amerika miteinander verknüpft. Es handelt sich hier um zwei Seiten einer Medaille, die beide relevant sind und sich gegenseitig bedingen. Das Business ist der Inhalt. Die Show ist die Verpackung, in der Amerikaner ihre Fachkompetenz „auf die Bühne" bringen. Viele amerikanische Geschäftsleute sind Meister der publikumswirksamen Selbstinszenierung. Bei ihren Auftritten sind sie authentisch und locker, wortgewandt und unterhaltsam. Dabei fühlen sie sich merklich wohl, haben selbst Spaß und sprühen vor Witz und Elan. Es scheint, als wäre dieses Talent angeboren. Anerkennung und Applaus sind ihnen dabei ein Grundbedürfnis.

Nutzen auch Sie sämtliche Möglichkeiten, um Ihr Expertenwissen in einem ausdrucksstarken Auftritt darzubieten und mitreißend zu untermalen, damit Sie auf Augenhöhe wahrgenommen werden. Gefragt ist eine optimale Kombination aus persönlicher Ausstrahlung und Glaubwürdigkeit, gepaart mit lebendigem Sprach- und Körperausdruck. Ein gepflegtes Äußeres ist dabei unerlässlich. Diese Mischung wird positiv wahrgenommen, denn sie strahlt Selbstvertrauen und Überzeugungskraft aus.

Der folgende Fall zeigt, wie es einem deutschen Ingenieur gelungen ist, in dieser Disziplin zu seinen amerikanischen Mitstreitern aufzuschließen.

4.4 Business ist Showbusiness

Vom konturlosen Spezialisten zum gewinnenden Speaker
Manfred Stein ist habilitierter Ingenieur. Im Bereich der Aufzugstechnik gilt er in Deutschland als renommierter Experte. Auf einem Fachkongress in Chicago ist er dazu eingeladen worden, einen Vortrag zu halten. Vor ihm sind einige amerikanische Redner an der Reihe. Voller Erstaunen stellt er fest, wie simpel ihre Inhalte und ihre begleitenden Folien gestaltet sind. Besonders wundert sich Professor Stein aber, mit wie viel Applaus die Amerikaner dafür belohnt werden. Er fühlt sich in gewisser Weise überlegen und hat den Eindruck, dass er als Einziger, die fachliche Expertise mitbringt. In diesem Bewusstsein hält er seinen Vortrag. Umso enttäuschter ist er, dass sich die Resonanz bei seinem Auftritt in Grenzen hält. Auch im anschließenden Redner-Check steht er im Ranking an letzter Stelle.

Diese Erfahrung nimmt er zum Anlass, um seine Soft Skills in dem Bereich zu verbessern. Er beschäftigt sich eingehend damit und besucht regelmäßig Coachings. Schrittweise nutzt er seine Vorträge in Europa, um den neu erlernten amerikanischen Stil in seine Reden einfließen zu lassen. Vor allem hält er sich daran, die Information quantitativ zugunsten des Infotainments zu reduzieren. Bei all dem bleibt er sich jedoch auch selbst treu. Sehr stolz ist er, als er bei seinem Vortrag in San Francisco im Folgejahr eine besonders erfreuliche Resonanz und Bewertung erhält. Es ist ihm offenbar gelungen, seine rhetorischen Fähigkeiten auf ein neues Level zu bringen.

Sorgen auch Sie für einen dynamischen Auftritt, der Ihrem amerikanischen Partner einen gewissen Unterhaltungswert bietet. Schaffen Sie durch eine attraktive Geschichte zu Ihrer Geschäftsidee eine emotionale Bindung mit dem Auditorium und erreichen Sie – auf Ihre Art – die gewünschte Begeisterung.

Storytelling – die kreative Seite
Amerikanische Kommunikatoren nutzen wie selbstverständlich das sogenannte Storytelling. Nicht nur Entertainer wie Jimmy Fallon sind erfolgreich im Geschichtenerzählen, auch in Politik und Wirtschaft ist es eine populäre Methode, wie Barack Obama oder einst Steve Jobs immer wieder eindrucksvoll bewiesen haben.

Die besten Geschichten schreibt das Leben selbst. Am besten ist es daher, selbst Erlebtes zu erzählen.

Storytelling ist weit mehr als eine Methode – es ist eine Philosophie. Sie greift auf reale Erfahrungen zurück, überlässt diese dann aber dem freien Fluss der Ideen und der eigenen Kreativität und spinnt sie so fort. In der Regel hat man einen Protagonisten mit einem Ausgangsproblem, einem Konflikt, einer schwer lösbaren

Aufgabe oder einem nicht leicht zu erfüllenden Bedürfnis. Der Protagonist steht in der Gunst des Auditoriums und setzt sich erfolgreich gegen Widersacher oder Widerstände durch.

Erarbeiten Sie ein Storytelling-Logbuch, in dem Sie Geschichten zusammentragen, die bei Ihren beruflichen Auftritten von Nutzen sein könnten. Zum Finden und Sammeln von Ideen eignet sich ein Brainstorming. Notieren Sie sich Ihre Gedanken traditionell mit einem Stift in einem Notizbuch oder digital. Sie können auch Voice-Memos davon anlegen. Es gibt verschiedene Quellen in Ihrem Leben, die Sie dabei inspirieren können. Die folgenden Fragen werden sie dabei unterstützen, Ihre Biografie erfolgreich zu durchforsten:

- Welche Themen haben mir in meinem bisherigen Leben Spaß gemacht – in der Kindheit, in der Schule, im Studium, als Berufsanfänger?
- Welche Stationen in meinem Leben waren für meine persönliche Entwicklung entscheidend?
- Welche Angehörigen, Weggefährten oder Persönlichkeiten haben mich beeindruckt und geprägt?
- Von welchen Vorgesetzten und Kollegen habe ich am meisten gelernt?
- Wo ist es mir gelungen, schwierige Situationen ins Positive zu wenden?
- Welche Menschen und Themen faszinieren mich?
- Auf welche Projekte bin ich stolz?

Denken Sie über diese oder ähnliche Fragen nach, und besprechen Sie Ihre Gedanken mit vertrauten Personen. Das ist die Basis Ihrer eigenen Geschichten. Nutzen Sie in kommunikativen Situationen Ihres Alltags die Möglichkeit, Storytelling zu trainieren. Dadurch werden Sie ein Gespür dafür entwickeln, welche Geschichten besonders gut bei Ihren Zuhörern ankommen. Je leidenschaftlicher Sie sich mit Ihrer Geschichte identifizieren, desto überzeugender und authentischer sind Sie selbst. Das überträgt sich auch auf Ihr Auditorium. Ihre Zuhörer empfinden Sie als fesselnd und werden begeistert sein.

Storytelling – die rationale Seite als Basis

Auf die konkrete Aufgabenstellung und die vorzubereitende Präsentation bezogen, folgt dann der rationale Aspekt. Bereiten Sie – wie bei jeder Präsentation – Ihren fachlichen Vortrag vor, der nach der Dramaturgie einer Geschichte folgend konzipiert ist, etwa: Von einem Konflikt, einem Problem oder einer Herausforderung ausgehend bis hin zu einer Lösung. Protagonist wäre in diesem Fall der deutsche Präsentator, sein Unternehmen oder sein Ressort. Das Auditorium sollte den Protagonisten als sympathisch erleben und sich mit ihm identifizieren. Er bietet die bestmögliche Lösung an, gerade auch in Relation zu

4.4 Business ist Showbusiness

anderen Wettbewerbern. Vergleiche zu konkurrierenden Angeboten werden in Amerika offensiv aufgegriffen und klar benannt.

Es hat sich bewährt, in fünf Schritten vorzugehen, die jeweils keine langatmigen Details enthalten, sondern kurz und knackig gehalten sind. Amerikaner filtern sämtliche Hintergrundinformationen heraus, die in dem Moment nicht direkt relevant sind. Die Abb. 4.2 veranschaulicht diese Vorgehensweise. Binden Sie im ersten Schritt die Aufmerksamkeit über einen Eisbrecher *(icebreaker)*, also einen attraktiven Auftakt, der die Zuhörer emotional erreicht und zum Thema hinführt. Das können Sie bereits durch eine Geschichte tun, in der ein Problem oder eine herausfordernde Situation bewältigt werden soll. Es folgt der Hauptteil in einer Dramaturgie aus drei Schritten, der mit dem rhetorischen Höhepunkt endet. Steve Jobs, der als *The world's greatest business Storyteller* galt, nutzte in seinen Präsentationen gern die simple Drei-Schritt-Formel. Es gibt ein Problem, eine Problemlösung und eine Konsequenz für den Zuhörer. Das wären die Schritte zwei bis vier. Als Geschichte dazu könnte der Protagonist in einer schwierigen Situation sein und dafür eine Problemlösung bei einem Referenzprojekt vorlegen. Dieser Protagonist können Sie selbst, kann Ihr Unternehmen, Ihre Unternehmensabteilung oder einer Ihrer Unternehmensmitarbeiter sein. Im Anschluss daran wird eine Konsequenz als zusammenfassendes Fazit formuliert. Idealerweise ist dies der dramaturgische Höhepunkt. Der abschließende fünfte Schritt ist auf einen zuversichtlichen Ausblick in die Zukunft gerichtet. An dieser Stelle können Sie Ihr Publikum auffordern, das präsentierte Angebot wahrzunehmen, und das Auditorium auch einladen, weiterführende Fragen zum Thema zu stellen.

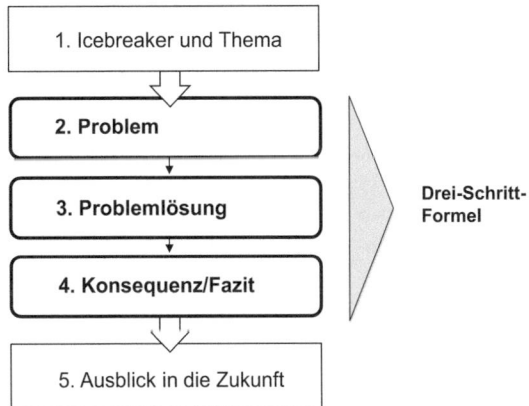

Abb. 4.2 Storytelling in fünf Schritten

Verzahnung von „Fach-Line" und „Story-Line"
Die rationale und die kreative Seite – ich nenne sie hier „Fach-Line" und „Story-Line" – ergänzen sich als Doppelstrategie bestens. Wenn Ihr sachliches Konzept steht, sind Sie bei Ihrer weiteren Vorbereitung gut beraten, Ihre Geschichten zu überprüfen: Hinterfragen Sie relevante Kriterien wie etwa Umsetzbarkeit, Effizienz, Finanzierbarkeit und zeitliche Machbarkeit. Überlegen Sie in einem separaten Gedankengang, welche Ihrer Geschichten sich als tragendes dramaturgisches Stilmittel zur Illustration anbieten. Erzählungen, die Betroffenheit einerseits und Lachen andererseits auslösen, sind besonders wirksam. Emotion ist Ihr Plus! Getreu ihrem Lebensmut und Streben nach Glück erwarten und schätzen Amerikaner die lösungsorientierte Wende vom Dramatischen ins befreite Auflachen. Humor begleitet bei Amerikanern häufig sämtliche Phasen der Präsentation und wirkt stimulierend. Insgesamt sollte sich im besten Fall eine Art Leitmotiv wie ein roter Faden als „Story-Line" durch Ihren Vortrag ziehen.

Um die Brücke von Ihrer rationalen Argumentation zu Ihrem Story-Portfolio zu schlagen, können Sie sogenannte Trigger-Sätze nutzen, etwa:

- „Ich erzähle Ihnen dazu gern von einem ähnlichen Projekt ..."
- „Sie werden sich bestimmt fragen, ob das in der genannten Zeit umsetzbar ist. Hier kann ich Ihnen Positives berichten von ..."
- „Genau diesen Fall hatten wir bereits vor einigen Monaten bei einem anderen Kunden ..."
- „Aus meiner Biografie kann ich Ihnen hierzu sagen ..."
- „Ich darf an dieser Stelle ein wenig aus dem Nähkästchen plaudern ..."
- „In unserem Unternehmen haben wir ein Konzept erarbeitet, das ..."
- „Wir haben genau in diesem Bereich hervorragende Erfolge erzielt ..."

Barack Obama ist ein Paradebeispiel für den geschickten Einsatz von Geschichten, insbesondere aus dem eigenen Leben. Dadurch schafft er Nähe zu seinen Zuhörern, weckt ihre Aufmerksamkeit und signalisiert: „Ich verstehe eure Situation", „ich weiß aus eigener Erfahrung, wie ihr euch fühlt", „ich habe Lösungen für eure Probleme". Lassen Sie sich inspirieren und entwickeln Sie eigene Trigger-Sätze, die zu Ihrem Sprach- und Denkstil passen.

Verknüpfen Sie außerdem Ihre Aussagen mit den Vorerfahrungen Ihrer Zuhörer, um die Aufmerksamkeit und Nachhaltigkeit zu fördern. Dazu bieten sich Formulierungen an wie: „Wenn Sie zurückdenken an ..." oder „Jeder von uns kennt XY ...".

▶ **Praxistipps**

- Verdeutlichen Sie sich zunächst selbst, welche Funktion Ihre Geschichte haben soll: Flechten Sie Storys ein, die dem Zuhörer bei der konkreten Zielsetzung einen Mehrwert bieten.
- Die relevanten Geschichten aus Ihrem Leben, also Ihre „Story-Line", sollten als anschauliche Beispiele oder vergleichende Analogien Ihre fachlichen Informationen, also Ihre „Fach-Line", unterfüttern. Dadurch gehen die Informationen unter die Haut und Ihr Vortrag bleibt spannend.
- Beschreiben Sie punktgenau, worum es Ihnen geht, und scheuen Sie sich nicht, beispielsweise die Vorzüge Ihres Angebots im Vergleich zur Konkurrenz klar zu benennen.
- Eine gesunde Portion Selbstbewusstsein und Enthusiasmus ist förderlich. Sie entfalten die größte Wirkung, wenn Sie gleichzeitig echt und Vertrauen erweckend auftreten.

Amerikaner sprechen häufig offen über ihre eigenen Erfolge und freuen sich über anerkennendes Lob. Auch Sie können sich ungehemmt über Ihre positiven Leistungen äußern. Finden Sie insgesamt einen Weg, hinter dem Sie stehen können und mit dem Sie sich wohlfühlen.

Medien und weitere Mittel zur Untermalung Ihres Vortrags
Auch die von Ihnen gewählten Medien beeinflussen die Wirkung Ihres Vortrags. Im besten Fall wird Ihre Präsentation durch die modernste State-of-the-Art-Technik unterstützt. Setzen Sie die Visualisierung so ein, dass sie reißverschlussartig mit Ihrem Redefluss ineinandergreift. Vorträge sprechen im Vergleich zu schriftlichen Texten mehr Sinne an. Nutzen Sie vor allem die Vorteile Ihrer verbalen Ausführungen, um Ihre Geschäftsidee mit Begeisterung und Leidenschaft zu vermitteln. Ihre Folien sollten nicht überladen sein und nicht viel Text enthalten. Das ermöglicht Ihnen zusätzlich den direkten Blickkontakt mit Ihrem Publikum. Haben Sie zwischendurch auch den Mut, mithilfe eines einzigen Bildes auf der Folie oder ganz ohne visuelle Unterstützung frei zu sprechen. Lassen Sie sich bewusst darauf ein, dass Ihre persönlichen Geschichten zu einer offenen und engagierten Körpersprache beitragen und Sie auch stimmlich überzeugend auftreten. Der technische Fortschritt bietet zahlreiche Möglichkeiten, um Ihre Präsentation zu unterstützen. Denken Sie trotzdem daran, dass Ihre Idee vordergründig durch Ihre Persönlichkeit getragen wird.

Storytelling ist ein probates Mittel, um die Wirksamkeit von Präsentationen auf ein höheres Niveau zu bringen – ein magisches Abenteuer. Emotionale Geschichten werden in den Köpfen Ihrer Zuhörer verankert und weitererzählt. Wirkungsvolle Beispiele für den Erfolg von Storytelling, die sich im Internet besichtigen lassen, sind die berühmten TED Talks. Hier werden Ideen, die es wert sind, rund um den Globus verbreitet zu werden, durch das Stilmittel des Storytelling an Menschen herangetragen und durch diese multipliziert. Die Ideen können teilweise recht abstrakt sein, werden aber durch das Storytelling plastisch und bleiben dadurch in Erinnerung. Greifen Sie aus den dargestellten Möglichkeiten die heraus, die zu Ihrer Persönlichkeit passen. Und denken Sie daran: Keine Kunst ohne Übung. Das gilt auch für das Storytelling in der öffentlichen Rede.

Storytelling hat auch eine große Bedeutung im Bereich der sozialen Medien. Etwa wenn persönliche Momente über Facebook, Instagram, YouTube oder Snapchat mit anderen geteilt werden. Der Charme besteht darin, dass im digitalen Zeitalter jeder Mensch jederzeit zur Kamera greifen, kleine Geschichten im Bild erzählen und teilen kann. Das können sowohl singuläre Ereignisse sein als auch solche, die sich mit der Zeit zu Serien entwickeln. Durch einen Cliffhanger kann zudem die Erwartungshaltung bestimmter Zielgruppen entfacht werden, die sich dann auf eine Fortsetzung freuen.

After-Work-Aktivitäten – die Show geht weiter
Die Show geht weiter, gerne auch außerhalb der üblichen Geschäftszeiten, beispielsweise auf kleinen oder größeren Festen, Cocktail- oder Dinnerpartys, beim Drink zur *Happy Hour,* beim kleinen Imbiss im Coffeeshop, im sogenannten *Deli* (ist in Nordamerika ein Lebensmittelladen, in dem man sich mit zubereiteten Speisen und auch sonstigen Snacks versorgen kann) oder – auch ganz klassisch – im Rahmen eines Geschäftsessens im Restaurant. *„After work"* ist dabei zeitlich dehnbar und kann auch zu einem geschäftlichen Mittagessen oder Frühstück werden.

Freizeit-Einladungen zum sehr angesagten American Football, zum Baseball oder Basketball gelten als große Ehre. Sie sind gut beraten, sie würdigend wahrzunehmen oder – im Notfall – nur mit einer glaubwürdigen Entschuldigung und großem Bedauern abzulehnen. Aktiver und auch passiver Sport haben in der amerikanischen Gesellschaft einen hohen Stellenwert. Werden Sie zu einer Kulturveranstaltung eingeladen, etwa ins Musical, ist das ebenfalls ein Zeichen der Anerkennung – Showbusiness eben.

Wie bei uns verteilen sich auch in den USA und Kanada über das Jahr jede Menge Anlässe für Feierlichkeiten. Große bevorstehende Festtage wie *Independence Day, Thanksgiving, Halloween,* Weihnachten und die Jahreswende

4.4 Business ist Showbusiness

verbreiten ein entsprechendes Flair und eignen sich als Aufhänger für freundliche Gesten und gemeinsame Unternehmungen. Bei Sportfans gilt außerdem der Super Bowl – das Finale der US-amerikanischen American Football Profiliga – als ein Höhepunkt des Jahres. Mit spektakulären Festivitäten und Aufführungen hat der *Super Bowl Sunday* inzwischen beinahe den Status eines nationalen Feiertags erreicht. Er gilt als eines der größten Einzelsportereignisse der Welt. Derweil hat aber auch unser Fußball *(soccer)* bei den Amerikanern an Popularität gewonnen. Die Fußball-Weltmeisterschaft ist bei ihnen ebenfalls ein beliebtes Gesprächsthema.

Einladungen erfolgen meist in dem für Amerikaner üblichen lockeren, lebensfrohen und überwältigend freundlichen Stil. Gehen Sie in Ihrer eigenen offenen Art auf die Angebote ein, wenn die Einladung mit Nachdruck ausgesprochen wird und als solche zu verstehen ist. Achten Sie dabei jedoch auf eine Balance zwischen Business und Privatleben. Es empfiehlt sich, hier eine diskrete, nicht angesprochene Trennlinie zu ziehen. Vermeiden Sie allzu vertrauliches Verhalten, achten Sie darauf, dass Sie einen sympathisch-herzlichen Eindruck hinterlassen und gleichzeitig seriös und professionell bleiben. Sehen Sie hierbei die private Einladung, egal von welcher Seite sie kommt, als das, was sie ist, nämlich eine Stärkung der Beziehung, und nutzen Sie diese nicht zu Ihrem geschäftlichen Vorteil aus. Verhalten Sie sich am besten so, dass man im Nachhinein nur Gutes über Sie erzählen kann.

Ergreifen Sie jedoch auch jede Gelegenheit zum Networking, vor allem im informellen Rahmen beispielsweise einer Cocktailparty. Es gilt dann, sich selbstbewusst und ohne Scheu unter die Menschen zu mischen, mutig auf andere zuzugehen, sie mit einem unverbindlichen und begrüßenden *„Hi, how are you?"* anzusprechen und über Small Talk ins Gespräch zu kommen. Hier sei auch an den positiven Grundton und den Einsatz sowie das Annehmen von Komplimenten in der Konversation erinnert. Weitergehende Hilfestellungen dazu habe ich im Unterkap. 4.2 „Lebensgefühl und Lebensart der Amerikaner" behandelt. Wichtig ist es hier, nicht auf einen unmittelbaren Nutzen aus der neu geknüpften Beziehung zu drängen, sondern geduldig zu sein und zunächst einfach nur in den Kontakt zu investieren. Ein angenehmes Miteinander und der Austausch der einen oder anderen Visitenkarte sind beim Netzwerken bereits als Erfolg zu werten.

Die geschäftliche Einladung im kleinen Kreis – beispielsweise ins Restaurant bietet Ihnen dann Gelegenheit für einen ausführlicheren Dialog. Sprechen Sie Ihre Gedanken während der Essensauswahl ruhig laut aus – etwa „Das Gericht XY klingt gut". Gehen Sie auch hier nicht zu schnell zum geschäftlichen Thema über. Es empfiehlt sich sogar, Ihrem Gesprächspartner zu überlassen, inwieweit er Berufliches am Tisch überhaupt besprechen möchte. Amerikaner erzählen gern von sich selbst. Im Unterschied zu uns sprechen sie auch unverkrampfter über Geld. Themen im Zusammenhang mit Gehältern, Honoraren oder Geschäftsergebnissen werden durchaus offensiv zur Sprache gebracht. Amerikaner haben die Auffassung, dass jeder Mensch Geld verlieren kann, dass aber auch jeder reich werden kann. Es ist durchaus üblich, eigene Errungenschaften anzusprechen. Status, Ansehen und Beliebtheit gelten als Zeichen für Erfolg. Das betrifft übrigens auch sportliche Leistungen. Luxus wird ebenfalls gern zur Schau gestellt. Dies löst in der Regel keinen Neid aus, sondern hat Vorbildcharakter und wird optimistisch als Ansporn gesehen. Hören Sie aufmerksam, interessiert und beipflichtend zu, dann werden Sie als angenehm erlebt. Umgekehrt können auch Sie Ihre Reputation fördern, indem Sie von gelungenen Referenzprojekten berichten. Geschäftsleute gelten als offen für neue Vorschläge und sind risikobereit. Achten Sie dennoch darauf, keine persönlichen Probleme anzusprechen. Sparen Sie entsprechend Themen wie Krankheiten, Beziehungsprobleme oder dergleichen aus, es sei denn, Sie blicken bereits auf eine lange und vertrauensvolle Beziehung zurück. Orientieren Sie sich im Zweifel an Themen mit situativen Bezügen und Unterhaltungswert.

Im Zusammenhang mit dem gemeinsamen Essen sei außerdem an dieser Stelle auf die etwas anderen amerikanischen Tischsitten hingewiesen. So unterscheidet sich beispielsweise der Einsatz von Messer und Gabel vom unsrigen. Die Nahrung wird in kleine Stücke geschnitten, dann wird das Messer zur Seite gelegt, und die Gabel geht beim Verzehren von der linken in die rechte Hand über. Die linke Hand liegt dann im Schoß, das gilt als vornehm. Unsere Variante, mit beiden Händen das Besteck zu führen, wird aber ebenfalls akzeptiert.

▶ **Praxistipps**

- Machen Sie sich im Vorfeld bewusst, welche kulturellen und sportlichen Ereignisse in das Zeitfenster des Treffens mit Ihrem amerikanischen Geschäftspartner fallen. Stimmen Sie sich darauf ein, und halten Sie ein paar entsprechende Small-Talk-Inhalte dazu bereit.
- Treten Sie offen und nahbar auf. Kehren Sie dennoch nicht Ihr Innerstes nach außen. Bleiben Sie bedacht, professionell und höflich.
- Bedenken Sie, dass sich Informiertheit und Vorwissen der Amerikaner, etwa hinsichtlich Geografie und Historie, vor allem auf den eigenen Kontinent beziehen. Das merken Sie häufig daran, wenn die sonst übliche begeisterte Reaktion verhalten ausfällt. Leiten Sie dann einfach zu einem anderen Thema über.

- Gehen Sie beherzt auf Menschen zu, und knüpfen Sie Kontakte. Sehen Sie das zunächst losgelöst von konkreten beruflichen Zielen und fokussieren Sie auf den gesellschaftlichen Kontext.

Was noch zur Show gehört
Im Service angestellte Amerikaner – wie beispielsweise Kellner, Kofferträger oder Taxifahrer – sind auf großzügiges Trinkgeld angewiesen. In der Gastronomie sind 15 bis 20 % des Rechnungsbetrags üblich, wobei man der Bedienung das Geld nicht in die Hand drückt.

Guter Stil ist Amerikanern wichtig, auch bei Äußerlichkeiten. Die Bandbreite der Kleidungsmöglichkeiten in der Freizeit, im Beruf oder am Abend ist vielfältig. Bei geschäftlichen Anlässen besteht die Herausforderung darin, den gewünschten Dresscode herauszufinden. Wenn Sie lieber „overdressed" auftreten als umgekehrt, liegen Sie mit Ihrer „Dress for Success"-Wahl auf der sicheren Seite. Signalisieren Sie Seriosität durch dezente und hochwertige Kleidung. Eine einwandfreie Köperhygiene und ein gepflegtes Outfit sind in jedem Falle unerlässlich.

Beachten Sie außerdem: Typisch deutsche Geschenke kommen gut an. Ihr amerikanischer Geschäftspartner freut sich sicherlich über eine kleine Aufmerksamkeit. Seien Sie jedoch umsichtig, wenn es sich um ein Geschenk handelt, das mit auf Ihre Reise nach Amerika geht oder das Ihr amerikanischer Partner mit in seine Heimat zurücknimmt. Haben Sie in diesem Fall stets die amerikanischen Einfuhrbestimmungen im Blick.

Verabschieden Sie sich immer mit einem freundlichen Satz. Als Gastgeber eignet sich beispielsweise ein *„It was a great pleasure to have you here"* oder sonst *„It's been a pleasure to meet you"*. Zeigen Sie abschließend Wertschätzung für die gemeinsam verbrachte Zeit. Es bietet sich an, im Nachgang eine herzlich und individuell formulierte E-Mail oder Dankeskarte zu schicken.

4.5 Wirksame Strategien für schwierige Situationen

Wenn Sie sich an die typisch nordamerikanischen Gepflogenheiten halten und die Empfehlungen des vorliegenden Kapitels bis zu diesem Punkt berücksichtigen, haben Sie bereits gute Chancen, schwierige Situationen rechtzeitig abzuwenden. Gleichwohl kann es zu kritischen Momenten kommen. Das liegt wohl vor allem daran, dass wir gerade bei Amerikanern nicht damit rechnen und dann doch nichts ahnend ins kulturelle Fettnäpfchen treten. In diesem Unterkapitel finden Sie praktische Hilfen, um entstehende Spannungen aufzulockern.

Nutzen Sie immer wieder die folgenden Fragen, um Ihre Einstellung zu hinterfragen: Sind Ihnen die sozialen und kulturellen Besonderheiten Amerikas bewusst, gerade auch im Unterschied zu Deutschland und respektieren Sie diese? Wissen Sie den informellen Stil und das kumpelhafte Auftreten Ihres amerikanischen Gegenübers einzuordnen? Ist Ihnen klar, dass Sie sich unangenehm täuschen können, wenn Sie unterstellen, dass Sie Amerikaner freiheraus mit direkter Kritik konfrontieren können? Wissen Sie, dass eine positive Grundstimmung und eine pragmatisch-lösungsorientierte Denkart das Verhalten vieler Amerikaner bestimmen? Haben Sie ein Gefühl für die positive Wirkung einer vereinfachten und sprachgewandten Darstellungsweise? Diese Fragen und die Antworten darauf bieten Ihnen zielführende Hilfen aus kontroversen Situationen.

Fallstricke im Umgang mit Amerikanern
Alte und neue Welt üben eine wechselseitige Faszination aufeinander aus. Als Resultat daraus wähnen sich beide Seiten im Austausch mit der jeweils anderen auf relativ sicherem Terrain. Im Kontakt zu Menschen aus Regionen wie etwa Asien oder der arabischen Welt rechnet man mit kulturell bedingten Unterschieden und entsprechenden Unstimmigkeiten. Bei Nordamerikanern, die ohnehin als unkompliziert gelten, vermutet man das eher nicht. Umso unvorbereiteter wird man dann durch schwierige Situationen überrumpelt. Das kann gar nicht oft genug betont werden, denn genau hierin liegt die besondere Herausforderung. Vor dem Hintergrund der bisherigen Ausführungen zu Nordamerika werde ich daher in diesem Abschnitt beispielhaft mögliche Konfliktfelder nennen, die im Kontakt mit der deutschen Kultur verstärkt Schwierigkeiten bereiten können.

Amerikaner fokussieren stark auf Schnelligkeit, Komfort und alles Augenscheinliche, weniger auf Qualitätsbewusstsein, Nachhaltigkeit und Sorgfalt im Detail. Ihr Denken, Handeln und Sprechen wird häufig diktiert durch eine zielstrebige Lösungsorientierung. Deutsche haben bei ihrer Zielorientiertheit einen anderen Schwerpunkt. Sie richten ihre Aufmerksamkeit häufig zunächst auf die gründliche Problemanalyse und Ursachenforschung, um von vornherein mögliche Fehlerquellen auszuschließen und sich spätere negative Kettenreaktionen zu ersparen.

Diese Unterschiede zeigen sich auch im sprachlichen Ausdruck, der kontroverse Diskussionen auslösen kann. Exemplarisch und ein wenig verallgemeinernd möge die für Deutschland eher typische Formulierung stehen: „Das Problem dabei ist …". In Amerika würde man an dieser Stelle eher sagen: „*A suitable approach/solution could be …*". Ich werde weiter unten noch näher darauf eingehen.

4.5 Wirksame Strategien für schwierige Situationen

Hinzu kommt, dass Amerikaner im Gespräch oftmals einen gewissen Führungsanspruch an den Tag legen und sich etwas von oben herab geben, was sich auch im nonverbalen Auftreten offenbart. Deutsche Fach- und Führungskräfte empfinden das häufig als dominant und wollen dann umgekehrt verstärkt demonstrieren, dass sie es inhaltlich besser wissen. Genau diese Besserwisserei bestätigt allerdings ein beliebtes Vorurteil gegenüber Deutschen.

Hier gilt in besonderer Weise die Redensart „Vorsicht ist besser als Nachsicht". Machen Sie sich immer wieder diese zunächst kaum wahrnehmbaren Konfliktfelder bewusst. Handeln und kommunizieren Sie vorausschauend und taktisch umsichtig (siehe auch Abschn. 4.2 „Selbstbewusste und lässig-legere Körpersprache").

Das Heft fest in der Hand
Nordamerikaner, die durchaus auch in mehrköpfigen Teams auftreten, lassen sich häufig nicht die Führungsrolle absprechen. Sie fühlen sich wohl, wenn sie als Hauptakteure den Gang der Dinge bestimmen und das Gespräch dominieren. Ihre ökonomischen Ziele ziehen sie konsequent durch. Dabei besteht die Gefahr, dass andere in eine unterlegene Position geraten und ihre Interessen nicht mehr gewahrt sehen. Kanadier sind diesbezüglich meist zurückhaltender.

Der nachstehende Fall beschreibt eine Situation, in der es einer deutschen Geschäftsfrau – nach anfänglicher Einschüchterung – gut gelingt, sich souverän und dennoch zugewandt zu behaupten.

> **Gelungener Dreh aus der Defensive**
> Eine amerikanische Hotelkette will ein Haus in Berlin eröffnen. Die amerikanische Repräsentantin Lindsay Carter reist an die Spree und trifft sich dort mit der deutschen Vertreterin Helene Jansen, um die operativen Schritte zur Umsetzung des Projekts festzulegen. Frau Carter hat sehr konkrete Ziele und Vorstellungen, die sie nachdrücklich und eloquent vorbringt. Im Hinblick auf den Zeitpunkt der Hoteleröffnung und die Preispolitik will sie spezielle Forderungen selbstbewusst durchsetzen. Frau Jansen ist zunächst beeindruckt von diesem forschen Auftreten. Sie weiß aber auch, dass Frau Carters Erwartungen an den deutschen Markt völlig unrealistisch sind. Beim ersten vorsichtigen Versuch, ein stichhaltiges Gegenargument vorzubringen, wird sie jedoch von der Amerikanerin rhetorisch regelrecht überrollt. Frau Jansen hört zu, pickt sich anschließend Schlüsselworte heraus, denen sie zustimmen kann und stellt daran

> anknüpfend gezielte Rückfragen. Währenddessen bemerkt sie, wie die überhebliche Fassade von Frau Carter zu bröckeln beginnt. Die Diskrepanz zwischen ihren rhetorischen Fähigkeiten und ihrem Fachwissen tritt zutage. An dieser Schwachstelle setzt ihre deutsche Gesprächspartnerin an. Sie stellt noch präzisere Fragen und konfrontiert Frau Carter mit Fakten, bis diese schließlich einsieht, dass ihre ursprünglichen Forderungen überzogen sind.

Lassen auch Sie sich nicht durch das Blendwerk von Rhetorik und Charisma in die Defensive drängen. Wappnen Sie sich daher rechtzeitig, um Ihrem dominanten Gegenüber auf Augenhöhe begegnen zu können und als souverän wahrgenommen zu werden. Seien Sie sich bereits im Vorfeld darüber im Klaren, welche Maximalziele Ihnen im besten Fall vorschweben und welche Minimalziele für Sie gerade noch vertretbar sind. Wenn Sie dann während des Gesprächs merken, dass es schwierig wird und Ihr Gesprächspartner durch forderndes Auftreten einen Vorteil erzielen will, deuten Sie seine Dominanz als Warnzeichen um und lenken Sie geschickt ein. Lassen Sie bloße Behauptungen nicht einfach durchgehen, sondern hinterfragen Sie auf wertschätzende Weise die Qualität der Aussagen. Nutzen Sie Interventionstechniken, beispielsweise die Fragetechnik, in geeigneter Weise, um dann Ihre Fachkenntnisse an nötiger Stelle anzubringen. So signalisieren Sie positives Durchsetzungsvermögen, ohne arrogant oder belehrend zu wirken. Geben Sie sich nicht zu verbissen, lassen Sie sich aber auch nicht den Schneid abkaufen. Schauen Sie, wie Ihr amerikanischer Gesprächspartner reagiert. Wenn sich der Gang des Gesprächs normalisiert hat, haben Sie bessere Karten, Ihre Interessen zu vertreten und durchzusetzen.

▶ **Praxistipps**

- Gehen Sie mit einer positiven Grundhaltung und auf Augenhöhe in den Kontakt mit dem amerikanischen Gesprächspartner. Seien Sie selbstsicher und bleiben Sie sich treu. Lassen Sie sich gleichzeitig auf die amerikanische Mentalität ein, und begegnen Sie ihr mit respektvoller Gelassenheit.
- Setzen Sie bereits beim einleitenden Small Talk entsprechend deutliche Akzente (wie in Unterkap. 4.2 „Lebensgefühl und Lebensart der Amerikaner" ausgeführt).

4.5 Wirksame Strategien für schwierige Situationen

- Achten Sie darauf, schon in einer frühen Gesprächsphase Ihrem Gesprächspartner nicht den Großteil der Aktivität zu überlassen. Schaffen Sie so eine psychologische Plattform, die Ihrem Selbstbewusstsein zuspielt.
- Signalisieren Sie in allen Phasen des Kontakts durch Ihre Körpersprache Zeichen der Stärke. Senden auch Sie sogenannte „Alphasignale": Aufrechte Haltung, fester Händedruck, raumgreifende Gestik, Blickkontakt, freundliches und erfolgsmotiviertes Gesicht.
- Behalten Sie Ihre aufrechte Position auch bei, wenn Ihr amerikanischer Gesprächspartner das Wort hat.
- Sorgen Sie für symmetrische Wortbeiträge in den einzelnen Gesprächsphasen. Der Austausch sollte möglichst eine Kooperation sein.
- Interventionstechniken helfen Ihnen, das Wort zu ergreifen, wenn Ihr Gegenüber sprachlich zu dominant wird. Die risikoloseste Interventionstechnik ist eine Frage zu einem bestimmten Aspekt. Ebenso können Sie Ihren Gesprächspartner mit seinem Vornamen anreden, ein Schlüsselwort aufnehmen und daran anknüpfend einen eigenen Gedanken einbringen. Zum Beispiel: *„Bill, that's a brilliant idea, we basically agree with a, b, c ... we should also keep in mind ... "*
- Achten Sie auch darauf, Ihre Argumentation im Zusammenhang darzulegen. Unterbricht Ihr Gegenüber Sie, verteidigen Sie freundlich und diplomatisch Ihr Wort, etwa „Wenn ich bitte kurz den Gedanken zu Ende führen darf" – *„May I just complete my idea".*
- Nutzen Sie die Tatsache, dass Englisch nicht Ihre Muttersprache ist, und sprechen Sie bewusst deutlich, mit angemessener Lautstärke und in mäßigem Grundtempo. Das gibt Ihnen auch mehr Ruhe und Raum, um ironischen Humor und Anspielungen Ihres Gegenübers besser zu verstehen. An dieser Stelle ein Erfahrungswert in Bezug auf Kanada: Für deutsche Ohren klingt das kanadische Englisch je nach Region häufig verständlicher als das US-amerikanische.
- Um Spannungen entgegenzuwirken, kann es auch hilfreich sein, eine andere Sicht der Dinge lediglich zur Kenntnis zu nehmen und zu respektieren, ohne die eigene Bewertung auszusprechen. Lassen Sie sich in solchen Fällen vom Slogan *„We respectfully agree to disagree"* leiten. Das muss kein Worst-Case-Szenario sein, sofern Sie betonen, dass sich die Uneinigkeit nur auf bestimmte Einzelpunkte bezieht.

Sprache schafft Wirklichkeit – *think and speak positive*
Streichen Sie von vornherein problemfixierte Sätze wie „Wir haben da ein Problem ...". Aus Sicht der anderen schwingt ein wehleidiger Unterton mit, es wird nach Ursachen und vielleicht nach verantwortlichen Schuldigen gesucht, was zu Vorwürfen und Schwarze-Peter-Spielen führen kann. Belehrungen und Rechthaberei sind ohnehin kontra-produktiv.

Amerikaner gehen auch in schwierigen Situationen sachlich und unkompliziert miteinander um. Sie lamentieren nicht und sind nicht nachtragend. Stattdessen handeln sie pragmatisch und machen das Beste aus der Situation.

Entsprechend ist auch ihre Sprache lösungsorientiert und fantasievoll. Ein spielerisches *„Let's try"* geht ihnen durchaus locker über die Lippen, auch wenn es dann doch nicht funktioniert. Worte wie „Problem" oder „Schwierigkeit" werden gemieden. Stattdessen verwenden Amerikaner gern Formulierungen wie *„issue"* oder *„concern"*.

Entscheiden auch Sie sich für ein positives und stärkenorientiertes Selbstkonzept, gerade im Kontakt zu den meist sehr optimistisch und selbstsicher auftretenden Amerikanern. Entwickeln Sie eine positive Einstellung zu sich selbst, Ihren Fähigkeiten, Ihren Angeboten und – so gut es geht – auch zu Ihrem Gesprächspartner. „Der Glaube versetzt Berge" ist ein Spruch, der unsere Wirklichkeit mitbestimmen kann, wenn er umgesetzt wird. Lassen Sie daher negative Glaubenssätze los und positive zu. Das soll Sie weniger zu mentalen Übungen animieren, sondern vielmehr dazu anregen, das entsprechende kommunikative Instrumentarium intuitiv einzusetzen und sich zuversichtlich und ebenbürtig auf das Sprachspiel mit Amerikanern einzulassen. Nutzen Sie als Hilfestellung die Möglichkeit des *„reframing"*: Nehmen Sie die Angelegenheit anders wahr, indem Sie ihr durch Ihr Denken und Sprechen hoffnungsvoll einen „neuen Rahmen" geben.

Amerikaner gehen schwierige Situationen häufig entspannt an. Sie glauben daran, dass positiv besetzte Worte einen Lösungsansatz bieten. Dabei kommen ihnen ihre Lässigkeit und ihr Pragmatismus zugute. Konzentrieren auch Sie sich auf Ihre Möglichkeiten in der Gegenwart mit Blick in die Zukunft. Die folgenden Praxistipps sollen Sie dabei zusätzlich unterstützen.

▶ **Praxistipps**

- Limitieren Sie sich nicht selbst durch unnötige Grenzziehungen und durch Themen aus der Vergangenheit, die sich nicht mehr ändern lassen.
- Probleme, Schwierigkeiten oder ähnliche Begriffe erzeugen bei Amerikanern häufig das Gefühl einer ausweglosen Situation. Spre-

chen Sie stattdessen von einer Angelegenheit *(matter)* und einer Herausforderung *(challenge)*.
- Es geht dabei um die Bedeutung, die hinter dem Wort steht und wie sich diese auf den Menschen auswirkt. Während bei Amerikanern neutrale und positive Dinge gerne verbal verstärkt werden, sieht es bei negativen Dingen genau umgekehrt aus.
- Jammern, Klagen oder die Suche nach einem Schuldigen sind Zeitfresser. Orientieren Sie sich daher konsequent am Ergebnis.
- Vorwürfe und negative Bewertungen blockieren. Legen Sie stattdessen den Fokus auf die Suche nach Lösungen.
- Emotional geprägtes Verhalten ist bei Amerikanern in derartigen Situationen nicht üblich. Bleiben auch Sie durchgehend sachbezogen.
- Wenn Sie die Übersicht verlieren, orientieren Sie sich daran, dass Ihr amerikanischer Gesprächspartner vermutlich an der Antwort auf Fragen wie dieser interessiert ist: „Also, wie wollen wir jetzt vorgehen?" – *„So, what do you think we should do?"*

Die Wahrheit – aber bitte nicht ungeschminkt
Unverblümte Ehrlichkeit ist aus amerikanischer Sicht oftmals zu negativ, wird als unhöflich erlebt und beeinträchtigt das Verhältnis. Amerikaner haben ihre Empfindlichkeiten, auch wenn man es hinter ihrer lockeren, selbstbewussten Art nicht vermutet. Es ist daher bei Kritik besser, wenige negative Dinge in eine Reihe positiver einzubetten und vor allem ein optimistisches Fazit zu ziehen. Das bereitet vielen Deutschen Schwierigkeiten, weil sie es als nicht ehrlich empfinden und das erforderliche kritische Gespräch wie einen unbedeutenden Small Talk erleben, der den Amerikaner nicht interessiert. Doch das täuscht und ist erfahrungsgemäß der beste Weg, um heikle Themen anzusprechen.

Es wird zwar Widerspruch artikuliert, aber nicht allzu direkt. Auch Gegenargumente werden positiv formuliert, etwa „Mir ist klar, was du meinst, wir sollten auch bedenken, dass …". Vermeiden Sie möglichst ablehnende Sätze wie „Nein, so können wir das vergessen, wir müssen es von Grund auf anders angehen".

Überhaupt gilt ein nacktes „Nein" als unfein. Amerikaner sagen dann eher „Ich fürchte …" *(I'm afraid)* und schließen die entsprechende Botschaft vorsichtig an. Weitere Formulierungen gehen in die gleiche Richtung „Wäre es nicht besser, wenn wir …?" oder „Ich frage mich, ob das in der kurzen Zeit machbar ist …". Formulierungen dieser Art können Sie verwenden und sie dürften Ihnen umgekehrt auch zu Ohren kommen, wenn eine Ablehnung angesagt ist.

Aufforderungen werden gerne als höfliche Bitte formuliert, etwa: *„Do you think you could get that ready by tomorrow?"* Hören Sie einen Satz wie *„You might want to speak to XY before you take any decision"*, dann sind Sie gut beraten, das zu beherzigen.

Deutsche loben, indem sie nicht kritisieren. Amerikaner kritisieren, indem sie nicht loben. Das sind zwei grundlegend unterschiedliche kommunikative Maßstäbe. Der deutsche Ausspruch „Nicht geschimpft, ist genug gelobt" verwandelt sich bei Amerikanern in *„If you don't have anything nice to say, don't say anything at all."* Amerikaner, die mit Deutschen näher in Kontakt stehen und beide Kulturen kennen, berichten manchmal schmunzelnd von diesem Unterschied, den sie durchaus zu spüren bekommen (siehe auch Abschn. 4.2 „Superlative bei Komplimenten, Dank und Entschuldigung"). Wird etwas, zum Beispiel ein Gericht, mit *interesting* oder *different* kommentiert, dann kann sich dahinter durchaus eine Kritik verstecken.

Wenn Sie in Bedrängnis geraten – Troubleshooting
Vorsicht vor möglichen Stresstests durch amerikanische Geschäftspartner, mit denen die Belastbarkeit Ihrer Argumentation auf den Prüfstand gestellt werden soll. Diese können sich zum Beispiel auf hypothetische Schwachstellen beziehen. Lassen Sie sich nicht verunsichern, wenn Ihr Gesprächspartner Ihnen hier gründlich auf den Zahn fühlt. Das dürfte Ihnen leichter fallen, wenn Sie sich Ihrer Person und Sache sicher sind.

Schwieriger wird es, wenn Ihr Gegenüber einen tatsächlich vorhandenen wunden Punkt bei Ihnen oder Ihrem Angebot erahnt, den Sie vielleicht beschönigen oder verheimlichen wollen. Amerikaner werden hier durchaus in ihrer smarten Art insistieren, was Sie in die Ecke drängen kann.

Rüsten Sie sich für derartige Szenarien, indem Sie sich vorab auf mögliche hypothetisch-kritische Einwände, Fangfragen, Killerphrasen oder manipulative Fragen vorbereiten. So können Sie mögliche Schlaglöcher auf dem gemeinsamen Verhandlungsweg eher umfahren. Halten Sie auch für den Fall Kommentare bereit, wenn Sie mit einer Anmerkung konfrontiert werden, bei der Sie überfragt sind. Wird der Erfolg Ihres Angebots beispielsweise angezweifelt, lassen Sie sich nicht irritieren. Nehmen Sie die kritische Aussage kurz auf, und halten Sie dann mit einer kraftvollen Argumentation und Referenzbeispielen dagegen, etwa: „Ich verstehe Ihre Bedenken. Hier kann ich Sie beruhigen. Unser Lösungsvorschlag hat sich in der Praxis bewährt. Im Einzelnen …". Verstärken Sie ruhig die Botschaft, indem Sie Ihre Überzeugung betonen, zum Beispiel: *„For sure …"* oder *„I am convinced …"*. Das Betonen formaler Qualifikationen ist unangebracht, es zählen vorrangig Erfolge.

4.5 Wirksame Strategien für schwierige Situationen

Die unmittelbare Rückfrage nach den wichtigsten Kriterien Ihres Gesprächspartners kann nützlich sein, um aus festgefahrenen Situationen herauszukommen, gerade bei statushöheren Gesprächspartnern, die vehement Kontra geben. Dadurch fordern Sie Ihr Gegenüber höflich und bestimmt auf, seine Prioritäten zu benennen. Das kann wie ein „Befreiungsschlag" wirken, weil Sie in Ihrer Argumentation an seine Aussagen anknüpfen können. Wichtig ist, dass Sie sich auf den strategischen Nutzen konzentrieren und weniger auf kleinteilige Informationen. Das Argumentieren in großen Kategorien fördert den Status, mit dem Sie wahrgenommen werden. Ein besonders starker Anreiz geht dabei häufig von Alleinstellungsmerkmalen, Neuentwicklungen, schnellem Wachstum und finanziellen Vorteilen des Angebots aus. Je konkreter Sie die Gewinnerwartung benennen, desto besser. Denn Ihr kritisches amerikanisches Gegenüber hat in dieser Hinsicht in der Regel hohe Erwartungen.

Vergessen Sie nicht, aus dem Augenwinkel auch körpersprachliche Reaktionen Ihres amerikanischen Geschäftspartners wahrzunehmen. Lächelt er beispielsweise, dann akzeptiert er Ihre Kommentare vermutlich. Nutzen Sie auch solche nonverbalen Signale für Ihre weitere Gesprächsführung. Seien Sie wachsam und entscheiden Sie situativ, ob Sie etwa eine skeptische Mimik aufgreifen und einen Sachverhalt hinterfragen sollten. Achten Sie auch auf unruhige Gesten, gerade mit Blick auf die sehr zeitbewusste amerikanische Mentalität.

In brenzligen Situationen tendieren wir erst recht dazu, uns die nötige Zeit zu nehmen. Das handhabt Ihr amerikanischer Gesprächspartner möglicherweise anders. Stimmen Sie die Zeitthematik und das weitere Vorgehen mit ihm ab. Prüfen Sie je nach Kontext, ob eine temporäre Unterbrechung des Gesprächs sinnvoll ist. So lassen sich etwaige spezielle Fragen auch im jeweils eigenen Unternehmen klären, während beide Seiten das Ganze ein wenig wirken lassen. Dieser Weg kann außerdem deswegen sinnvoll sein, weil Sie so die Schwarmintelligenz Ihres Hauses, also die Überlegenheit der Teamarbeit, nutzen können. Wie ein eingespieltes Orchester, das die Besonderheiten der Einzelinstrumente für ein optimales Klangerlebnis nutzt und mögliche Misstöne auffängt.

Wenn Sie über den Atlantik hinweg eine besonders schwierige Situation lösen möchten, sollten Sie lieber zum Telefon greifen als in die Tasten. Auch Videotelefonie bietet sich hier an. Amerikanern ist im Unterschied zu vielen Deutschen häufig der verbale Austausch lieber als akribisch verfasste E-Mails. Im Dialog entstehen eher kreative Lösungen und Missverständnissen lässt sich vorbeugen.

Wertschätzende englische Formulierungen
In diesem Abschnitt finden Sie bewährte englische Formulierungen, die nach verschiedenen Gesprächssituationen geclustert sind. Es ist ratsam, diese Formulierungen so anzupassen, dass sie zu Ihrem Gesprächsstil und Ihrem Bedarf passen.

- **Angelegenheit benennen:** *The main point is; the question is; speaking of XY.*
- **Fakten bringen:** *There is no doubt that; as we all know; nobody will deny that; it appears to be.*
- **Eigene Position darstellen:** *It seems to me that; let me put it this/another way; my point of view is that; as I see it; may I explain my position.*
- **Eigene Überzeugung verstärken:** *What I am trying to point out is; I am absolutely convinced that; personally, I believe; another significant point is; it is important to mention.*
- **Vor- und Nachteile ausdrücken:** *There are two sides to that question; while taking into consideration that ... we should not forget that ...; weighing the pros and cons I come to the conclusion that; there is some controversy over.*
- **Zweifel und Bedenken benennen:** *Well, I have my doubts about that; I am not quite sure; I am most concerned about; I wonder, if that will work; we might need some more time.*
- **Diplomatisch ablehnen:** *That may sometimes be true; I am afraid I can't agree; well, that is one way of looking at it; with respect, I think I can't agree; I am not quite sure if I can agree; I am sorry to say; it is not as simple as that.*
- **Argumente bringen:** *May I point out my arguments; I base my point of view on the following; the reason for this is; my main concern is; I tell you all this because; regarding the decisive points.*
- **Klärende Fragen stellen:** *I don't really understand, could you please tell me about XY? What is your opinion about that? Would you like to comment on that? May I ask you? Please tell me, why did you deal with the situation in that way?*
- **Diplomatisch berechtigte Kritik anbringen:** *I am sorry for mentioning this point; I am disappointed to hear this; I am sorry I have to say this.*
- **Fordernde kritische Fragen stellen:** *Can't something be done about/to? Are you aware of XY? What do you suggest in this situation? What are you going to do about it?*
- **Sich selbst entschuldigen:** *I am awfully sorry about that; I really apologize for this; I am sorry you took it that way; I will find out what happened; I will see what I can do; sorry, it is my fault.*
- **Hilfreiche Wendungen mit versöhnlichem Unterton:** *Actually; well; really; after all; above all; of course; eventually; even though.*

Gesetze und Vorschriften sind nicht verhandelbar
„*It's a law*" – Sätze dieser Art schlagen jedes Argument. Es ist daher ratsam, besonnen mit dem Personal bei der Pass- und Sicherheitskontrolle an Flughäfen sowie bei Straßenkontrollen umzugehen. Vorsicht ist auch geboten gegenüber Sicherheitskräften an öffentlichen Plätzen und in öffentlichen Gebäuden.

4.5 Wirksame Strategien für schwierige Situationen

Amerikaner haben Angst vor rechtlichen Folgen bei Regelverstößen. Es herrscht größter Respekt vor dem Gesetz: „Ich folge den Vorschriften" *(I follow the rules)*, und zwar konsequent.
Der folgende Fall soll diese absolute Geradlinigkeit illustrieren.

> **Don't talk to the officer, he's on duty**
> Eine deutsche Crew reist am Flughafen von Chicago ein. Am Gepäckband sind Spürhunde im Einsatz. Eine noch unerfahrene Flugbegleiterin beugt sich liebevoll zu einem der Tiere herab und sagt: „Was bist du niedlich ...". Die Beamtin, die den Vierbeiner mit kerzengerader Haltung und ernster Miene an der Leine führt, fordert die hockende Flugbegleiterin in energischem Ton auf, den diensthabenden Hund nicht anzusprechen und sagt: *„Don't talk to the officer, he's on duty."* Die umstehenden Reisenden müssen sich ziemlich zusammenzureißen, um nicht zu lachen. Denn sie wissen um die höchst unangenehmen Folgen, die das nach sich ziehen kann.

Wenn beim Kontakt mit amerikanischen Ein- und Ausreisebeamten sowie Sicherheitskräften die Stimmung ins Negative kippt, ist es schwierig, die Situation wieder zu bereinigen. Reagieren Sie als beteiligte Person unkontrolliert, kann dies sogar einen Alarm auslösen. Da die Beamten mit durchgreifenden Befugnissen ausgestattet sind, sollten Sie den folgenden Praxistipps Beachtung schenken, um eine mögliche Eskalation zu verhindern. Auch hier gilt: Vorsicht ist besser als Nachsicht.

▶ **Praxistipps**

- Lächeln Sie freundlich.
- Erfinden Sie keine Ausreden, um lange Warteschlangen zu umgehen.
- Äußern Sie nichts Kritisches, auch nicht in Ihrer Muttersprache oder gegenüber Dritten.
- Bleiben Sie zunächst passiv, beantworten Sie anstandslos die gestellten Fragen, und folgen Sie den Anweisungen.
- Lassen Sie, falls Sie davon betroffen sind, auch verschärfte Sicherheitsprüfungen geduldig über sich ergehen.
- Versuchen Sie erst gar nicht, zu diskutieren, und lassen Sie sich nicht provozieren.

- Seien Sie nicht ironisch. Halten Sie sich generell mit Humor und Späßen zurück.
- Respektieren Sie die Vorschriften und den strengen Umgang.

Erfahrungsgemäß lässt sich diese geradlinige Denkweise auch auf Normen, Regeln und Vorschriften in Unternehmen übertragen. Amerikaner können hierdurch in vielen Fällen besser als Menschen anderer Nationalitäten nachvollziehen, wenn ihnen beispielsweise ein Wunsch im Servicebereich nicht gewährt werden kann, weil die Firmenvorgaben es nicht zulassen.

In diesem Zusammenhang empfehle ich Ihnen außerdem den unternehmensinternen *Compliance*-Richtlinien besondere Aufmerksamkeit zu schenken, um möglichen Fehlhandlungen vorzubeugen.

„Ich habe immer versucht, jedes Problem in eine Möglichkeit zu verwandeln." *John D. Rockefeller, erster Milliardär*
„Das Geschäft von Amerika ist – Geschäft." *Calvin Coolidge, 30. US-Präsident*
„Amerika ist zu groß für kleine Träume." *Ronald Reagan, 40. US-Präsident*

Wenn Ihr Besuch in Nordamerika oder der Ihres amerikanischen Geschäftspartners in Deutschland zu Ende geht, gehört zur Verabschiedung stets ein kurzer Austausch dankender und wertschätzender Formulierungen wie etwa *„Thank you so much, it was wonderful talking to you"*. Auch die Aussicht auf ein weiteres Treffen wird dann häufig artikuliert, etwa: *„Let's get together again sometime"*, wobei hier zu prüfen wäre, ob dies auch wirklich so gemeint ist. Wenn Sie Wert darauf legen, ist es empfehlenswert, das *„sometime"* zu konkretisieren. Folgt dann eine unverbindliche Antwort, war es nur eine Floskel. Geht Ihr Gegenüber hingegen genauer auf ein mögliches Folgetreffen ein, besteht tatsächlich Interesse.

Amerikaner geben einem zum Abschied außerdem schon mal die Worte *„Take care"* mit auf den Weg. Im Anschluss an das – in Unterkap. 4.4 „Business ist Showbusiness" empfohlene – Dankesschreiben für die gemeinsame Zeit kann man auch über die gängigen sozialen Medien in Verbindung bleiben. Wenn Sie an einem gemeinsamen Projekt arbeiten, ist ein regelmäßiger Austausch über alle Grenzen hinweg weiterhin empfehlenswert und wertvoll.

An dieser Stelle endet unsere gemeinsame Reise auf dem Kontinent der unbegrenzten Möglichkeiten. Mögen meine Ausführungen und Hilfestellungen Ihre „Nordamerika-Reise" zu einem rundum gelungenen Erlebnis machen. Ich wünsche Ihnen unterhaltsame, erfolgreiche und in vielerlei Hinsicht inspirierende Begegnungen mit amerikanischen Gesprächs- und Verhandlungspartnern – sei es als Gast in den USA und Kanada oder als Gastgeber in Deutschland. *The show will go on!*

Literatur

Buhl, D. (1988): https://www.zeit.de/1988/45/den-deutschen-dampf-machen. Zugegriffen: 17. Juni 2019.

Weiterführende Literatur

Anderson, C. (2017): TED Talks. Die Kunst der öffentlichen Rede. Das offizielle Handbuch. Frankfurt am Main: FISCHER Verlag.
Blum, K. (2019): Fettnäpfchenführer USA. Mittendurch und Drumherum. Neuss: CONBOOK Verlag.
Chlopczyk, J. (2017). Beyond Storytelling. Narrative Ansätze und die Arbeit mit Geschichten in Organisationen. Wiesbaden: Springer Gabler Verlag.
Faul, S. (2017). So sind sie, die Amerikaner. Die Fremdenversteher von Reise Know – How. Bielefeld: Reise Know – How Verlag Peter Rump.

Gallo, C. (2011). Überzeugen wie Steve Jobs. Das Erfolgsgeheimnis seiner Präsentationen. München: Ariston Verlag in der Verlagsgruppe Random House.

Gallo C. (2016). Talk like TED. Die 9 Geheimnisse der besten Redner. München: Redline Verlag.

Leanne, S. und Döbert, B. (2009). Sag's wie Obama. Ausstrahlung, Rhetorik und Visionen des neuen US-Präsidenten. Wien: Linde Verlag.

Marius, J. (2014). Geschäftskultur USA kompakt. Wie Sie mit US-amerikanischen Geschäftspartnern, Kollegen und Mitarbeitern erfolgreich zusammenarbeiten (Geschäftskultur kompakt). Neuss: CONBOOK Verlag.

Mück, F. und Zimmer, J. (2017). Der TED – Effekt. Wie man perfekt visuell präsentiert – für TED – Talks, YouTube, Facebook, Videokonferenzen & Co München: Redline Verlag.

Schmitz, B. (2017) und Obama, B. (2017). Worte müssen etwas bedeuten. Seine großen Reden Berlin: Suhrkamp Verlag.

Thiele, A. (2018). Argumentieren unter Stress. Frankfurt am Main: Frankfurter Allgemeine Buch.

Ihr Weg über die interkulturelle Brücke

Es freut mich, wenn ich Ihre Erfolgsaussichten beim Gang über die interkulturelle Brücke mit meinem Navi verbessern konnte. Nun wünsche ich Ihnen die bestmögliche Umsetzung Ihrer Erkenntnisse – sei es im Beruf oder im Privatleben.

Als Trainerin empfehle ich Ihnen, sich nicht zu viel auf einmal vorzunehmen. Konzentrieren Sie sich auf jene Inhalte, die zu Ihren interkulturellen Kommunikationspartnern, Ihren Zielen und Ihrer Persönlichkeit passen. Halten Sie Ihre Vorsätze möglichst schriftlich in einem Anwendungsplan fest, dann bleiben sie Ihnen besser im Gedächtnis. Rufen Sie sich relevante Inhalte vor Ihrem Kontakt mit Gesprächspartnern anderer Kulturen noch einmal in Erinnerung. Durch das Bewusstmachen und Anwenden sowie durch anschließende Erfolgserlebnisse schaffen Sie die besten Voraussetzungen für Exzellenz bei Ihren interkulturellen Auftritten.

Die drei folgenden Illustrationen symbolisieren den optimalen Kontakt mit Menschen aus dem südostasiatischen, dem arabischen und dem nordamerikanischen Raum.

Und denken Sie immer daran: Das legendäre Lächeln kann Wunder wirken!

„There are hundreds of languages around the world, but a smile speaks them all."
(Unbekannt)

In diesem Sinne wünsche ich Ihnen viel Freude und die besten Anwendungserfolge mit Ihren Erkenntnissen aus meinem Ratgeber „Ihr Navi durch andere Kulturen".

Herzlichst,
Ihre
Rita Rizk-Antonious

MIX
Papier aus verantwortungsvollen Quellen
Paper from responsible sources
FSC® C105338

If you have any concerns about our products,
you can contact us on
ProductSafety@springernature.com

In case Publisher is established outside the EU,
the EU authorized representative is:
**Springer Nature Customer Service Center GmbH
Europaplatz 3, 69115 Heidelberg, Germany**

Printed by Libri Plureos GmbH
in Hamburg, Germany